Ética de las relaciones sexuales y amorosas

FÉLIX LÓPEZ SÁNCHEZ
CATEDRÁTICO DE PSICOLOGÍA DE LA SEXUALIDAD DE LA UNIVERSIDAD DE SALAMANCA

Ética de las relaciones sexuales y amorosas

EDICIONES PIRÁMIDE

COLECCIÓN «PSICOLOGÍA»

Director:
Francisco J. Labrador
Catedrático de Modificación de Conducta
de la Universidad Complutense de Madrid

Diseño de cubierta: Anaí Miguel

Ediciones Pirámide se compromete con el medio ambiente reduciendo la huella de carbono de sus libros.

PAPEL DE FIBRA
CERTIFICADA

Valentín Beato, 21. 28037 Madrid
Teléfono: 91 393 89 89
www.edicionespiramide.es
Depósito legal: M. 14.010-2015
ISBN: 978-84-368-3368-3
Printed in Spain

Índice

Prólogo

La actividad sexual y las relaciones amorosas conforman una dimensión tan fundamental de todos los seres sexuados que, en realidad, no debemos decir que tenemos sexualidad, sino que somos sexuados. De la sexualidad depende la supervivencia y el sistema de relaciones de parentesco en todas las especies que se reproducen por medio de la actividad sexual. Por eso es una actividad premiada con un intenso placer, justo para asegurar la vida y el cuidado de las crías.

En el caso humano, la sexualidad tiene una especificidad que supone un salto cualitativo espectacular, porque, a diferencia de otras especies, podemos tomar decisiones; cada persona tiene la capacidad de decidir tener actividad sexual o no, tener descendencia o no, decir sí o no al deseo sexual, a la atracción sexual e incluso al enamoramiento amoroso. Nuestra vida sexual y amorosa no es sólo instintiva, sino que está, como nos gusta decir, en el «reino de la libertad».

La libertad sexual que nos concede la naturaleza siempre ha sido regulada en todas las culturas. Por eso los poderes públicos, desde las tribus más pequeñas a los Estados actuales, han controlado de una u otra forma la vida sexual y amorosa con leyes, costumbres, valores y doctrinas morales. En Occidente, durante siglos, esta regulación se ha hecho estableciendo una alianza entre el poder político-militar y las religiones cristianas. En el caso español, por ejemplo, la iglesia católica ha mantenido el peso de su doctrina sobre la moral sexual hasta la caída de la Dictadura Nacional-Católica en la década de los setenta, ya muy avanzado el siglo XX. Esta doctrina aún hoy tiene un gran peso político y social.

No dedicamos este libro a exponer la moral sexual del Antiguo Régimen en Europa ni de la dictadura del General Franco en España. Ésta es bien conocida, extremadamente simple, contundente y represiva. En efecto, la sexualidad, ubicada en las «partes bajas el cuerpo», es interpretada como una pasión muy peligrosa que debe ser fuertemente regulada políticamente, con leyes muy restrictivas, y religiosamente, con una moral. Por eso de la sexualidad se «hablaba para no hablar, para silenciarla», como escribiera el filósofo Foucault.

Pero las cosas han cambiado de manera espectacular en pocas décadas. Los gobiernos liberales y socialistas democráticos han cambiado las leyes, dando a los ciudadanos la libertad de decidir por sí mismos si tienen actividad sexual o no (salvo en el caso de los menores de cierta edad, a los que no se les concede la capacidad para consentir), formar o no parejas, crear familias de muy diferente tipo, divorciarse, etc. Derechos que se han extendido a algunas minorías, como la homosexual. Además, gracias a la lucha del feminismo y otras fuerzas liberadoras, las mujeres han conquistado también estas libertades, acercándose cada vez más a la igualdad con los hombres en una sociedad que era, y aún lo es, discriminatoria con las mujeres. Por todo ello, hoy día cada persona es más libre para construir su biografía sexual y amorosa.

Lo que justifica la necesidad de un libro como éste es que, si somos libres, lo inteligente es tomar decisiones sobre nuestra vida sexual y amorosa teniendo en cuenta nuestro bienestar y el de los demás. En él no entendemos la ética como una moral que se nos impone por razones religiosas o políticas, sino como unos principios de valor universal, basados en la argumentación, que finalmente nos sirven para cometer menos errores, evitar sufrimientos y ayudarnos a gozar más y mejor en nuestra vida sexual y amorosa.

La ética de las relaciones sexuales y amorosas es tanto más necesaria porque, si bien la liberación de una moral represiva política y religiosa ha sido un gran logro, no es menos cierto que esta sociedad liberal y de mercado propone de forma sibilina nuevos tópicos y valores sobre la vida sexual y amorosa, con el único fin de convertirnos en consumidores compulsivos, no explicando, por poner algunos ejemplos, que una cosa es que la actividad sexual sea saludable y otra que sea obligatoria, o identificando el placer y el consumo de actividad sexual con la felicidad. Donde se prescribía represión y fidelidad hoy se prescribe «poliamor» (confundiendo, por otra parte, la actividad sexual con el amor, nunca definido). La liberación de represiones y mitos infundados es fundamental; sin embargo, la libertad exige tomar decisiones inteligentes para llevar una buena vida, como decían los griegos, ser más felices decimos hoy, de manera más superficial. ¿No es más inteligente educar a la población en la autonomía responsable en lugar de prescribir supuestas obligaciones? Ofrecer conocimientos, condiciones para la libertad y educar en valores éticos universales es cuanto debemos hacer los profesionales, además, por supuesto, de ayudar a quienes tienen problemas específicos en este campo.

La libertad inteligente y, por tanto, ética, no puede convertir el consumo de actividad sexual y las relaciones amorosas en un campo de minas, en una actividad en la que cada cual busca únicamente su propio placer, sin tener en cuenta la persona que supuestamente acaricia y quiere. Sólo la ética sexual y amorosa nos liberará de errores graves con consecuencias muy dolorosas para nosotros mismos y para los demás. ¿Cómo vale la pena vivir?, se preguntaron los socráticos. Hoy nos preguntamos: ¿cómo vale la pena vivir la sexualidad y las relaciones amorosas para gozar más de la vida, sufrir menos soledad y alcanzar el mayor bienestar personal con nuestras parejas y en la sociedad?; ¿por qué hemos de evitar los abusos sexuales, el acoso sexual, la violación, el maltrato de las mujeres, la persecución de las minorías sexuales, etc.?

La sexología, por otra parte, ha hecho grandes contribuciones científicas a lo largo del último siglo en el conocimiento de la anatomía y fisiología sexual, las disfunciones y las terapias sexuales, la educación sexual, etc. A pesar de ello, tiene grandes lagunas. De los afectos sexuales (deseo, atracción y enamoramiento) sólo ha estudiado con seriedad el deseo. Los afectos sociales (apego, amistad y sistema de cuidados) apenas han sido tratados, y la ética sexual y amorosa ha sido olvidada. A estas lagunas se añade el hecho de que el origen revolucionario y liberador de la sexología, en medio de un mundo que reprimía toda actividad fuera del matrimonio heterosexual, se ha perdido en buena parte para dar paso a otras prioridades legítimas (tener clientes, ganarse la vida, luchar por una profesionalización, hacer currículum, etc.) que, con frecuencia, van asociadas a una pérdida de capacidad crítica en esta nueva sociedad de consumo donde la sexualidad es instrumentalizada más que reprimida. También desde este punto de vista nos parece necesario un libro como éste.

Empezamos el libro ofreciendo en el primer capítulo un concepto amplio y profundo de la sexualidad y la vida afectiva, insistiendo en que el mayor de los dones humanos es la libertad, fundamentando así la necesidad de una ética que nos ayude a tomar decisiones inteligentes. La ética no es entendida como una serie de normas y valores que reprimen nuestra sexualidad, sino como el uso inteligente de la razón, las emociones y los afectos sexuales (el deseo, la atracción y el enamoramiento) y los efectos empático-sociales (el apego, la amistad y el sistema de cuidados).

En el segundo capítulo intentamos fundamentar la ética sexual y amorosa en las éticas deontológicas (Kant, Escuela de Ginebra y Habermas, especialmente), en las éticas teleológicas del «placer y la felicidad» y, por último, en los socráticos y Aristóteles, porque los griegos tuvieron la lucidez de tener una visión positiva del placer, placer con medida, sin confundirlo con la felicidad, como frecuentemente se hace en nuestra sociedad de consumo.

En el tercer capítulo se recogen de forma breve las aportaciones de otras ciencias, como la sociobiología, la neurociencia y el estudio de las hormonas. En el cuarto se revisan de forma breve las aportaciones de la psicología actual. En el quinto se hace una alusión a los movimientos de liberación social en relación con la sexualidad. En el sexto se revisan y proponen una serie de derechos sobre la vida sexual, reproductiva y amorosa, formulados por la Asociación Mundial de Sexología y la Federación Mundial de Planificación Familiar y con nuestra propia aportación. Y, por fin, en el séptimo se formulan lo que consideramos podría ser una serie de principios éticos de valor universal, con justificación e ideas prácticas concretas.

Se trata de un libro que puede interesar a educadores, profesionales de la salud y sociales, personas concretas y parejas, así como a los padres. Con esta publicación pretendemos suplir una grave ausencia nacional e internacional en el campo de la educación sexual familiar y escolar, a la vez que aplicamos la ética a un nuevo campo, como se ha hecho ya con la medicina, la economía, la ecología, etc. Ética aplicada, en definitiva, para vivir, gozar y amar mejor.

1 La sexualidad y las relaciones amorosas en el reino de la libertad. Necesidad de una ética sexual y amorosa

1.1. SOMOS SEXUADOS

Acostumbramos a hablar de sexualidad como si ésta fuera una cosa más entre las muchas que tenemos, como la nariz y los ojos, por ejemplo. A veces, con más acierto, decimos que la sexualidad es una dimensión que impregna todo.

Nosotros preferimos decir que «somos sexuados», porque la sexualidad está en todo nuestro ser (el cuerpo, el pensar, el sentir y el hacer) (López, 2010, 2012, 2014; Greenberg, Brees y Conklin, 2010; Shibley y DeLamater, 2008; Bruess, 2008; Rathus, Navid y Rathus, 2006).

Hay seres vivos que no son sexuados, que se reproducen de otras formas. En realidad, los seres no sexuados fueron los primeros que habitaron la tierra y sólo algunos acabaron siendo sexuados. Si usáramos la metáfora de un año para contar la historia de la vida en la tierra, como he escuchado a algún científico, las primeras formas de vida empezaron a finales del primer trimestre, en el mes de marzo, y no evolucionaron algunas especies a seres sexuadas hasta el mes de septiembre. Por cierto, estos seres sexuados anteriores a los seres humanos son especies muy distintas y vivieron mucho tiempo antes de que algunos primates evolucionaran a humanos. Los primeros seres humanos habría que situarlos muy avanzado el mes de diciembre. Es decir, los humanos somos, en términos de historia de la vida, muy recientes y una especie entre otras muchas, aunque, como vamos a ver, con características muy especiales, también en relación con la sexualidad.

a) **Nuestro cuerpo es sexuado, tiene anatomía y fisiología sexual.**

— Nuestro programa genético es sexuado, y por ello lo son todas nuestras células.
— Nuestro cerebro es sexuado en su estructura y sobre todo en su funcionamiento.
— Nuestras hormonas son sexuadas, impregnándonos e influyendo en nuestra conducta.
— Nuestros genitales internos y externos son sexuados.
— Nuestra figura corporal es sexuada.
— Nuestra función en la reproducción es sexuada.

Estos diferentes aspectos, según se combinen, dan lugar a formas diversas de ser hombre o mujer, o a otras menos frecuentes, que presentan alguna diversidad intersexual. De hecho, hay sociedades en las que uno puede clasificarse como hombre, como mujer y como perteneciente a un tercer sexo; por cierto, este tercer sexo admite muchas variantes. Por otra parte, aunque la mayoría de los seres humanos se saben hombre o mujer, en armonía con sus características físicas, hay personas, como las transexuales y transgéneros, que se autoclasifican de forma distinta a su biología, dado que finalmente la sede de la identidad sexual está en el «Yo», en la «conciencia de sí» (López, 2012b).

La naturaleza y dinámica de la fisiología sexual está regida por la motivación de «placer» y por su función procreadora. Como en el resto de especies sexuadas, nuestra supervivencia como especie depende de la reproducción sexual, del apareamiento entre los hombres y mujeres (apareamiento en pareja o por inseminación artificial). Pero la función procreadora en la especie humana no está regulada únicamente de forma instintiva, sino que podemos tomar decisiones y planificar la reproducción, favoreciéndola o evitándola. También podemos tener conductas sexuales de uno u otro tipo, como por ejemplo las autoeróticas, provocando la respuesta sexual con o sin pareja, con o sin coito, etc.

La búsqueda del placer sexual es el principio motivador original de la conducta sexual, porque la actividad sexual está premiada por la naturaleza con un intenso placer. Como bien decía Freud, la «pulsión sexual» está regida por el principio del placer. La fisiológica excitación sexual puede desencadenarse con estímulos internos o sensoriales, fantasías, interpretaciones afectivas de la relación amorosa o el simple conocimiento de que va a tener lugar una relación sexual. Tanto la vía mental como la directamente táctil pueden desencadenar la excitación sexual, que tiene dos características: ser en sí misma placentera, a la vez que provoca una tensión que nos impulsa a resolverla con el orgasmo. Éste es un reflejo que desencadena una serie de contracciones acompañadas por el placer sexual más intenso, a la vez que provoca reacciones bioquímicas que afectan a toda la fisiología corporal y nos hacen sentir muy bien, también psicológicamente. Por eso, todas las especies sexuadas están tan motivadas para aparearse. También en relación con el principio del placer la especie humana es distinta a las demás, porque puede tomar decisiones y usar estrategias para incrementar la excitación y las posibilidades del orgasmo, o para impedir o controlar la excitación sexual. Incluso puede negarse a tener relaciones, por muy diferentes motivos, o detener las conductas sexuales después de alcanzado un cierto nivel de excitación. A la vez, y esto es lo más maravilloso, puede disfrutar del placer sexual cuando no puede haber reproducción, bien porque la hembra no está en sus días fecundables, está embarazada o ya ha pasado la menopausia. Esta es la gran novedad de la fisiología sexual humana. La mecánica de la respuesta sexual (del deseo, la excitación y el orgasmo) puede bloquearse por causas fisiológicas, psicológicas o interpersonales: carecer de deseo o motivación sexual, incluso llegar a la aversión sexual, tener imposibilidad o dificultades de excitación, o no conseguir el orgasmo. Es lo que llamamos los profesionales «disfunciones sexuales», porque en condiciones de «normalidad» la respuesta sexual humana está preprogramada en las especies sexuadas para que sea deseada y placentera.

Nuestra especie tiene otras características corporales que enriquecen las formas de estimularnos y buscar el placer, por lo que las alternativas, con o sin coito, son muchas. Los seres humanos nos hemos puesto de pie, y este hecho de ser bípedos nos ha permitido liberar los brazos y desarrollarlos de forma espectacular. Su uso ha contribuido a desarrollar el cerebro y nos ha sido útil instrumentalmente para numerosas tareas; en relación a la sexualidad y las relaciones amorosas, los brazos y manos articulados nos permiten abrazar, llevar en brazos, coger y acariciar. Los dedos acaban en «yemas», almohadillas suaves especialmente dotadas para la caricia. Por eso los brazos, las manos y los dedos tienen funciones fundamentales en la crianza de los hijos, en la sexualidad y en la vida afectiva. Podríamos decir que los brazos, las manos y los dedos no sólo tienen un rol fundamental en la estimulación sexual, sino en el afecto y la expresión de todas las formas de ternura y comunicación emocional.

Por otra parte, al ponernos de pie la pelvis ha basculado hacia adelante, por lo que podemos coitar de manera frontal. La interacción frontal es un privilegio de la especie humana, sin que hayamos perdido la posibilidad de otras posturas. Interacción frontal que también adoptamos en el amamantamiento y en otras muchas actividades interpersonales: comer, comunicarnos, etc.

Los seres humanos, además de una geología sexual que impregna las capas interiores de nuestro cuerpo, tenemos una geografía sexual privilegiada: estamos muy desnudos, sin pelo en los casi dos metros cuadrados de piel muy sensible a la comunicación erótica, lo que nos permite un acceso directo y cálido a los millones de receptores y emisores de que estamos dotados de pies a cabeza: sensaciones y estímulos erótico-placenteros directos, con acceso mutuo a la piel. Nuestra geografía sexual, además de la supuesta capitalidad (los genitales), tiene unas zonas turísticas privilegiadas (las llamadas zonas erógenas) y, lo que suele olvidarse, todo un mapa corporal sexuado lleno de montes y valles, arroyos y fuentes, playas y bosques, recodos siempre por explorar, etc. Todo ello puede vivirse de forma personalizada y diversa, por lo que nunca hemos de presuponer cuál es la verdadera capital o las zonas erógenas, o los lugares preferidos de la otra persona. Preferencias personales, descubrimientos nuevos y cambios evolutivos hacen de cada persona un mundo siempre por explorar. La comunicación y la exploración son, por todo ello, fundamentales y, en cierta medida, inacabables.

b) **Nuestra manera de pensar es sexuada,** gracias a la capacidad de nuestro cerebro y al aprendizaje social que cada uno de nosotros asimilamos de forma personal, a partir de las construcciones sociales sobre la sexualidad y el género masculino y femenino.

— Hacemos un procesamiento sexuado de la información, con un esquema de género («soy hombre, soy mujer u otra diversidad no convencional») que regula la atención, percepción, interpretación, memoria, recuperación del recuerdo y planificación de la conducta, de forma que finalmente tendemos a pensar como hombres, como mujeres o de forma no convencional. Hoy día, la presión social y los convencionalismos de género han sido puestos en crisis por muchas personas, especialmente por las minorías sexuales y movimientos sociales como el feminismo.
— Tenemos fantasías de contenido sexual diferentes entre sexos y personas.
— Podemos planificar mentalmente la conducta sexual.
— Interpretamos nuestros deseos, atracciones y experiencias amorosas.
— Adquirimos una serie de valores y actitudes en relación con la sexualidad.
— Nos autoasignamos una identidad y reelaboramos el rol de género (Rose y Tstsou, 2012). La autoclasificación en una categoría de la identidad sexual, sin embargo, no es voluntaria. Tiene su sede en el «Yo» (López, 2012b), pero la sentimos y reconocemos como algo que se nos impone, en algunos casos en contradicción con las características sexuales corporales. El esquema de género, por el contrario, al ser una asignación social, permite a las personas reelaboraciones que pueden ser críticas con las construcciones sociales.
— Los seres humanos somos el resultado de nuestro cuerpo, nuestra mente y nuestras emociones. Tenemos capacidad de atender a estímulos, percibirlos, interpretarlos, tener imágenes y representaciones mentales, archivar las imágenes y los pensamientos en la memoria, reelaborar todos los contenidos mentales, recuperarlos trayéndolos a nuestra conciencia, planificar mentalmente la conducta y el futuro, así como transmitir con el lenguaje oral, escrito, emocional y gestual nuestros conocimientos e interpretaciones a otras personas.
— Somos también seres que vivimos en una realidad interpretada por nosotros a través de mitos, prejuicios, creencias religiosas, ideas filosóficas, creaciones culturales, publicidad comercial y conocimientos cientí-

ficos. Todas estas elaboraciones están influidas por nuestro pensamiento sexuado, asignando incluso a nuestros dioses características sexuales. La sexualidad, por otra parte, por ser tan importante en la experiencia y vida humana, ha sido específicamente objeto de prejuicios, intereses perversos, manipulaciones comerciales, doctrinas de todo tipo, por lo que cada persona que nace tiene que asimilar, rechazar o reelaborar esas construcciones sociales.

La interpretación de la sexualidad que se hace en una sociedad y en un momento histórico concreto condiciona lo que las personas concretas piensan, sienten y hacen, y por ello las actitudes (formas de pensar, inclinaciones a sentir y tendencias a actuar) son tan importantes en la vida sexual de las personas. El pensamiento conservador o liberal sobre cuestiones sexuales, la actitud erotofóbica o erotofílica (cómo reaccionamos y sentimos ante estímulos o situaciones sexuales) y las prácticas sexuales, promocionadas o declaradas inmorales socialmente, influyen en nuestras decisiones sobre la conducta sexual y nuestra manera de vivirlas.

El pensamiento sexuado es tan importante como la fisiología sexual, hasta el punto de que nos permite tomar unas decisiones u otras, incrementar el deseo y la excitación, aceptar y llenar de significados la conducta sexual y el placer sentido. También puede rechazar, bloquear, reprimir o hacernos sentir culpables, impidiendo una vida sexual adecuada, ser sexistas o incluso acabar cometiendo delitos contra la libertad sexual de los demás.

Una de las funciones de la ética, como veremos, es ayudar a conformar un pensamiento sexofílico y, a la vez, respetuoso con los derechos de los demás.

c) **Nuestro humor, emociones, sentimientos y afectos son sexuados.**

Somos cuerpo, mente y emociones. Tres dimensiones que son una unidad, aunque ésta pueda verse desde las tres perspectivas.

Desde la perspectiva emocional, nos afecta todo lo que nos sucede, nada nos deja emocionalmente indiferentes, y siempre tenemos una reacción y una interpretación emocional, que tienen una base anterior a nuestra toma de conciencia, aunque acabe asomándose a la conciencia subjetiva y pueda ser reelaborada por el pensamiento y las construcciones sociales.

A este mundo emocional y afectivo hemos dedicado uno de nuestros últimos libros (López, 2009), diferenciando, a partir de la propuesta de Damasio (2005), entre humor, emociones y sentimientos, pero enriqueciendo esta propuesta con una taxonomía de los afectos sexuales (deseo, atracción y enamoramiento) y los afectos empático-sociales (apego, amistad, sistema de cuidados y altruismo).

Los afectos sexuales son denominados así porque nos motivan para buscar el encuentro sexual y amoroso con otra persona. El deseo sexual se manifiesta en fantasías, pensamientos e interés por el encuentro sexual, pudiendo ser anterior, concomitante o posterior a la excitación, y es necesario, en una especie sexuada como la nuestra, para garantizar la motivación por el apareamiento y, de esta forma, la supervivencia de la especie. La atracción nos lleva a seleccionar la pareja posible que más nos motiva sexual y amorosamente, favoreciendo la mejor descendencia. Ambos afectos tienen un claro sentido en el mantenimiento y la evolución de la especie, aunque, a diferencia de otras especies, los seres humanos podemos tomar decisiones, no estando obligados a seguir lo que estos afectos nos demandan. El enamoramiento es un estado de fascinación interpersonal, cuyo sentido evolucionista tal vez sea favorecer la formación de parejas y, de esta forma, asegurar la vida de las crías. Por otra parte, en una especie como la nuestra, el enamoramiento favorece el conocimiento entre los miembros de la pareja, la comunicación e intimidad y la creación de otros afectos sociales como la amistad, el apego y el sistema de cuidados.

Finalmente, estos afectos favorecen la formación de parejas y la crianza de los hijos e hijas, sea cual sea el tipo de pareja o familia en que cristalicen.

La actividad sexual puede, por tanto, estar motivada por el placer o por los afectos sexuales, de manera directa, pero también por otros muchos motivos, como, por ejemplo, para tener intimidad o para cuidar o amar a la pareja. Es así como puede haber relaciones sexuales ocasionales, sin compromisos sociales o afectivos, o relaciones en un contexto afectivo en combinaciones muy diversas. El lector puede disfrutar haciendo una tabla con todas las combinaciones posibles, analizar sus preferencias y descubrir su grado de tolerancia o rechazo de las otras alternativas.

La siguiente tabla (tabla 1.1) puede servirle para ver todas las combinaciones posibles, desde estar motivado por todos los afectos sexuales y sociales hasta hacerlo sólo por uno de ellos. Aceptar la diversidad de los demás, a la vez que cada uno se siente libre y responsable de su biografía sexual y amorosa, parece la mejor manera de ser uno mismo y respetar a los que son diferentes.

Hay otras alternativas perversas no contempladas en esta tabla, pero que, lamentablemente, son el precio que nuestra especie paga por ser libre y responsable de su conducta sexual y amorosa; son aquellas que no respetan la libertad del otro por motivaciones de uno u otro tipo, como el «poder» para controlar y dominar, determinadas parafilias o desviaciones sexuales que pueden llevar al abuso sexual de menores, o aquellas que doblegan abiertamente la voluntad de la otra persona, como la violación, el acoso sexual, la coerción, el engaño y la violencia física.

Estos usos perversos deben ser perseguidos por la ley, como de hecho sucede entre nosotros, pero además deben ser prevenidos por la educación ética desde la primera infancia. Ética que, por otra parte, no sólo indica lo que no se debe hacer, sino sobre todo lo que se debe hacer, lo que conviene hacer, lo que, en definitiva, es mejor para el bienestar de cada persona, la pareja y la comunidad.

TABLA 1.1

Motivaciones sexuales y amorosas

		Apego	Amistad	Sistema de cuidados	Altruismo
Placer					
Deseo					
Atracción					
Enamoramiento					

El lector, al hacer las combinaciones, se puede encontrar como posibilidades motivaciones únicas (de placer o altruismo, origen de relaciones por condescendencia amorosa, por poner los dos extremos), motivaciones sólo sexuales (como el placer y el deseo), motivaciones con todos los afectos sexuales, pero únicamente con ellos (deseo, atracción y enamoramiento), motivaciones basadas en un solo afecto social o en varios, y todas las combinaciones posibles entre unos y otros.

Naturalmente que puede haber otras muchas motivaciones sexuales, impulsadas por hormonas, estimulación sexual interna o externa, deseo de agradar, necesidad de aprobación, sentimientos de ansiedad o soledad, búsqueda de poder u orientaciones sexuales parafílicas como la pedofilia y tantas otras, deseo de tener hijos, etc.

Nuestro modelo de intervención educativo y terapéutico responsabiliza a cada persona de sus decisiones, favoreciendo siempre las alternativas compatibles con el bienestar personal, de la pareja ocasional o estable y, finalmente, de la comunidad, aunque en este último caso no creemos que el criterio de salud deba conformarse por las convenciones y valores dominantes, sino por el bienestar de las personas, las parejas, las familias, los hijos, las mujeres y los hombres, con especial respeto a las minorías y énfasis en la necesidad de abandonar cualquier tipo de discriminación.

d) **Adquirimos un lenguaje que es sexuado.** El lenguaje es una capacidad humana estrechamente relacionada con nuestras capacidades emocionales y mentales, construido a lo largo de los siglos por cada etnia o cultura, siendo en sí mismo una interpretación de la realidad. Pues bien, las palabras, su significado y su género, las expresiones más arraigadas y la manera de hablar y gesticular son sexuadas. Numerosos dichos y la forma de hablar que se considera apropiada son sexuadas. Todo ello implica una interpretación sexuada de la realidad. Por eso, en la actualidad debatimos, con razón, sobre el uso sexista del lenguaje y las denominaciones degradantes e insultantes referidas a los homosexuales, transexuales y otros muchos colectivos como las prostitutas. El lenguaje es tan sexuado que «lo que no se puede nombrar» (anatomía o conductas más sexuales) es lo que tiene más nombres, porque los humanos necesitamos el lenguaje para comunicarnos y para interpretar la realidad, y lo hacemos, cómo no, de forma sexuada. El hecho de que la sexualidad no se pueda «nombrar abiertamente» ha provocado denominaciones de todo tipo, desde simpáticas hasta soeces, sexistas, violentas, etc.

Desde el punto de vista histórico, la visión judeo-cristiana, dominante en nuestra cultura, se expresa de forma muy negativa en el lenguaje, «lo que se dice» sobre la sexualidad y las conductas sexuales. De hecho, en el dualismo cuerpo y alma propuesto por estas doctrinas, el cuerpo es la parte material, menos o nada valiosa, mientras el alma es la parte noble e inmortal. La sexualidad se ubica en el cuerpo, en las «partes bajas» del cuerpo, y las actividades sexuales suelen denominarse impuras, sucias, feas, degradantes, etc., si no están en el contexto de un matrimonio heterosexual orientado a la procreación.

Desde el punto de vista individual y de pareja, esta visión y este lenguaje han tenido consecuencias devastadoras, no sólo porque han interpretado sexofóbicamente la sexualidad, sino porque han condenado que los amantes puedan hablar abiertamente sobre sus relaciones sexuales, impidiendo una comunicación abierta, sincera, estética y románticamente atractiva. No hace mucho me decía un joven enamorado que su problema es que no podía hablar de sexualidad con su pareja, porque sólo conocía dos tipos de palabras, las «feas» y las «cursis». En otra ocasión, una mujer me contó que estaba asustada de las cosas que decía su pareja cuando hacían el amor, hasta el punto que se ponía muy nerviosa y se sentía fatal, porque decía palabras que calificaba de «horribles» e intolerables.

Las palabras, las frases y los dichos, los refranes, etcétera, están llenos de contenidos sexuales negativos, porque, como muy bien ha resumido el filósofo Foucault, «al menos hasta Freud, de sexualidad se hablaba para no hablar».

Y no sólo estamos hablando del lenguaje oral. Por ejemplo, el lenguaje escrito en los mandamientos que la iglesia católica pone en boca de Dios tiene dos prescripciones, sobre diez, referidas a sexualidad y que son bien significativas. El sexto mandamiento, «no cometerás actos impuros», con versiones que insisten en no pensar, no fantasear, no masturbase, no, no, no... cualquier manifestación sexual o conducta fuera del matrimonio heterosexual. El noveno mandamiento se ha formulado durante siglos como «no desearás a la mujer del prójimo», con una traducción gravemente sexista del bíblico «no cometerás adulterio», bajo el supuesto de que la mujer no tiene verdadero deseo sexual. En este contexto sexofóbico, la madre de Jesús tenía que ser necesariamente virgen, y concebirle sin el coito con José.

Es verdad que en la Biblia se pueden encontrar cosas muy diversas y hasta contradictorias, y no es menos verdad que estos escritos deben ser juzgados en el contexto en que fueron escritos. También que hay textos con una visión positiva de la sexualidad, como *El Cantar de los Cantares* y algunos de los escritos del Concilio Vaticano II; pero no es menos verdad que esta religión y su doctrina moral oficial sigue siendo muy sexofóbica y fundamentalista. Aunque, justo es decirlo, la mayor parte de los católicos actuales, alejados de estas interpretaciones, no son fundamentalistas, y muchos de ellos piensan, sienten y actúan de forma muy libre y tolerante en relación con la vida sexual y amorosa.

Mejorar el lenguaje referido a la sexualidad, cuando hablamos con los menores en la familia y en la escuela, en la pareja y en la vida comunitaria, es necesario, si queremos reconciliarnos con el hecho sexual humano, reconociéndolo como positivo, porque nos inclina a buscarnos, disfrutarnos y amarnos.

e) **Nuestro hacer, nuestras conductas concretas**, no sólo las que consideramos expresamente sexuales, sino todas las actividades de la vida cotidiana, nuestra forma de ejercer la profesión, nuestra forma de vivir, etc., son sexuadas (Rose y Tstsou, 2012; Mattier, 2008). Por esta razón, hablamos de diferencias entre hombres y mujeres, niños, jóvenes, adultos y viejos, a la vez que reconocemos *script sexuales* y estereotipos sociales que regulan nuestra conducta sexual y amorosa, así como nuestras actividades cotidianas.

En efecto, si somos sexuados en cuanto corporales, emocionales y mentales, lo somos también desde la perspectiva del lenguaje y las conductas.

Todas las especies sexuadas tienen tendencia a seducir, aparearse de una determinada manera, cuidar a sus crías o establecer relaciones de un tipo u otro. En muchas especies estas conductas están muy estereotipadas, con muy pocas variantes, precisamente porque están preprogramadas y reguladas por instintos.

La especie humana es una más, por lo que podemos encontrar constancias entre culturas, como las descubiertas por el evolucionismo (Buss, 1999), o semejanzas históricas y sociales dentro de cada cultura (López, 2004; López, Caballero, Fernández y Carcedo, 2014), pero también diferencias entre individuos y hombres y mujeres (López, 2004; Barberá y Martínez, 2004). Esto es así porque compartimos con la especie numerosas características que nos hacen semejantes, algunas tan estereotipadas como los movimientos pélvicos en el coito, otras prácticamente idénticas, como ocurre con el reflejo del orgasmo, y otras muchas con grados diferentes de preprogramación que admiten una ligera o amplia diversidad.

Pero, a la vez, somos muy diferentes, porque somos una especie muy social, con grandes diferencias culturales, sociales, históricas y generacionales, que regulan las conductas sexuales de las personas con leyes, costumbres y valores dominantes.

Por todo ello somos tan iguales y tan diferentes, según la perspectiva de análisis que tomemos. Es evidente, por ejemplo, que lo más regulado por la fisiología sexual, las formas de comunicación emocional básicas y los afectos sexuales nos hacen muy semejantes, mientras aquellos aspectos de la conducta más regulados por los valores, las costumbres, las leyes, el lenguaje y los afectos sociales menos preprogramados nos hacen muy diferentes. Por otra parte, las conductas sexuales dependen también, en buena medida, del tipo de sociedad y momento histórico en que vivamos, siendo mucho más diversas en las sociedades democráticas abiertas y en los momentos históricos más progresistas.

Pero, y eso es lo importante para el tema que nos ocupa, finalmente son las personas las que toman decisiones sobre sus conductas sexuales, por lo que, ante la diversidad propia de las diferentes culturas, sociedades y momentos históricos, hay que tener en cuenta que cada persona, a partir de sus características propias, sus valores, sus creencias y su experiencia, toma decisiones y tiene conductas que acaban conformando su biografía sexual. Claro que esta libertad siempre está condicionada por numerosos factores y, a veces, por experiencias traumáticas no deseadas ni decididas, sino impuestas contra su voluntad. Pero el ideal ético, del que vamos a ocuparnos en este libro, es precisamente el de crear las mejores condiciones para el ejercicio de la autonomía y la libertad propia, unida necesariamente a la promoción y el respeto de la libertad del otro.

Ahora sí, ha llegado el momento de hablar de la libertad de decisión, a la que nos hemos referido reiteradamente, porque afecta a todos los aspectos que hemos comentado y es la característica sexual y amorosa que nos hace humanos.

1.2. LA ESPECIFICIDAD DE LA SEXUALIDAD HUMANA Y LA ÉTICA

Compartimos muchas cosas con otras especies sexuadas, especialmente con los mamíferos y, dentro de ellos, con los primates. Las semejanzas son tantas que no siempre está clara la excepcionalidad humana, porque hemos compartido una larga historia evolutiva y aún hoy tenemos genomas cercanos. La excepcionalidad humana sólo tiene pleno sentido si se mantienen tesis creacionistas en lugar de evolucionistas.

Pero el hecho de que compartamos una larga historia previa, mucho más larga que la de la propia humanidad, no quiere decir que, en el caso de la especie humana, no se hayan dado algunos saltos cualitativos en la forma de vivir la sexualidad que nos hacen diferentes, animales éticos. ¿Cuáles son estos cambios? (López, 2009).

La sexualidad animal pertenece al reino de la necesidad. Su sexualidad es instintiva, preprogramada, de forma que, en realidad, no pueden tomar decisiones, propiamente dichas, sobre su conducta sexual. Su deseo, sus formas de cortejo, el apareamiento, la gestación y la crianza no son procesos «decididos» entre varias alternativas, planificando conscientemente la conducta en el presente y el futuro de la relación, incluyendo la descendencia, sino una cadena de conductas preprogramadas, muy similares de unos animales a otros en cada especie.

Las hembras de otras especies (aunque seguramente habría que hacer mayores precisiones en relación con algunos primates) no deciden cuándo desean; simplemente se sienten atraídas sexualmente y tienen conductas sexuales activas con los machos. Buscan a los machos y se aparean cuando tienen el «celo», ni antes, ni después ni cuando están preñadas. Su conducta es instintiva y muy previsible. Por eso, por ejemplo, existen lugares donde los ganaderos juntan las yeguas con los caballos, las vacas con los toros, etc., para que se apareen y queden preñadas, llevándolas a estos lugares justo cuando están en celo.

Por otra parte, los machos de estas especies están siempre disponibles para la actividad sexual, salvo agotamiento, enfermedad o vejez avanzada. Éstos, en efecto, no dicen «no» a una oportunidad de actividad sexual ante una hembra en celo.

Por ello puede decirse, con razón, que en estas especies la sexualidad es un instinto preprogramado orientado a la reproducción, siendo las hembras las que instintivamente regulan la conducta de los machos, al estar disponibles únicamente cuando están en «celo».

También por este motivo la variabilidad de las conductas sexuales y posturas coitales es mucho menor en los animales que entre los humanos. De hecho, casi todas las especies se aparean únicamente en una postura determinada y, a veces, en una época concreta del año.

Y es que los animales, como afirman filósofos reconocidos (Kant y Zubiri, por ejemplo) y los etólogos, responden a estímulos internos o externos, de forma preprogramada en su naturaleza. No tienen la posibilidad de elegir reflexivamente, de tomar decisiones con un margen de libertad consciente. Los seres humanos podemos tomar decisiones, aunque nuestra libertad no sea nunca absoluta, sino siempre condicionada en algún grado, y lo hacemos justificando la decisión ante nosotros mismos, a veces incluso ante los demás, con argumentos. Incluso, con frecuencia, dudamos y somos conscientes de que podemos equivocarnos. El propio ambiente no es para nosotros únicamente una fuente de estímulos y percepciones, sino que siempre es interpretado, por lo que vivimos en un ambiente de adaptación específico y, por humano, lleno de dudas y decisiones en las que finalmente nuestra voluntad se siente obligada a decidir entre diferentes posibilidades; tenemos que renunciar a distintas posibilidades, justificando las renuncias y la elección. Este es el origen específico de la ética y también de la angustia humana, como reconociera Kierkegaard. Vivir en un «mar de dudas» es propio de la existencia humana, como nos recuerda Ortega y Gasset, dudas que hoy son especialmente acuciantes en relación a la ética sexual y amorosa, una vez abandonado el fundamentalismo de numerosas religiones.

Las dudas de los amantes son uno de los mejores ejemplos de nuestra humanidad: ¿me quiere o no me quiere?, ¿le quiero de verdad?, ¿le digo sí o le digo no?, ¿qué debo hacer?, ¿qué he hecho mal?, ¿qué libertades puedo tomarme si tengo pareja?, ¿qué debo contar o callar a mi pareja?, etc. Incluso cuando estas dudas parecen resueltas por el deseo o la pasión amorosa, aún podemos plantearnos si es conveniente o descabellado decir sí. La grandeza y el drama de la libertad nos hacen esencialmente humanos. Bien lucido es *El Quijote* cuando, en medio de Castilla, sin claros hitos y fronteras, le dice a Sancho: «Amigo Sancho, la libertad es el don más grande que nos han dado los dioses».

Así lo entiende Kant cuando afirma que el ser humano es un ser racional, con conciencia de su causalidad respecto de las acciones, es decir, que se sabe autónomo, libre y, por tanto, con el deber de justificar las decisiones: «como ser racional y, por tanto, perteneciente al mundo inteligible, no puede el hombre pensar nunca la causalidad de su propia voluntad sino bajo la idea de libertad, pues la independencia de las causas determinantes del mundo sensible es libertad. Con la idea de libertad hállase empero, inseparablemente unido, el concepto de autonomía y con éste el principio universal de moralidad» (Kant, 1973, p. 121).

Esta característica antropológica del hombre es esencial para entender qué tiene de específica la sexualidad humana. En efecto, en el caso de la **sexualidad humana se ha producido un salto cualitativo** —aunque no sepamos con precisión cuándo y cómo sucedió—, por el que **su sexualidad está en «el reino de la libertad».** La diferencia fundamental con otras especies es que hombres y mujeres podemos tomar decisiones sobre nuestra vida sexual por diferentes motivos y formas de evaluar las alternativas y sus consecuencias: tener o no tener actividad sexual, elegir entre diferentes alternativas e incluso controlar la reproducción.

Las mujeres pueden tomar decisiones sobre su vida sexual con independencia del momento del ciclo en que estén, cuando están embarazadas y en la posmenopausia. Pueden sentir placer y alcanzar el orgasmo en cualquier momento de su ciclo, estando embarazadas o aun siendo viejas. Pueden decir «sí» o «no» a una actividad sexual con otra persona en todo momento. Pueden tomar decisiones sobre su deseo, atracción e incluso enamoramiento. La naturaleza las ha hecho libres. Su actividad sexual está sujeta a decisiones libres y no está vinculada necesariamente a la procreación, sino que puede tener otros muchos fines o funciones. Por tanto, la sexualidad de la mujer no está preprogramada hasta el punto de que su deseo, atracción y conducta estén determinados instintivamente. La procreación es una posibilidad, por cierto únicamente durante un período de su vida, pero ésta no regula su actividad sexual.

La mujer puede y debe sentirse dueña de su sexualidad y construir su biografía sexual y amorosa por razones, motivos o circunstancias muy diversas, teniendo, en razón de su naturaleza sexual, una gran libertad de decisión. No es la naturaleza, ni la voluntad de Dios lo que debe regular su actividad sexual y su número de hijos, sino su libertad y responsabilidad. Por ejemplo, una mujer con un deseo sexual intenso, y aun sintiéndose muy atraída por otra persona, puede decir «no», contigo «no» o ahora «no», una mujer sin deseo sexual puede tener relaciones por «condescendencia».

Los hombres también pueden y deben tomar decisiones sobre su actividad sexual. La idea ancestral de que los hombres no rechazan una oportunidad de relación sexual, además de ser falsa, les animaliza y puede servirles de coartada para legitimar la coerción y la violencia sexual. El hombre no es un macho preprogramado, siempre disponible y sin capacidad para controlar su instinto sexual, sino un ser humano que puede y, por tanto, debe tomar decisiones sobre su actividad sexual. También puede y debe construir en libertad y responsabilidad su biografía sexual y amorosa. Lamentablemente, la construcción social sobre la sexualidad del varón mantiene elementos de animalidad, que se han creado y usado históricamente para legitimar agresiones sexuales. Esta historia hace más urgente una ética de las relaciones sexuales y amorosas. El hombre puede y debe ser dueño de su deseo, atracción y enamoramiento, y tomar decisiones éticas, sin imponer sus afectos sexuales a los demás, y mucho menos aún pervertir el sentido de la sexualidad violando.

Precisamente porque somos libres y responsables, la **sexualidad humana también tiene una dimensión ética.** Las conductas sexuales y los compromisos amorosos pertenecen a lo que puede ser elegido, decidido por la persona y, por tanto, entran en el terreno de la ética. Nuestras elecciones y decisiones, nuestra capacidad para tener una biografía sexual y amorosa, nos hace responsables ante nosotros mismos y ante las personas con las cuales tenemos relaciones sexuales o amorosas. La libertad propia debe tener en cuenta la libertad ajena, por lo que debe ser desterrada toda forma de presión, coerción o violencia contra otra persona. Salvo la actividad autoerótica, sobre un cuerpo que nos pertenece, las actividades sexuales que implican a otras personas deben ser aceptadas y decididas con libertad por ambos.

La actividad sexual y amorosa, por tanto, no es un asunto individual, sino interpersonal, siempre que implique un tipo u otro de interacción con otras personas. Incluso también debemos sentirnos responsables, desde el punto de vista personal, de nuestra biografía sexual y amorosa, no siendo éticas aquellas conductas que puedan ser autodestructivas.

En definitiva, no decidimos nacer, pero estamos obligados a vivir, a ser durante un tiempo, durante el cual podemos y debemos tomar decisiones sobre nuestra manera de vivir. Aunque estas decisiones estén condicionadas tanto biológica como socialmente, lo específicamente humano es que tenemos un margen de libertad. Por ello somos inexorablemente seres éticos, ya que al tener varias alternativas hacemos valoraciones sobre las que son mejores o peores, buenas o malas, justas o injustas, morales o inmorales, etc. En las relaciones interpersonales hay dos libertades en juego, y nuestro deber ético es consensuar las actividades sexuales y amorosas que compartimos. Y en relación a nuestra vida personal, creemos, como veremos, que también puede hablarse de una ética de autorrealización, una búsqueda del bienestar personal frente a las conductas autodestructivas.

Es verdad que la biografía sexual y amorosa de cada persona es única, justo porque somos únicos y libres; pero gestionar bien esta biografía, tomando decisiones éticas, es lo más inteligente que podemos hacer, porque la ética, finalmente, como veremos, es la aplicación de la inteligencia racional y emocional a la vida.

La necesidad de ética no sólo se fundamenta en nuestra libertad y dignidad, así como en nuestra capacidad de razonar y sabernos obligados a respetar la libertad y dignidad del otro, sino en otras razones asociadas a éstas que ha puesto de manifiesto de forma especialmente brillante Habermas (1986): la vulnerabilidad de la existencia humana y el hecho de que somos una especie social.

«Morales voy a llamar a todas las intuiciones que nos acercan al mejor modo de comportarnos para contrarrestar la extrema vulnerabilidad de las personas. Pues, desde un punto de vista antropológico, la moral puede entenderse como un mecanismo protector que sirve de compensación a la vulnerabilidad» (Habermas, 1986, p. 105). A esta vulnerabilidad tan evidente en tantos aspectos de la vida, en relación con la vida sexual y amorosa, añadimos nosotros el reconocimiento de que, de hecho, son muchas las personas, especialmente mujeres, que son víctimas de abusos, acosos, violaciones y otros atropellos morales, que no respetan la libertad y dignidad de éstas. Es decir, tenemos datos históricos y actuales que confirman que los seres humanos deben recurrir una y otra vez a argumentos éticos, e incluso leyes penales, para prevenir o castigar estas conductas indignas y gravemente lesivas.

La propia especie estaría en peligro si no pusiéramos coto ético y legal al potencial de violencia y crueldad de los seres humanos. Seguramente por ese motivo, todos los grupos humanos se organizan con valores, costumbres y leyes, con mayor o menor acierto, a lo largo de una historia de la humanidad dramática y, a la vez, esperanzadora. La prohibición del incesto y, en general, de los abusos sexuales de menores son dos de los muchos ejemplos casi universales. Necesitamos una ética argumentada que fundamente principios de comportamiento que sean una referencia para regular personal y socialmente la conducta sexual y amorosa, que sirva de referencia y apoyo a los mejores logros humanos, de autocontrol de cada persona, de fundamento para los acuerdos interpersonales y de fundamentación de las leyes penales para quienes superen límites inaceptables por la comunidad.

Además, es necesario comprender que somos seres sociales, que no somos ni estamos solos, sino que formamos parte de una comunidad. Nacidos en dependencia de los demás y socializados en una comunidad: «La individuación espacio temporal de la especie humana... no viene regulada por un mecanismo genético que directamente vaya de la especie al individuo particular. Antes bien, los sujetos capaces de lenguaje y acción sólo se constituyen como individuos porque, al crecer como miembros de un particular lenguaje, se introducen en un mundo de vida intersubjetivamente compartido... Cuanto más progresa la individuación, tanto más se ve envuelto el sujeto particular en una red cada vez más densa y, a la vez, más sutil de recíprocas posibilidades de desamparo e indefensión, y de correspondientes necesidades de protección frente a los riesgos incontrolables... (Habermas, 2006, pp. 105-107).

Por nuestra parte, creemos que la ética no sólo debe ayudarnos a evitar los riesgos y atropellos humanos, sino que debe orientarnos a alcanzar, en positivo, las mejores posibilidades para la persona, las parejas sexuales y amorosas y la comunidad. Puede y deber ser una referencia utópica y realista que nos permita llegar a acuerdos que fomenten la realización de las mejores posibilidades de la especie.

Los seres humanos, gracias a nuestra memoria, conocimientos y capacidad de planificación, junto con la construcción cultural de las formas de relación, podemos comprometernos con la pareja. Compromiso que hoy día, en algunos países como el nuestro, podemos organizar de formas casi infinitas en cuanto al modelo de compromiso, la persona con la que nos comprometemos y el tiempo que mantenemos la alianza. Porque hemos conquistado la libertad para vincularnos y desvincularnos, libertad dada por la naturaleza de nuestra sexualidad y negada durante siglos. Sin embargo, los compromisos sexuales y amorosos pactados, aunque admitan una gran diversidad de formas de vida, también necesitan ser éticos. Es evidente que puede haber compromisos y relaciones sexuales y amorosas muy diversas entre las personas, y toda diversidad que no sea autodestructiva o haga daño a los demás es legítima, pero la forma de establecer estos compromisos y su cumplimiento o ruptura están sujetos también a la ética, si no queremos convertir las relaciones en una especie de terrorismo interpersonal, de subjetividad individualista que olvida, en nombre de una mal entendida libertad personal, que ésta debe ser ejercida obrando éticamente bien con el otro.

Algunos de los sociólogos actuales más reconocidos ponen de manifiesto adónde nos está llevando esta falta de ética interpersonal. Beck y Beck (2000), dos sociólogos alemanes, en un libro cuyo título es bien ilustrativo *(El normal caos del amor),* consideran que, en las sociedades modernas avanzadas, abandonada la moral sexual religiosa, ha despertado «la fascinación por las prácticas sexuales reprimidas y las fantasías oscuras. De este modo se creó el entorno en que el amor, como oposición ejemplar, no sólo atraía con la promesa del placer, sino también con la de la libertad..., un romanticismo trivializado y privado de su opuesto, la prohibición moral..., se convierte en un fenómeno de masas: la religión terrenal del amor» (p. 254)... «con la liberación de la moral y del derecho, el amor parece convertirse en un asunto exclusivo de los individuos que se aman»... Este amor, no sujeto a reglas, «se convierte en el prototipo de la individualización social y al mismo tiempo en la promesa de salvación para los individuos aislados... El amor significa, por consiguiente, contra-soledad»... «es la utopía de la contra-individualización...» (p. 263).

Los individuos, insisten estos autores, están solos ante la utopía del amor, que necesitan más que nunca. Pueden organizarse las relaciones como quieran, fuera de todo convencionalismo y moral: «El amor como autogestión radical, despojada de todos sus apoyos y controles externos, no conoce ahora árbitros, ni normas, ni procedimientos para reclamar mediante los cuales retirar sus problemas del caos de la batalla y someterlos a un juicio neutral... (p. 267). «Subjetividad y únicamente subjetividad, que se convierte en arbitrariedad y brutalidad» (p. 268).

¿Cuál es la causa de esta evolución en la que, por un lado, se espera todo del amor, y, por otro, los individuos fracasan en sus relaciones? Para estos autores, la causa es finalmente económica; y no es otra que el individualismo —necesidad/deseo de tener un currículum personal competente, como prioridad frente a los demás valores— creado para satisfacer las necesidades del sistema económico de producción, el cual, como es sabido, necesita personas muy preparadas, dispuestas a trabajar mucho tiempo y en cualquier lugar. Las relaciones familiares y de pareja crean dificultades a estas personas que deberían estar siempre disponibles —con movilidad de horarios y lugares de trabajo— y centradas en el trabajo. En este contexto, las personas colocan en primer plano su currículum, tanto los hombres como las mujeres, y no están dispuestas a invertir tiempo o establecer compromisos con la pareja o los hijos.

Entre nosotros, el filósofo Marina (2003) habla de la «desvinculación de la sexualidad». Desvinculación que resume en dos ideas que se han hecho predominantes: «Una: el sexo es bueno siempre, con tal de que se practique entre adultos y sea libremente consentido. Dos, la sexualidad no tiene relevancia moral. Es una cosa agradable, intranscendente, sana y estimulante» (p. 193). Estas ideas provocan un planteamiento individualista y hedonista de las relaciones que, en la práctica, niega toda ética de las relaciones amorosas, lo que acaba convirtiendo las relaciones en una fuente de conflictos y fracasos.

Para este mismo autor, la causa está en las ideas de la llamada «revolución sexual» de los años sesenta-setenta, al generalizar, de forma superficial, ideas como las antes citadas.

Es posible que sean causas económicas y la secularización de la vida personal y social, junto al reconocimiento del derecho individual al bienestar y al placer, las que han acabado con la moral sexual tradicional, aunque en este proceso hayan intervenido muchos actores, bien conocidos. Por ejemplo, la actual construcción social de la sexualidad seguramente tiene mucho más que ver con el uso que de los contenidos sexuales hacen la industria cosmética, la industria del espectáculo, la publicidad y los medios de comunicación, que no con lo que dicen o decimos unos y otros, por más que nos sintamos en la obligación de intervenir y hacernos oír en medio de tanto espectáculo.

En todo caso, con independencia del análisis de las posibles causas, coincidimos en elementos esenciales del diagnóstico que estos y otros autores hacen. Entre los indicadores sociales en los que se basa nuestro diagnóstico del nuevo malestar en la cultura están los siguientes:

a) Confusión ética actual. No hemos construido una ética básica de las relaciones amorosas que sustituya al código moral represivo anterior, especialmente por lo que se refiere a las relaciones de pareja. ¿Qué derechos y qué deberes se tienen en la pareja? ¿Cuál es el grado de privacidad y libertad que cada miembro se puede tomar? ¿Qué debe comunicarse a la pareja en relación con las libertades tomadas?, etc. Antes podía o no «pecarse», pero las reglas del juego estaban claras. Lo característico de la situación actual no es que no haya normas, sino que no se sabe muy bien cuáles son éstas y, sobre todo, hasta dónde se extienden. Los miembros de la pareja oscilan entre el reconocimiento de los derechos individuales y las obligaciones que supone estar en pareja, pero sin que se sepa muy bien hasta dónde llegan unos u otros.

La obligación más fuerte en las parejas, en términos éticos, es la fidelidad, aunque se tiene más claro lo que significa ésta cuando se piensa en términos del otro miembro de la pareja que en uno/a mismo/a. Aun así, no resulta a las personas tan fácil precisar hasta dónde se extiende el deber de la fidelidad, y qué tipo de amigos/as, situaciones y conductas se pueden vivir fuera de la pareja.

Los medios de comunicación tratan el tema de la infidelidad de las personas conocidas como una noticia que interesa a la audiencia, haciendo de la vida privada un mero objeto de consumo. La infidelidad real o inventada se convierte en una noticia interesante. Conocer la infidelidad de determinadas personas y difundirla es un mérito, una buena noticia, porque se vende bien.

De esta forma, la supuesta obligación sexual de ser fiel, que de forma más o menos confusa se mantiene como valor en la mayoría de las parejas, deja de serlo, prestando toda la atención e interés a quienes de forma real o inventada, voluntaria o involuntaria, son presentados como infieles. Los espectadores jalean y ríen estos hechos, asistiendo al espectáculo, mientras la mayoría de ellos se sentirían angustiados y traumatizados si fuera su pareja la que le es infiel.

En medio de esta confusión, el único contenido de la ética que se mantiene con solidez es el rechazo de las agresiones sexuales. Éstas atentan contra la libertad del individuo, único valor realmente en alza.

b) Las normas explícitas o implícitas que, a pesar de todo, regulan las relaciones sexuales —la fidelidad muy especialmente—, se vulneran con frecuencia. Esto ya ocurría en el pasado, pero la novedad hoy es doble: la mayor frecuencia con que se hace, tanto por el varón como por la mujer, y la forma «confusa» en que se vive. Antes se sabía que se estaba «pecando»; ahora se duda de si se está ejerciendo un derecho individual o vulnerando un compromiso de pareja.

De hecho, con frecuencia se usa una doble valoración: si es uno mismo quien se toma esa libertad merece un juicio más benévolo o incluso aprobación, pero si es el otro miembro de la pareja nos sentimos gravemente amenazados e injustamente tratados.

El cambio sociológico más importante en este sentido es la mayor incorporación de la mujer a este tipo de conductas. Hasta hace poco, la mujer ejercía el control sobre los deseos sexuales de los varones, diciendo casi siempre «No», convirtiéndose en la reguladora de la conducta sexual de los varones. Ahora son bastantes las mujeres que se sienten con el derecho a decir «sí» e incluso toman la iniciativa.

Iniciativas de unos u otros que no siempre tienen en cuenta, como veremos, la ética del consentimiento cuando llegan a imponerse conductas sexuales y actividades sexuales concretas que el otro u otra no quiere (coito vaginal, coito anal, sexo oral, etc.).

c) Todos los indicadores actuales ponen de manifiesto la alta conflictividad de las parejas. Con ello no queremos decir que las relaciones de pareja sean hoy peores o más insatisfactorias que antes, porque el grado de satisfacción depende mucho de las expectativas y del cuadro de referencias que usen las personas. Por ejemplo, el que las mujeres no acepten un trato discriminatorio puede acrecentar aparentemente los conflictos en la pareja, pero debe considerarse una situación más adecuada que la sumisión silenciosa. Pero esta situación sí pone de manifiesto que es necesario redefinir el sistema de valores y referencias que deben regular la conducta sexual y las relaciones de pareja, porque pudiera darse la paradoja de que, gozando de mejores condiciones para poder ser felices, se sea más infeliz.

Tal vez lo más característico de estos conflictos en la actualidad es que, en el mejor de los casos, se afrontan desde un sentido de la justicia en que cada miembro está más pendiente de exigir la parte de responsabilidad que supuestamente corresponde al otro que de cumplir con la propia. Es decir, se plantean las relaciones bajo un sistema de contraprestación vigilada. Semejante planteamiento es un progreso en relación con la discriminación, tan frecuente, de la mujer, pero produce un «marcaje incómodo» y una actitud de desconfianza en el otro, que está lejos de una adecuada dinámica dentro de la pareja. Se ha olvidado o perdido el «sistema de cuidados», que se caracteriza por tomar como propias las necesidades del otro/a y estar dispuestos a satisfacerlas, sin estar pendiente de un sistema de contraprestación, de un sistema de pesas y medidas. El sistema de cuidados supera el sistema de justicia, no porque entre necesariamente en contradicción con él, sino porque lo supera, haciendo de la generosidad, la atención y el interés por el otro el eje de la relación.

En el pasado era la mujer y madre la que invertía en este sistema de cuidados, muchas veces sin ser correspondida. La vuelta a este pasado es imposible y no deseable, pero mientras ambos miembros de la pareja no den el salto del sistema de justicia al sistema de cuidados, conservando el de la justicia, pero superándolo, el conflicto está servido y los problemas de soledad interpersonal no podrán ser resueltos.

d) En las relaciones amorosas más ocasionales, en las que «no hay compromiso», es decir, cuando en teoría parece que nada debería exigirse al otro y que cada uno acepta libremente la relación sin más, son frecuentes las quejas por considerarse instrumentalizado/a, frustrado/a, no tenido/a en cuenta, etc., seguramente porque se tienen expectativas en relación con la conducta del otro y se atribuyen, al menos de forma implícita, obligaciones a los demás que finalmente no cumplen. Por ello, no sólo hay malestar en numerosas parejas, sino también entre quienes tienen relaciones llamadas «sin compromiso».

Esta situación confusa, con conflictos, vulneraciones de normas implícitas de significado impreciso, relaciones insatisfactorias o relaciones reguladas por un sistema de contraprestación sin «cuidados mutuos», tiene un grave riesgo para las personas y para la sociedad: la construcción social y la interiorización personal de una idea negativa de las relaciones interpersonales y las relaciones amorosas; que lleguemos a tener la creencia compartida de que los vínculos afectivos no valen la pena, no duran, son fuente de conflictos y sufrimientos, acaban mal, etc. De esta manera se acaba instalando entre nosotros el pesimismo, la desconfianza y hasta la hostilidad en las relaciones interpersonales.

Otra consecuencia, paralela y en interacción con la anterior, es concluir que, puesto que las cosas son así, cada uno debe ocuparse únicamente de sí mismo, llegando a regular la conducta por un planteamiento individualista que podría ser resumido así: «debo procurar mi bienestar personal; el del otro es su problema, no es asunto mío». En términos de conducta sexual este planteamiento tiene una versión bien conocida: «si a mí me apetece, tiene sentido; lo demás no es asunto mío». De forma más racionalizada, consiste en considerar que la vida sexual es un asunto tan privado que cada miembro de la pareja debe defender su terreno, sus intereses, su placer, situando a las personas como individuos ajenos, que se instrumentalizan en nombre de un supuesto derecho al placer. De esta forma, el placer y el dolor del otro nos es ajeno, no nos concierne, es un asunto del que cada cual, por sí solo, tiene que ocuparse.

Si esta construcción social, muy presente en los medios de comunicación, llegara a generalizarse y consolidarse, provocaría daños emocionales y sociales irreparables. Finalmente estaríamos más solos emocional y socialmente, nos sentiríamos vacíos y seríamos víctimas de una mal entendida libertad. El malestar en la cultura se haría cada vez más general, con lo que el riesgo de buscar falsas soluciones se incrementaría. Esto no está tan alejado de nosotros y ya ocurre en relación a la sexualidad no marital: los riesgos asociados a la actividad sexual —embarazos no deseados, sida, etc.— han provocado la búsqueda de falsas soluciones, entre las que cabe destacar el movimiento religioso, político, social y profesional de la «educación del carácter o educación en la abstinencia». En efecto, cuando los problemas sobrepasan ciertos límites, si no se encuentran soluciones, se prestan a ser instrumentalizados por el movimiento neoconservador, cada vez más arraigado entre nosotros.

Concluimos pues que podemos y debemos sentirnos libres y responsables para construir nuestra biografía sexual y amorosa, en la diversidad más cercana a nuestra autenticidad, sin miedo a ser lo que somos y lo que queramos y podamos ser, pero hemos de hacerlo éticamente, porque es lo más inteligente racional y emocionalmente para cada uno de nosotros, las posibles parejas y la comunidad.

1.3. LA SEXUALIDAD REGULADA SOCIALMENTE

La sexualidad ha sido siempre objeto de interpretación social y regulación, con costumbres, morales religiosas y leyes, por parte de instituciones sociales como la familia, la escuela, las iglesias y los Estados. También los productos culturales como el cine, la publicidad, las novelas, las formas de vestir y divertirse, etc., tienen un gran poder como modelos (Rose y Tstsou, 2012; Greenberg, Brees y Conklin, 2010). No es el lugar para extendernos en lo obvio, pero es evidente que todas las sociedades y culturas socializan a las personas de forma diferente, también en relación con la sexualidad (Benshoff y Gwiffer, 2011).

La historia que conocemos, en este caso, es más bien dolorosa: la construcción de roles y géneros discriminatorios, la creación de instituciones eternas como el matrimonio, la persecución de las diversidades sexuales, etc.; en definitiva, las leyes y normas morales han perseguido con frecuencia toda diversidad, han discriminado a la mujer y han inculcado una moral sexofóbica, presente aún en numerosos países del mundo (Rose y Tstsou, 2012).

Numerosas creaciones artísticas y culturales han enriquecido la sexualidad y erótica humana, y algunas de las leyes parecen razonables y necesarias, pero es bueno que seamos conscientes del tiempo y los esfuerzos que han hecho falta para que las personas puedan construir su biografía sexual y amorosa con libertad, justo para no dar un paso atrás. Algo que, por otra parte, sólo es verdad en algunos países.

Necesario es que estemos atentos a que no vuelvan los viejos mitos (hoy bien conocidos), pero también vigilantes ante los nuevos mitos que la sociedad de mercado (y las industrias que comercializan con unos u otros aspectos de la sexualidad) está creando. Por poner sólo dos ejemplos que hagan pensar al lector, hemos pasado de considerar la sexualidad como peligro a banalizarla; hemos conseguido, con razón, considerar la actividad sexual como saludable, pero se está construyendo un nuevo mito que tiende a hacerla obligatoria. La banalidad y la comercialización de la sexualidad, por un lado, y la pérdida de peso de la moral sexual religiosa, por otro, parece haber dejado a los individuos una supuesta libertad para hacer lo que quieran, olvidando que la posibilidad de elección siempre nos obliga a pensar y decidir en términos de una ética sexual y amorosa, como desarrollaremos en los siguientes capítulos.

El hecho de estar en comunidad nos obliga a pensar qué organización social favorece los razonamientos y las conductas éticas más adecuadas y qué leyes deben poner límites penales a la violencia sexual y amorosa, a la crueldad de algunas de las personas de la comunidad. Defender los derechos de las personas y de las parejas, los más acordes con los consensos sociales más avanzados, prevenir los riesgos con educación sexual, perseguir a los agresores o maltratadores en las relaciones sexuales y amorosas, es fundamental para la comunidad, para las parejas y para cada persona en particular.

El concepto de «comunidad justa» propuesto por la Escuela de Ginebra, y la necesidad reconocida por los filósofos de una sociedad basada en organizaciones democráticas racionales y participativas (Habermas, 1987), es el contexto ideal más adecuado para que las personas razonen éticamente bien y se comporten éticamente bien.

Cómo fundamentar éticamente la organización social y las leyes es algo que siempre ha preocupado a los estudiosos de la ética, desde Sócrates a nuestros días, sabiendo que cada persona es un ciudadano con derechos y deberes en la comunidad.

De los investigadores sobre ética actuales, Rawls (1972) y Habermas (1987) están entre los que han hecho propuestas más interesantes y mejor fundadas, para establecer un contrato social con procedimientos éticos y una sociedad asentada en los mejores logros humanos, como las Declaraciones sobre los Derechos Humanos o los Derechos de la Infancia, por ejemplo. En sexología también hemos hecho algunos esfuerzos por concretar cuáles podrían ser los derechos sexuales básicos.

La formulación internacional de derechos humanos, de los menores, de la mujer y, ¡ojalá se acabe consiguiendo!, de derechos sexuales y reproductivos es un marco sociopolítico adecuado que facilita la aprobación de leyes, la mejora de los códigos penales, la protección de los menores y de las mujeres, así como de las minorías sexuales. Es también un marco adecuado para la educación sexual, la prevención de riesgos, la detección y denuncia de los derechos violados y, por lo que hace relación al tema de este libro, un marco sociopolítico adecuado para la educación ética en la familia, la escuela y la comunidad. Los principios éticos universales deben inspirar las declaraciones de derechos, mientras el cumplimiento de éstos es el mejor contexto de la ética sexual y amorosa de las personas. Todo ello en una sociedad abierta, en la que la diversidad en las formas de vivir la sexualidad y las relaciones amorosas sea aceptada como un derecho y una riqueza social.

Dedicamos a estos derechos un capítulo de este libro, justo porque creemos que su formulación, cumplimiento y persecución de los que los vulneran es un contexto más adecuado para la promoción de la ética.

2 ¿Qué es la ética? ¿Hay diferentes tipos de ética? Los recursos en que se puede fundamentar la ética

INTRODUCCIÓN

En este libro no pretendemos hacer aportaciones al concepto de ética, ni a su fundamentación, ni, por supuesto, resolver debates clásicos y actuales sobre el tema. Esto lo puede encontrar mejor el lector en manuales excelentes, como los de Victoria Camps (1988 y 2013), y monografías que citamos en el texto. Eso sí, nos hemos esforzado en leer los originales de los autores referidos (especialmente Kant, Kolhberg y Habermas) y los autores más kantianos, porque, como se verá, consideramos esta teoría la mejor fundamentación para una ética sexual y amorosa, sin minusvalorar aquellas que, como las de los clásicos griegos, los utilitaristas y las investigaciones sobre la empatía, etc., se proponen tomar como criterio de referencia de la ética la buena vida o la felicidad. Finalmente, haremos una propuesta de principios éticos fundamentales, así como algunas aplicaciones a la educación, los derechos y formas de maltrato referidos a la vida sexual y amorosa.

Cada uno de nosotros se encuentra existiendo y viviendo. No hemos decidido nacer, pero estamos aquí, sobre la tierra, en algún lugar del universo, aunque no sepamos muy bien dónde, por qué y para qué. Pero sí sabemos algunas cosas bien importantes; por ejemplo, que somos corporales, mentales, afectivos, sexuales, sociales y también muy vulnerables.

Pronto nos damos cuenta, desde la infancia, de que nuestra vida, a pesar de estar condicionada por múltiples características heredadas y circunstancias sociales, nos obliga a tomar decisiones, justo porque tenemos diferentes alternativas y somos libres, al menos en algún grado. En efecto, podemos seguir o no las múltiples instrucciones que nos dan los padres y educadores, imitar sus modelos o rechazarlos, ser convencionales o críticos con lo que nos proponen; en definitiva, portarnos de una manera o de otra. Son muchos los que están empeñados en escribirnos el guión de la película de nuestra vida, pero poco a poco podemos ser más autónomos, y decidir si nuestro personaje es el que queremos ser o es mejor cambiar de rumbo. Lo deseable, de hecho, es que después de una infancia en la que la familia, la escuela y la comunidad nos guían con más o menos acierto, seamos cada vez más autónomos, nos convirtamos en el guionista de la película de nuestra vida, tomemos decisiones, justo porque nuestra voluntad es razonablemente libre. Es decir, podemos gestionar nuestra vida real, única y temporal, así como nuestra vida sexual y amorosa.

A medida que crecemos, nos damos cuenta de que somos seres con conciencia de nosotros mismos (conciencia de sí mismo y conciencia autobiográfica), con capacidades mentales que nos permiten valorar y razonar sobre el pasado, el presente y el futuro. No somos seres que se limitan a vivir, sino que nos hacemos preguntas, queremos saber. Pertenecemos a la naturaleza, somos una especie animal entre otras, pero todo parece indicar que tenemos una clara especificidad: nuestra capacidad para hacernos preguntas, dudar, analizar las alternativas y tomar decisiones. Es verdad que éstas están condicionadas, pero también que tenemos un margen de libertad, la posibilidad de vivir de diferentes formas, de comportarnos de una manera o de otra, de tener una biografía personal gestionada por nosotros mismos, en una parte importante. Nuestro «yo» da unidad a la vida, puesto que siempre soy yo, el mismo y único yo, y el «yo biográfico» o conciencia de lo que he sido, soy y espero ser. Mi biografía no está determinada, cerrada, sino que tengo que vivir decidiendo qué quiero hacer y qué debo hacer, porque «caminante no hay camino», se hace el camino al decidir y actuar.

> «Como seres existiendo en el tiempo estamos obligados a elegir, sin descanso, a hacer esto o lo otro. Más aún, tenemos que decidir qué persona queremos ser... La moral, en suma, es parte de nuestra libertad... somos así...» (Sadaba, 2004, pp. 22-23).

Esta especificidad nos lleva a plantearnos preguntas en tres campos diferentes, pero interrelacionados:

— En primer lugar, preguntas referidas al sentido de la vida: ¿por qué y para qué existimos?, ¿hay alguien que tenga en sus manos los destinos del universo?, ¿seguiremos viviendo de alguna manera después de muertos?, etcétera. Los mitos y las religiones, y muy especialmente los ritos funerarios, han construido creencias sobre lo que parece imposible saber. En este sentido, todo parece indicar que los seres humanos somos capaces de hacernos preguntas que nuestras capacidades no pueden responder de forma satisfactoria. La filosofía también ha intentado dar respuesta a estas preguntas, pero, bien vistas las cosas, salvo aquellos filósofos al servicio de las religiones que se han limitado a legitimarlas, más bien lo que ha conseguido es tomar conciencia de nuestra ignorancia, de nuestras dudas existenciales. Vivir en la incertidumbre es el destino más humano, aunque ésta autoconsideración como ignorantes nos permite aceptar bien a aquellas personas que, colocándose en otro plano, el religioso, dicen tener respuesta para estas preguntas.

— En segundo lugar están las preguntas referidas a lo que podemos conocer científicamente hablando. Es verdad que el método científico ha estado sujeto a cambios, y es seguro que así seguirá sucediendo. Pero se basa en hechos probados e inferencias que pueden y deben ponerse en cuestión continuamente, que es lo que constituye su grandeza y eficacia. La especie humana, de hecho, ha acumulado mucho conocimiento científico, con implicaciones teóricas, prácticas y técnicas que han cambiado nuestra vida.

— En tercer lugar, puesto que estamos viviendo, hay otro tipo de preguntas prácticas inaplazables, las referidas «al saber para y desde el obrar, el saber práctico» (Cortina, 2010, p. 29).

Estas preguntas son inevitables precisamente porque podemos tomar decisiones y comportarnos de una forma u otra. En efecto, estas preguntas de la filosofía práctica tienen que ver con la libertad propia y la libertad del otro. Es decir, tenemos que tomar las decisiones libres no de manera arbitraria o lesiva para los demás, sino que tenemos el deber de buscar el bien, regirnos por la «fórmula del bien» (Mayorga, 2009).

¿Cómo justificar que debemos regirnos por la fórmula del bien? Esto es lo que se propone la ética, fundamentar y dar razones, justificar las decisiones a que nos obliga nuestra libertad. «La ética son las leyes de la libertad..., las leyes de la voluntad del hombre (Kant, 1781; cuarta edición en castellano de la *Fundamentación de la metafísica de las costumbres.* Madrid: Ariel, 1973, pp. 15 y 16).

Aclaramos que los términos «moral» y «ética» los usan los autores de formas diferentes y, con frecuencia, confusas. Normalmente, aunque las raíces griegas de «ética» y las latinas de «moral» tienen significados semejantes, por «moral» suele entenderse lo referido a la conducta moral y también a las morales concretas de las religiones o personas, mientras la «ética» es vista más como la reflexión y la argumentación racional de lo que es bueno o malo moralmente. Nosotros nos inclinamos por el término y concepto de ética, porque no nos vamos a centrar en una moral concreta determinada, ni preferentemente en las conductas sexuales concretas, sino que queremos descubrir principios éticos de valor universal, compatibles con aquellas morales que no son fundamentalistas y no rechazan derechos humanos básicos. Se trata, si fuera posible, de fundamentar una ética de las relaciones sexuales y amorosas en «argumentos que puedan ser universalmente aceptados» (Cortina, 2010, p. 42).

La dimensión ética es inherente a la libertad, puesto que podemos obrar bien o mal, pero las culturas, religiones y grupos humanos han construido morales concretas que, con frecuencia, restringen, por razones míticas, religiosas, ignorancia o prejuicios establecidos, la vida sexual y amorosa de las personas. Lo que intentamos nosotros es dar respuesta a esta dimensión moral tomando una perspectiva ética más universal, mejorando las condiciones de libertad de cada persona por un lado, y fomentando, con argumentos racionales, aquellas decisiones que favorezcan el bienestar personal y social, por otro. ¿Podremos fundamentar principios de valor universal que nos ayuden a formular una ética de las relaciones sexuales y amorosas? Este es el reto que nos hemos propuesto.

También podríamos recurrir para explicar nuestro propósito a la diferencia entre lo que unos autores llaman ética de mínimos compartidos o ética civil, y ética o morales concretas, de origen personal o religioso. La ética de mínimos (Cortina, 1995) o ética civil se refiere a unos principios o valores morales mínimos, compartidos por creyentes y no creyentes, aunque podría tal vez proponerse como un máximo común denominador, para no dar lugar a una terminología negativa, como si las rebajas hubieran llegado a la ética. La ética de máximos, concediendo ventajas de vocabulario en este caso, se refiere a las propuestas personales o religiosas que regulan moralmente la vida a partir del sentido de la vida o creencias que cada persona tiene. Extender la ética de máximos a los demás debería considerarse fundamentalista en una sociedad laica, no confesional, abierta y tolerante. Sólo si las éticas personales de máximos incluyen la ética de mínimos cumplirían las condiciones que favorecen la convivencia.

En todo caso, la ética de la que queremos hablar debe ser:

a) Racional, basada en la argumentación.
b) No estar sujeta ni depender de poderes religiosos o políticos, sino ser una referencia crítica frente al dogmatismo y fascismo.
c) Abierta al pluralismo étnico, sexual, religioso, ideológico, etc.
d) Universal, en el sentido de que pueda ser aceptada por todas las culturas, sociedades, comunidades y personas.

Para conseguirlo contamos con muchos recursos que actúan a diferentes niveles, pero que finalmente lo decisivo es nuestra capacidad de razonar, bien en situación de lucidez individual, bien compartiendo argumentos. Es la ética del diálogo y del consenso, en un mundo secular más relativista, en el que la razón natural no es reconocida, porque el ser humano es social y cultural, y en el que la razón autónoma, desligada de las emociones, del lenguaje y de la comunicación y diálogo no es bien aceptada, como demuestran las críticas y correcciones a la propuesta de Kant.

Empezamos esta tarea sabiendo que no es fácil definir el rol de la razón pura o utilitarista, de las emociones o motivaciones, de los consensos de pareja o los sociopolíticos ni de los aprendizajes familiares, escolares y sociales. Pero lo hacemos convencidos de que razonar individualmente o en común, dialogar, llegar a consensos sobre valores y normas, estar abiertos a cambios que consideremos más acordes con la dignidad, la igualdad, la solidaridad y la libertad humana es una tarea que debe acompañarnos siempre, justo para construir una sociedad global en la que la utopía de la libertad, la igualdad y la fraternidad sean la referencia. Ideal de la razón que tiene que ser compatible con las aspiraciones individuales al bienestar personal, la buena vida como cada uno la entienda, el intento de alcanzar ese deseo irresoluble que no nos abandona y la búsqueda de la felicidad.

2.1. ¿DIFERENTES ÉTICAS O DIFERENTES PERSPECTIVAS PARA FUNDAMENTAR LA ÉTICA SEXUAL Y AMOROSA?

Nosotros no vamos a acabar con las discrepancias, porque los propios especialistas en ética señalan diferentes objetivos y contenidos de la ética, fundamentan su postura con argumentos contrapuestos y hacen propuestas que, cuando se acercan a la realidad, son, a veces, contradictorias.

Por ejemplo, mientras unos se preguntan ¿cómo es más inteligente vivir? o ¿cómo ser feliz?, otros ponen el acento en lo que debemos hacer, en los deberes para con los demás y con nosotros mismos. Del mismo modo, unos fundamentan la ética en la razón, otros lo hacen más bien en el mundo emocional y otros se declaran escépticos, porque consideran que no podemos superar el relativismo.

Hay éticas «teleológicas» (telos = a fin) que ponen el acento en los fines, de forma que la buena moral es la que alcanza los buenos resultados, por ejemplo la felicidad, el bienestar, etc. Claro que, como los fines que se proponen las personas concretas son muy diversos, esta propuesta ha dado lugar a una gran variedad de posturas dentro de esta orientación.

Otras «éticas» son «deontológicas» (deon = a deber), porque intentan definir y justificar lo que se debe hacer, lo que es correcto para todos, poniendo el énfasis en el deber y su universalidad. Dentro de esta corriente, unos, como Kant o Piaget, ponen el acento y toda su esperanza en la lucidez mental del individuo, mientras otros creen que la mejor manera de ser razonables es tomar como interlocutores a todos los afectados para, compartiendo argumentos, llegar a acuerdos.

Nosotros vamos a adoptar una perspectiva constructiva y, revisando las diferentes posturas, intentaremos descubrir hasta qué punto cada una de ellas nos sirve para fundamentar y formular algunos principios de ética sexual y amorosa, porque la mayor parte de estas corrientes son funcionalmente compatibles para nuestro objetivo, aportando unos u otros argumentos. Eso no quiere decir que seamos equidistantes respecto a las diferentes posturas, sino que las usamos como recursos posibles que nos permiten tener una visión positiva de los mejores logros humanos, aquellos que nos permiten definirnos como seres éticos, que valoramos mental y emocionalmente la «bondad o maldad» de nuestras decisiones y conductas.

Una manera de hacerlo, en lugar de contraponer las diferentes éticas, es centrarnos en el recurso humano de que se sirven los diferentes autores, cómo lo utilizan y hasta dónde podemos llegar para fundamentar la ética sexual y amorosa.

Por ejemplo, la apuesta por la razón a la hora de fundamentar la ética no inhabilita el peso que puede tener la empatía en la ética, porque el ser humano, además de tener la capacidad de razonar, también es empático, tiene buen corazón. Pero reconocer que somos empáticos no garantiza el que lleguemos a principios éticos de valor universal, porque las emociones son afectos muy sujetos a la influencia de variables subjetivas o prejuicios sociales, pero sí nos permite, por un lado, demostrar que emocionalmente somos también éticos (valoramos en términos de bueno o malo lo que debemos hacer o hemos hecho), y que si liberamos esta emoción de prejuicios sociales, la empatía es una fuente inconmensurable de comportamientos solidarios. Incluso es maravilloso constatar que, a veces, la propia empatía ha sido más poderosa que los prejuicios o prescripciones del poder violento, como le ocurrió al criado que no aceptó matar al hijo de Edipo, o a los soldados que no disparan al enemigo indefenso en medio de una guerra cruel. La reacción de los pueblos en las tragedias ecológicas, los accidentes o actos terroristas, la respuesta de tantas personas ante un niño abandonado o que sufre, etc., nos llena de esperanza, porque nos demuestra que, además de una razón que puede ser lúcida, tenemos también un corazón que puede ser bueno.

Esta postura constructiva la encontramos en otros autores que se niegan a permanecer encerrados en una escuela de pensamiento. Por ejemplo, Mayorga (2009) afirma que «la reflexión racional sobre la posibilidad de fundamentar los juicios normativos es el objeto de la ética» (p. 66), pero lo que le parece «criticable» del planteamiento kantiano es que fundamente la dignidad humana exclusivamente en el aspecto racional, en vez de en la autoconciencia total que engloba lo racional y lo particular, y también, injusta, por exagerada, le parece la colisión «entre deber y felicidad que late en el pensamiento kantiano» (p. 587).

En efecto, esta contradicción se basa en una concepción de la felicidad muy simplista, reducida a la realización de deseos y placeres de la vida, muy lejos del concepto de felicidad que tenían los griegos y que desarrolló la psicología humanista hace décadas. Pensamiento y emociones no hay que entenderlos como opuestos, sino como dos recursos humanos, muy influidos el uno por el otro; deber y buena vida no pueden ser opuestos si no justificamos la mala vida con otra, después de la muerte, entendiendo ésta como un valle de lágrimas en el que hay que hacer méritos para que en el juicio final nos ubiquen en el paraíso y no en el infierno. Este planteamiento puede servirle, tal vez, a un creyente, pero no a un pensador laico.

No sólo llegamos a sabernos racionalmente obligados a ser éticos, sino que nuestro corazón empático y otras experiencias positivas, ejemplos y aprendizajes vitales, nos empujan, a la vez, a buscar tener una vida buena, incluso a alcanzar ese deseo tan difuso e inalcanzable que llamamos felicidad, sin por ello rechazar el deber de la justificación racional de nuestras decisiones y nuestras obras.

En definitiva, creemos que son útiles todas las buenas noticias sobre el ser humano que nos permitan esperar más justicia, más igualdad y más fraternidad, también en las relaciones sexuales y amorosas. Postura que no va a obviar que tomemos una postura fundamental que reconoce en la razón la brújula que puede evitar los errores, orientándonos en un mar de dudas, donde posibles olas nos quieran llevar a sitios bien diferentes. Aprovechar la fuerza de las olas y el viento es parte de la pericia del navegante, pero no perder «el norte», saber dónde nos conviene, debemos y decidimos ir, esa es la verdadera sabiduría humana.

2.1.1. Éticas deontológicas: la razón individual o el diálogo como fuente y fundamentación de la ética

2.1.1.1. *La revolución kantiana y el poder de la razón como mejor recurso humano*

Contexto de su obra

Kant es uno de los hijos predilectos de la Ilustración, el que llevó la razón humana a sus mejores posibilidades. Si tuviera que seleccionar únicamente dos obras ilustradas destacaría *El Contrato Social* de Rousseau, porque analiza las claves del funcionamiento social, asentando las bases del pensamiento marxista y socialista, y la

Fundamentación de la Metafísica de las Costumbres de Kant, porque fundamenta la ética en la razón, con un discurso que dignifica a la especie humana y a cada persona.

El siglo XVIII ha sido llamado el siglo de las luces, porque tanto en lo social como en lo individual la capacidad humana de razonar, de enfrentarse lúcidamente con la condición humana, alcanza su cumbre, probablemente incluso forzando esa lucidez al crear un ideal personal y social que, al menos hasta hoy, ha resultado utópico. El idealismo kantiano y la utopía de la Revolución Francesa (en este caso tal vez junto al Manifiesto Comunista) son los ejemplos concretos de las mayores aspiraciones humanas en términos de ética de la razón y de organización social. Lo lejos que estamos del cumplimiento de estas utopías es también revelador de la tragedia humana.

Kant escribe sus obras fundamentales en la segunda mitad del siglo XVIII, participando de la lucha contra la ignorancia, el oscurantismo, los prejuicios y las injusticias sociales, descubriendo que los seres humanos tenemos recursos valiosos, la razón, en su caso, para guiar nuestra vida, para tomar decisiones razonables y razonadas. La publicación de la *Enciclopedia* (1751-1771), obra de numerosos ilustrados, en lo intelectual, y la Revolución Francesa (1779), en lo social, fueron conocidas y seguidas con entusiasmo por Kant.

«La Ilustración es la liberación del hombre de su culpable minoría de edad. La minoría de edad significa la imposibilidad de servirse de su inteligencia sin la guía de otro... ¡Ten el valor de servirte de la propia razón!» (Kant, 1984, cit. por Jiménez, 1993, p. 54). La propia Revolución Francesa, aunque Kant es consciente de que su evolución y final pueden ser tan trágicos, hasta el punto de decir que si las cosas van mal las personas sensatas no la repetirían, la atribuye a un «pueblo lleno de espíritu», asegurando que «encuentra en el espíritu de todos los espectadores una simpatía que raya en el entusiasmo... (que) no puede obedecer a otra cosa que a una disposición moral del género humano» (Jiménez, 1993, p. 15).

Kant conecta y participa de la esperanza y utopía de la Ilustración, reconociendo que los pueblos y las personas tienen una «disposición» hacia el bien, la justicia, la equidad, etc., y lo que hace, como nadie en toda la historia de la humanidad, es fundamentar esta disposición en la razón, el más humano de nuestros recursos.

Los usos de la razón

El lector puede encontrar en Kant (específicamente en su *Fundamentación de la Metafísica de las Costumbres,* 1785) y otros muchos autores una explicación más amplia y, con seguridad, mejor que la que hacemos aquí (Cortina, Camps, Mayorga, Sádaba, Bilbeny, etc.), pensada para lectores no especialistas, educadores, psicólogos, psicoterapeutas, etc. Nosotros nos hemos servido de éstos y otros autores, aunque hemos querido hacer nuestra propia lectura de Kant, citándole siempre en la edición castellana de la Editorial Austral de 1973, año en que la leí por primera vez, quedando ya fascinado con este texto.

Y para empezar a entenderlo creo que es necesario hacer una primera distinción de dos formas de conocimiento valiosas y racionales, pero distintas: la razón científica y la razón moral. En efecto, para Kant podemos usar la razón para alcanzar dos tipos de conocimiento: el referido a los fenómenos naturales, que es lo que hace la ciencia, y la aplicación de la razón a las decisiones que tomamos para vivir. Esta distinción le lleva a hablar de dos formas de utilizar el recurso de la razón: la teórica y la práctica.

El uso teórico de la razón permite el conocimiento científico de la realidad, entendido como una construcción interactiva entre el objeto conocido y la actividad de la razón. El uso práctico de la razón se aplica a aquellas realidades que están en el campo de la libertad El ser humano es totalmente especial, porque puede tomar decisiones; la voluntad humana es libre, y lo es porque la razón tiene conciencia de diferentes alternativas, que puede analizar, decidiendo seguir una u otra.

De lo que se trata en la ética es de que la razón justifique las decisiones de la voluntad libre.

Presupuestos de la ética kantiana: libertad, autonomía y dignidad de las personas como supuestos de referencia; razón y voluntad libre como medio y fundamento de los supuestos. Estos supuestos no son planteados en sentido absoluto, puesto que la libertad siempre está condicionada en algún grado, la voluntad influida por numerosas variables y, por supuesto, la conducta humana concreta no es necesariamente coherente con lo que pensamos y, ni siquiera, con lo que decidimos. Kant es idealista cuando analiza las posibilidades de la razón pura, pero muy realista al reconocer que entre la lucidez posible de la razón, la buena voluntad ética (si llegara a establecerse) y la conducta hay un salto, un camino pedregoso y difícil que tantas veces nos hace incoherentes.

La **libertad es la razón de ser de la ética y sólo la razón puede hacernos libres.** Si no fuéramos libres en algún grado y no tuviéramos un recurso que nos permitiera ser conscientes de la libertad, analizar las alternativas y justificar con razones de valor universal nuestras decisiones, no podría haber ética. Pero sabemos que nuestra voluntad puede elegir entre diferentes posibilidades (en eso consiste la libertad) y que en esta elección: *a*) si se fundamenta en razones que tengan en cuenta a los demás, y *b*) si teniéndolas en cuenta la voluntad se siente obligada a «ser buena», el deber ético está bien fundamentado.

El concepto de libertad en Kant no es fácil de precisar. Por un lado, es evidente que no somos instintivos, no estamos predeterminados a actuar, pero no es menos cierto que la libertad no es un concepto absoluto, porque cuando se refiere a la libertad para actuar siempre está condicionada. Justo para llegar al incondicionado moral, a los principios de valor universal, hemos de asentar el deber en la razón, no dejando que intereses, miedos, motivaciones emocionales, etc., inclinen nuestras decisiones. En definitiva, si lo hemos entendido bien, creemos que es la razón el único recurso humano que puede salvarnos del egoísmo, el relativismo o tantas formas tan distintas de entender el bien vivir o la felicidad. Por ello, los resultados de la conducta no definen adecuadamente la moral, sino la voluntad de actuar siguiendo el deber, la buena decisión racional. Es lo que se quiere decir cuando se dice que lo que se juzga en la moral es «la intención», no los resultados, conscientes de la fragilidad y debilidad humana.

Por eso se trata de «la libertad como propiedad de la voluntad de todos los seres racionales» (Ídem, 114)... «tenemos que atribuir a todo ser dotado de razón y voluntad esa propiedad de determinarse a obrar bajo la idea de libertad» (Ídem, p. 115).

> «Como ser racional y, por tanto, perteneciente al mundo inteligible, no puede el hombre pensar nunca la causalidad de su propia voluntad, sino bajo la idea de la libertad... Con la idea de la libertad hállase, empero, inseparablemente unido el concepto de autonomía, y con éste el principio universal de moralidad» (Ídem, p. 121).
>
> «Más la libertad es una mera idea, cuya realidad objetiva no puede exponerse de ninguna manera por leyes naturales y, por tanto, en ninguna experiencia posible... Vale sólo como mera suposición de la razón en un ser que cree tener conciencia de una voluntad, esto es, de una facultad diferente de la mera facultad de desear» (Ídem, p. 131).

Por ello, finalmente, la ética únicamente puede ser un deber formalista, apriorístico y autónomo. Lo único que decide, regida por la razón, es la buena voluntad, la voluntad pura, en libertad e independencia de toda otra característica humana, antes de obrar de forma autónoma, porque es el hombre el que se da a sí mismo la ley moral.

Unido al concepto de libertad está el de autonomía, la capacidad de razonar de manera personal tan lúcida que no dependamos de los convencionalismos o costumbres sociales; una autonomía que supone una capacidad de razonamiento postconvencional, como dirán años más tarde Piaget y Kolhberg. La regla de oro está en nuestro interior, la capacidad del uso lúcido de la razón individual, pero no precisamente a favor del egoísmo personal, sino justo lo contrario, a favor del deber que pueda considerarse universal, la humanidad salvada por la razón, una postura propia del pensamiento ilustrado.

Kant lleva tan al extremo el uso de la razón que no sólo la considera como la única que puede fundamentar la ética, sino que cualquier otra forma de sustentarla está condenada al fracaso. La razón nos hace verdaderamente humanos e iguales, de forma que cada individuo que desarrolle todas sus potencialidades llegará a las mismas conclusiones. Lo que hemos de hacer, como desarrollaron los investigadores de la Escuela de Ginebra, es conseguir que cada niño o niña alcance su autonomía y use, sin miedo, la razón.

Otros recursos, emocionales, experiencia, modelos ejemplares, etc., no pueden fundamentar bien la ética, justo porque están muy contaminados por intereses, emociones, valores convencionales dominantes, etc.

Estas características de la especie humana señaladas hacen que cada persona sea **única, no intercambiable, digna y valiosa** en sí misma. Las cosas de la naturaleza tienen un precio, son intercambiables, se pueden comprar, mientras la persona es única, libre, racional y, por ello, digna. Por tanto, las personas nunca deben tratarse como los objetos, no deben instrumentalizarse, sino que tienen una dignidad. ¿Y qué nos hace dignos? El hecho de que seamos libres y racionales y, como consecuencia, tengamos moralidad: «La moralidad, y la humanidad, en cuanto que ésta es capaz de moralidad, es lo único que nos hace dignos (Ídem, p. 93). Nuestra dignidad, nuestro verdadero valor, está en que podemos tomar decisiones y en que podemos llegar a formular el deber para con nosotros mismos y los demás a partir de la razón. La moralidad y la consiguiente dignidad se asienta sobre la autonomía de la voluntad, porque sin ella no habría capacidad de decisión y, por tanto, no tendría sentido el concepto de deber: «La autonomía es pues el fundamento de la dignidad de la naturaleza humana y de toda naturaleza racional» (p. 94). Podemos decidir y podemos hacerlo racionalmente, este es el núcleo del pensamiento kantiano sobre la dignidad.

Estando de acuerdo con esta fundamentación, nos parece que peca de antropocentrismo, de una visión bíblica que minusvalora el mundo animal y las diferentes formas de vida, poniéndolas, sin más, al servicio del hombre. Aunque es exigir demasiado para finales del siglo XVIII, la especificidad humana no debe encontrarse en la minusvaloración del resto de la naturaleza, sino en lo que tenemos de especiales, que podemos reconocernos como personas únicas y razonar que lo más justo e inteligente es que, siendo, libres tengamos en cuenta la libertad de los demás, declarándonos a todos valiosos y dignos.

Cuando a lo largo de la historia no nos hemos reconocido iguales, libres y dignos, hemos comprado, vendido, esclavizado, torturado y matado personas en nombre de la raza, el Dios verdadero o los intereses económicos y políticos. Entiendo que finalmente declararnos iguales y dignos sólo puede tener en la teoría esta fundamentación kantiana. No nos extraña que Kant se maravillara de esta predisposición moral de los pueblos y esta capacidad de la razón para fundamentar la ética y reconocer así nuestra dignidad, la de todo ser humano como un fin en sí mismo. Maravilloso es cuando escribe: «Dos cosas llenan el ánimo de admiración y respeto, siempre nuevos y crecientes, cuanto con más frecuencia y aplicación se ocupa de ellas la reflexión. El cielo estrellado por encima de mí y la ley moral dentro de mí. Ambas cosas no he de buscarlas, sino conjeturarlas, cual si estuvieran envueltas en oscuridades, en lo trascendente fuera del horizonte; ante mí las veo y las ensalzo inmediatamente, con la conciencia de mi existencia» (Jiménez, 1993, p. 80).

La ética kantiana como ética del deber

Para fundamentar las leyes de la ética o leyes de la voluntad libre hay que tener en cuenta que «el fundamento de la obligación no debe buscarse en la naturaleza del hombre o en las circunstancias del universo en que el hombre está puesto, sino a priori, exclusivamente en conceptos de la razón pura» (Kant, 1973, p. 18), idea central que repite una y otra vez en el capítulo primero y, sobre todo, segundo. Para este autor, el empirismo, el motivacionismo, los afectos empáticos, el deseo de felicidad, la buena vida como quiera se considere, las experiencias en la familia, la comunidad en que se viva, etc., no fundamentan de forma adecuada la obligación, porque la dejarían sujeta a características, preferencias o intereses individuales, diferencias interpersonales y culturales. Sólo la razón pura puede salvarnos de la discordia y de nuestros intereses y miserias. Precisamente por ello encuentra una única salida a su propuesta de una ética del «deber» incondicionado y universal, un a priori de la razón no contaminada. Se trata de justificar una voluntad buena, «digna de ser estimada por sí misma» (Kant, 1993, pp. 32-33).

Es así como acaba proponiendo una ética formal del deber: «una acción hecha por deber tiene su valor moral, no el propósito que por medio de ella se quiere alcanzar... No depende de la realidad del objeto de la acción, sino meramente del principio del querer (voluntad), según el cual ha sucedido la acción, prescindiendo de todos los objetos de la facultad de desear» (Ídem, p. 37). Lo que le lleva a afirmar que «el deber es la necesidad de una acción por respeto a la ley (Ídem, 38), no entendiendo la ley como el conjunto de leyes convencionales que hoy conocemos, sino como la razón que justifica la decisión de la voluntad libre.

Pero este aparente individualismo y formalismo alejado de la realidad tiene un control esencial que cada persona, incluso desde el conocimiento vulgar, puede descubrir haciéndose una pregunta: ¿puede convertirse la máxima, que tu razón propone como deber, en una ley universal?

Como reconoce Kant, no hace falta mucha filosofía para darse cuenta que no estamos solos, que nuestro valor, dignidad y libertad son, al mismo tiempo, el reconocimiento de que los demás tienen igual valor, dignidad y libertad. La ética del deber, que empieza siendo tan individual, resulta que es esencialmente el reconocimiento de que todos los seres humanos somos dignos e iguales.

¿Qué puede añadir la filosofía a esta sabiduría moral popular? A eso dedica el segundo capítulo de la obra que venimos comentando. En ella insiste una y otra vez que el deber no se puede fundamentar con un fin de la conducta, con determinadas características humanas que no sean la propia capacidad de razonar, con ningún juicio hipotético que dependa de ésta o la otra condición, sino única y exclusivamente en el razonamiento puro por el que podemos hacer juicios categóricos, enunciar un deber que no está condicionado por nada: «el deber ha de ser una necesidad práctica incondicionada de la acción; ha de valer pues para todos los seres racionales —que son los únicos a los que un imperativo puede referirse— y sólo por eso ha de ser ley para todas las voluntades humanas» (Ídem, p. 78). Y como los dicta la razón, «han de tener su origen totalmente a priori y con ello su autoridad imperativa» (Ídem, p. 79).

Llegamos así al máximo formalismo, únicamente fundado en la razón, que se justifica a sí misma con independencia de lo que pase en la vida real. Kant es bien consciente de que con ello no asegura de hecho que los seres humanos nos comportemos de forma coherente con estos principios, porque «en una filosofía práctica no se trata para nosotros de definir fundamentos de lo que sucede, sino leyes de lo que debe suceder, aun cuando ello no suceda nunca, esto es, leyes objetivas prácticas» (Ídem, p. 81).

La capacidad racional humana de formular principios de valor universal hace del hombre un fin en sí mismo, reconociendo este valor en sí y en los demás, y, por consiguiente, formulando el deber de tratarse como un fin, no como un objeto o como un medio para conseguir otros fines. Finalmente, el valor de la persona, una y única pero igual a las demás en dignidad, se convierte en el quicio de este andamiaje racional y racionalista incondicionado y universal. Podemos decidir, tenemos una voluntad libre, pero también una razón lúcida que obliga a la voluntad con un deber, a priori con independencia de todo, incluso de los resultados, de reconocernos como fin y no medios, como personas y no objetos. Reconocerse (principio subjetivo) y reconocer a los demás (principio objetivo) como un fin, porque «la naturaleza racional existe como un fin en sí mismo» (Ídem, p. 84), le lleva a formular el imperativo práctico como ley fundamental de la voluntad: **«obra de tal modo que uses la humanidad, tanto en tu persona como en la persona de cualquier otro, siempre como un fin al mismo tiempo y nunca solamente como un medio»** (p. 84).

Así se cierra el círculo. Pero este círculo, aparentemente racionalista e individualista, deja en realidad de ser tal si tenemos en cuenta dos aspectos centrales.

El primero de ellos, que no es «mi razón» individual la que puede navegar por su cuenta y riesgo y llegar a unas u otras conclusiones, porque dejaría de ser racional si no reconociera que otras personas también lo son. Por eso, ambos, yo y tú y toda la humanidad, somos un fin; por tanto, un principio objetivo tiene que valer para todos, ser universal: «la voluntad de todo ser racional como una voluntad universalmente legisladora» (p. 87).

En segundo lugar, es verdad que esta ética desencarnada, que aparentemente «pasa» de lo que sucede y olvida otros aspectos de la naturaleza del ser humano que podrían explicar la conducta real, resulta que lo hace, y ésta es su grandeza, justo para que los intereses, motivaciones, experiencias, etc., no nos hagan olvidar que «somos sociales», que no estamos solos, y que los razonamientos egoístas, al servicio de nuestros intereses o para legitimar nuestra conducta concreta, no garantizan una ley práctica objetiva. Esta es la grandeza de Kant, porque él no niega que puedan tenerse en cuenta, desde la psicología y las ciencias naturales, las características (que facilitan o dificultan la conducta ética o la consecución de la felicidad), los intereses y deseos humanos, sino que éstos no pueden fundamentar con seguridad la ética, que debe basarse en principios que nos tratan a todos por igual, como dignos, libres y fines en sí mismo.

Una y otra vez repite con contundencia esta idea: «Si hay un imperativo categórico (esto es, una ley para toda voluntad de ser racional), sólo podrá mandar que se haga todo por la máxima de una voluntad tal que pueda tenerse a sí misma, al mismo tiempo como universalmente legisladora respecto al objeto, pues sólo entonces es incondicionado el principio práctico y el imperativo a que obedece, porque no puede tener ningún interés como fundamento» (Ídem, p. 89).

Todo ello le lleva a concluir que siempre que formulemos una máxima hay que cumplir una condición: **«que pueda ser la tal máxima una ley universal»** (Ídem, p. 93), porque «el deber no descansa en sentimientos impulsos o inclinaciones, sino sólo en la relación de los seres racionales» (p. 92).

Por todo ello, cuando nos referimos al obrar, lo más práctico es proceder con el método más estricto y basarse en la fórmula universal de imperativo categórico: **«obra según la máxima que pueda hacerse a sí misma al propio tiempo ley universal»** (pp. 95-96).

El imperativo categórico se diferencia de los imperativos condicionados o hipotéticos. Los imperativos condicionados nos señalan cuáles son los medios para alcanzar los fines («haz ejercicio y te sentirás mejor»). Los hipotéticos ponen el acento en el fin («el ser feliz como objetivo», por ejemplo). En ambos casos, el uso de la razón es un medio para conseguir algo, una simple administradora, en sus palabras, para ayudarnos a conseguir ciertos resultados. Pero éstos, por fortuna, son siempre discutibles y muy diversos, por lo que jamás conseguiremos la universalidad incondicionada que fundamente la ética. Incluso para conseguirlo habría que implantar una especie la dictadura sobre cómo entender y obrar para conseguir la salud, la felicidad, etc., renunciando a la diversidad humana. Es algo así como si para comer bien únicamente pudiera haber una gastronomía única e indiscutible.

El imperativo categórico pone el acento en la misma voluntad libre, cuyo deber racional es ser buena; y para conseguirlo, nada mejor que reconocer que tiene que ser buena para todos. Es por eso un principio categórico incondicionado, no condicionado por intereses o diversidades humanas, porque la razón es fin y medio para reconocerse en la obligación universal de obrar con una voluntad buena. La voluntad buena es el fin ideal del ser humano moral. No es pues lo mismo «el hombre bueno que el hombre feliz» (Ídem, p. 1004), porque la felicidad puede entenderse de muchas formas distintas o alcanzarse o no por características o sucesos que no dependen enteramente de la voluntad. En realidad, la felicidad no puede ser una obligación, sino más bien un deseo, una aspiración nunca alcanzable, salvo que la entendamos como el disfrute de goces pasajeros o el resultado de una adecuación entre lo que se puede esperar de la vida y lo que se alcanza, todas formas de ver o razonar muy personales y discutibles. El concepto religioso de perfección le parece más cercano al de buena voluntad. También el de autorrealización de la psicología humanista, que él no pudo conocer, podría estar más cerca del concepto kantiano. Pero a ambos les aleja un aspecto central: se refieren no sólo a la voluntad buena, sino al resultado. Es probable que su formación protestante le haga dar más peso a la voluntad de obrar que a los resultados, situándose muy cerca de algunas visiones teológicas de la moralidad. Entendemos y nos fascina esta manera de encontrar una fundamentación incondicionada del deber en la razón, y en un creyente es posible que sea suficiente, pero para los no creyentes o los que ignoramos lo que pueda haber más allá de las estrellas, sin ni siquiera declararnos no creyentes, resulta trágico fundamentar la dignidad del ser humano en una voluntad libre que se siente obligada a seguir el deber, con independencia de los resultados en la vida real, la única que estamos seguros de vivir. Siendo la vida vulnerable y temporal, y careciendo de realidades y justificaciones absolutas, sólo haciendo compatible el deber con la aspiración a la felicidad, o al bienestar, como decimos hoy en ciencias de la salud, podemos aceptar la condición humana. Y esta aceptación con dignidad creemos que se asienta no únicamente en la grandeza de las posibilidades de la razón, sino también en otros recursos, como la empatía, el sentimiento de solidaridad con el resto de los humanos, con los cuales compartimos esta capacidad, no sólo la de usar la razón. Tal vez esta postura tenga tanto de «rebelión» como de razón. Rebelión que nos hace sentir dichosos a pesar de que nuestra vida sea también dura, como nos describe Camus en *El Mito de Sísifo,* cumpliendo con nuestro deber más humano de esforzarnos sin saber bien el sentido y utilidad del propio esfuerzo. Lo que fundamenta esta «rebelión» no es sólo la razón, sino un impulso vital a vivir compartiendo la vida con los demás, condenados, eso sí, a aspirar a la felicidad sin alcanzarla, sujetos a un deseo nunca logrado del todo, pero movidos por afectos y vínculos con los demás.

No se trata de expulsar la razón de nuestra vida. Lo que hay que hacer es no poner la vida al servicio de la razón, sino la razón al servicio de la vida, sabiendo, eso sí, que no estamos solos y que la solidaridad, la igualdad y el bien no existen sin los otros, porque somos seres para el contacto y la vinculación. El incondicionado humano que descubre la razón está asentado en la propia condición humana, somos seres para el contacto y la vinculación, no sólo un universo de individuos, sino personas que se desean, se gozan y se aman. Incondicionado mental e incondicionado afectivo se refuerzan, no se excluyen, el primero señalando el deber y los límites, el segundo el camino para que la vida sea también una «buena vida»: salir de la soledad, ser solidarios, cuidar a los demás y amar.

Por otra parte, el que tengamos varios recursos para regular nuestra conducta nos parece beneficioso porque, por un lado, si siguiéramos el imperativo kantiano todos deberíamos ser radicalmente coherentes y acabar con una conducta tan evangélica como la admirada madre Teresa. Esta conducta tiene mucho sentido para un creyente, pero creo que sentirse obligado a ello sería muy trágico para la mayoría de las personas. Por otro lado, si no nos ayudara la razón, o ésta se pusiera al servicio de los intereses más egoístas, la vida social se volvería muy cruel. Por ello, sin caer en el error de pensar que la colaboración entre los diferentes recursos sea fácil y equilibrada, creemos que supuesta nuestra libertad o capacidad para tomar decisiones está mejor sustentada así. En realidad, los seres humanos, al sentirnos libres o, al menos, con cierta capacidad de tomar decisiones, nos vemos obligados a manejarnos en un mar de dudas y a caer, de hecho, en numerosas contradicciones entre la radicalidad solidaria y el egoísmo. El ejemplo de las personas que se enriquecen a costa de los demás y luego dan limosna, de quienes viven muy bien pero se sienten incómodos ante la desgracia ajena y de cuando en cuando les ayudan, sin poner en peligro su bienestar, etc., refleja bien estas incertidumbres humanas.

Por poner otros ejemplos, más cotidianos que el de la madre Teresa, creemos que lo que hacen las figuras de apego con los hijos no se sustenta únicamente en el deber, ni únicamente en los intereses y afectos, sino en ambos recursos e incluso en otros como los aprendizajes sociales, las costumbres y hasta las leyes. La incondicionalidad de las figuras de apego se fundamenta en el deber, en los vínculos asociados al sistema de cuidados y en experiencias y aprendizajes sociales previos. Si esta incondicionalidad se sustentara únicamente en el deber, los padres o figuras de apego se sentirían abrumados con las obligaciones que conlleva la crianza, especialmente cuando sus hijos tuvieran limitaciones o problemas especiales. Si la maternidad y paternidad se regularan sólo por afectos e intereses, sería muy probable que los padres con hijos que les crean graves problemas se desentendieran de ellos y los abandonaran. Precisamente, como sabe el lector, estos peligros son con frecuencia tan reales que hemos tenido que crear un servicio social de «Protección de Menores». El deber de cuidar, por un lado, y las preprogramaciones, intereses y recompensas, así como los aprendizajes sociales, costumbres y leyes, se refuerzan mutuamente y hacen que, en la mayor parte de los casos, los padres cuiden adecuadamente a sus hijos y se sientan recompensados por ellos.

Otro ejemplo bien frecuente se da en aquellas parejas en las que, después de años de convivencia, uno de los miembros pasa a ser «dependiente» de la ayuda del otro durante el resto de su vida. El deber y los afectos y recompensas asociados al sistema de cuidados son los que pueden explicar estas conductas tan heroicas, tan admirables y, con frecuencia, tan llenas de recompensas. ¿En qué se sustenta, si no es así, el cuidar a una pareja con Alhzeimer avanzado durante años? (López, 2014).

¿Cuál es la grandeza y cuáles son los límites del planteamiento kantiano?

La crítica más repetida desde Hegel a nuestros días se centra en que Kant hace un planteamiento idealista, creado por la razón, que poco tiene que ver con la vida real. Una de las críticas más contundentes, escrita en un formato literario propio de un mago de la palabra, la hizo Ortega y Gasset (1941). Kant, para Ortega, es la cima del pensamiento europeo, porque se atrevió finalmente a sospechar de todo y sintió la necesidad de fundamentar la posibilidad del conocimiento. Como buen hijo de la ilustración y del alma alemana, hace una apuesta por la racionalidad del sujeto, como único procedimiento para fundamentar la posibilidad del conocimiento objetivo y la ética. Esta opción individual, subjetiva e idealista hace que, para no equivocarse, se centre en el método, en la forma de razonar y no en los contenidos, en nuestro caso los contenidos concretos de la moral. Y es así como «fabrica un ser conforme a la razón» (p. 100)... De contemplativa la razón se convierte en constructiva, y la filosofía del ser queda íntegramente absorbida por la filosofía del deber... En vez de regirse el entendimiento por el objeto, es el objeto quien ha de regirse por el entendimiento. Para Kant, el saber no es ver, sino mandar. «La quieta verdad se transforma en imperativo» (p. 101).

Por nuestra parte, consideramos que efectivamente la propuesta de Kant es formalista e hija de la razón, pero aun así, como insistiremos, esta crítica nos parece injusta porque la razón es también una capacidad humana, tal vez la que más posibilidades puede ofrecernos para el uso adecuado de la libertad y llegar a acuerdos argumentados entre los seres humanos. Finalmente, el ser humano y la humanidad se inventan a sí mismos y toman decisiones que nos mejoran; no hay una realidad objetiva incambiable, sino proyectos personales y sociales que pueden mejorarnos o empeorarnos. La historia de las personas y de la humanidad lo demuestran.

La grandeza es haber llegado a formular el incondicionado ético. La razón puede superar todos los condicionamientos y contaminaciones y, con esa «razón pura», formular el «deber» de forma categórica a la voluntad libre. Este hecho es únicamente humano, es racional y está más allá de lo que puedan influir otras características o intereses humanos, justo porque se centra en la voluntad libre, no en los resultados, sobre los que reconoce influencias y contaminaciones de todo tipo. De forma que aunque en la práctica pudiera no llegar a haber seres humanos buenos, el mandato categórico de la razón a la voluntad libre es que sea buena, entendiendo que lo es en el sentido que hemos explicado más arriba. Más nos preocupan los condicionantes de la libertad en el obrar, porque el ser humano, efectivamente, no es nunca puramente libre: justo por eso Kant se detiene en la razón y la buena voluntad, consciente de que la conducta real depende de otros muchos factores. Unos le acusan de falta de realismo, pero desde otros puntos de vista puede decirse que fue muy consciente de que la conducta moral no siempre está regulada por el deber, bien porque no se acaba de conformar la voluntad buena que genera la buena intención (que él usa como supremo juicio moral), bien porque unos u otros factores condicionan nuestra libertad para obrar bien.

Estos razonamientos kantianos nos deslumbran, son muy realistas, reconociendo los límites de la razón y la voluntad, que puede ser buena y obrar mal, aun siendo buena. Y no creo que debamos prescindir de ellos, porque sería difícil fundamentar mejor el deber de la voluntad buena, incluso más allá de nuestras limitaciones y fracasos.

Los principios propuestos, además, tienen implicaciones fundamentales y muy directas para lo que vamos a llamar ética sexual y amorosa, uno de los campos a los que no se han aplicado aún, incomprensiblemente.

En efecto, por adelantar un solo ejemplo, si tomamos a la pareja ocasional o estable como un fin y no como un medio, un objeto que no se puede instrumentalizar a nuestro capricho, y si para orientarnos prácticamente en la conducta tenemos en cuenta cómo querríamos que nos trataran a nosotros mismos, es muy posible que esa «voluntad» que decide ser «buena» se sepa obligada a respetar la libertad del otro (lo que llamaremos ética del consenso) en lugar de forzar, presionar, engañar, etc. Si sabemos racionalmente que el «otro» es un igual en dignidad y valor a nosotros mismos, y si nuestra voluntad se sabe obligada a tratarle como un igual, es más probable que le respetemos, le tengamos en cuenta, le escuchemos en definitiva; dicho de forma sencilla, le tomemos en serio.

Pero antes de desarrollar este tipo de aplicaciones, no es menos importante reconocer los límites de Kant.

El mérito y, a la vez, los límites mayores, son: *a*) que sus razonamientos son la lógica de la razón y no los contenidos morales propiamente dichos, y *b*) no incorporar de algún modo la aspiración a la buena vida y a la felicidad. A él le pareció suficiente descubrir el deber de la «buena voluntad», pero para las personas no creyentes, que interpretan la vida como temporal y terrenal, aun aceptando este inmenso logro racional, puede resultar poco atractiva esta propuesta. Si no vinculamos el deber con lo que conviene, con el buen vivir, con una mayor felicidad, el destino del ser humano parece reducirse al «esfuerzo y el sacrificio». ¿Nos quedaría sólo la rebelión propuesta por Camus? Este mismo autor habla de rebelión cuando está haciendo el tránsito del sentido del absurdo y aun no encuentra otra forma de neutralizarlo; pero acaba reconociendo que tiene sentido apostar por la solidaridad humana y por cantar la vida, la luz, el agua cálida del Mediterráneo y los afectos (como el apego a su madre).

A mi modo de ver, este planteamiento kantiano tiene su origen en varios supuestos de los cuales no podía desprenderse del todo en su tiempo, a pesar de que hizo lo posible y casi lo imposible para seguir su propio consejo de «atrévete a pensar». El primero de ellos es que es creyente, por lo que la idea de la perfección y el deber como lo que más nos hace dignos y valiosos no le resulta trágica, sino que nos acerca a la imagen de Dios. En este sentido, no hace más que reconocer que vale la pena hacer lo posible por conseguirlo, aunque los resultados durante la vida terrenal conlleven sufrimiento, frustración e infelicidad. Por eso, el destino más valioso de los seres humanos no es conseguir que su vida sea buena, feliz, saludable, etcétera, sino ser coherente con el mandato racional a nuestra voluntad libre, conformar una voluntad buena, legitimada por la razón. No creemos que Kant desprecie la vida buena y la felicidad, sino que estas cosas, en su opinión, no pueden definirse bien y para todos de la misma forma. Y, además, nunca son alcanzables del todo y sólo pueden basarse en conocimientos, siempre limitados, de las ciencias naturales, y ser tratados en forma de prescripciones condicionadas e hipotéticas que en realidad son consejos o juicios que corresponden a la medicina, la psicología y otros saberes. La ética, sea cual sea la vida real que conseguimos llevar con nuestras acciones, tiene para Kant una función distinta, nos obliga a usar la razón formulando un verdadero principio categórico, que no dependa de nuestros aciertos y errores cotidianos en el obrar, sino de la «recta voluntad».

Este planteamiento es al final cercano al del cristiano, y muy específicamente a la versión protestante, porque al final lo que se juzga es la intención de la voluntad libre, no los resultados. Por ello, en la doctrina protestante la salvación es una «gracia de Dios», no un mérito, llegando a poner en duda el «libre albedrío» de los seres humanos. Este alejamiento de los resultados puede aceptarse en una versión religiosa en la que finalmente hay un salvador y otra vida, pero resulta trágico para el ser humano que no puede reconocer a Dios y a su supuesto destino eterno, por lo que no tiene sentido «ser en el querer, en la voluntad, bueno» sin que esto esté necesariamente relacionado con el bienestar en la única vida real sobre la tierra. Tal es así, que aun reconociendo la grandeza del incondicionado kantiano, creo que nuestro destino sería trágico si el cumplimiento de este deber no nos permite vivir mejor. Ser coherente y justo no puede ser suficiente deber para colmar la aspiración de la condición humana. Y tampoco es suficiente la rebelión del Sísifo de Camus para sentirse dichoso.

Por otra parte, y esto nos parece central, Kant no sabía que el ser humano es un fruto tardío, muy reciente, de la evolución (hasta Darwin, la humanidad entera ha vivido bajo el presupuesto creacionista sobre el origen del ser humano, un ser espiritual racional que ocupaba el centro de la creación). Pero hoy sabemos que la razón humana es también un fruto de la evolución, y que la vida se las ha arreglado sin la razón y la voluntad libre la mayor parte del tiempo; aún hoy lo hacen muchas especies (Damasio, 2005). La vida, antes de que apareciera el ser humano y en la actualidad, no era ni es desorden y caos, sino que está regulada por una serie de preprogramaciones instintivas y capacidades que funcionan de una forma que podríamos llamar premoral (puesto que no tiene ni necesita voluntad libre ni justificación racional para lo que hace), que es el resultado de la naturaleza de la propia vida y los aprendizajes que los miembros de cada especie pueden hacer. ¿Cuáles son los «mandatos» biológicos o los contenidos de esta pre-moral? Volveremos sobre ellos, pero podemos adelantar que unos son universales y otros propios de cada especie, asegurando la supervivencia de los individuos y de las especies, así como el placer de vivir, porque para que se cumplan estas prescripciones no sólo están preprogramadas como impulso, instinto o reflejo, sino que los resultados exitosos están premiados con el placer, con una vida propia y de la especie más saludable y más duradera, lo que los humanos llamaríamos e interpretaríamos como bienestar o felicidad. En este caso, a diferencia de lo que nos propone Kant, el programa y sus resultados forman unidad, de manera que si éstos no se logran la programación debe considerarse un fracaso, aunque la naturaleza ha liberado a todas estas especies de la culpa, no así del sufrimiento.

Este programa de la naturaleza, en lo que tiene de universal y específico, en el caso por ejemplo de los mamíferos es y se manifiesta en el obrar, al menos, en los siguientes objetivos-contenidos: *a*) un impulso a preservar la propia vida; la vida natural no duda y sólo decide seguir viviendo, como prioridad; *b*) un impulso a vivir mejor, disfrutando de los placeres que pueda alcanzar; *c*) el deseo de aparearse, premiado, por cierto, con un intenso placer; *d*) un sistema de cuidados a las crías, especialmente en las hembras: amamantamiento, protección y defensa, guía para la supervivencia, etc.; *e*) una tendencia a vincularse (sistema de apego y de amistad) y a preferir estar o convivir en pareja y/o en grupo, colaborando en la supervivencia de la pareja o los miembros del grupo; *f*) un sistema agresivo para defender sus intereses y los de sus crías, frente a otras especies y los conflictos dentro del grupo propio, pero con disposición para aceptar una jerarquía que regule su vida social minimizando los conflictos.

Como se ve, estos sistemas preprogramados (sistema de cuidados de los progenitores, sistema de apego de las crías, sistema filiativo de todos los miembros del grupo, sistema sexual y sistema de agresión-defensa) son unos contenidos premorales bien sabios, como prueban los resultados.

Pues bien, a nuestro entender, esta premoralidad de otros seres vivos la compartimos los humanos, y es gracias a ella como podemos saber la adecuada orientación de los usos de la razón (a favor de la vida y el bienestar), evitando las posibles perversiones de la razón y la voluntad libre, que, si se llegan a producir, son las peores de toda la naturaleza, justo porque el ser humano está menos preprogramado, menos asegurada su «correcta vida». Entre otras perversiones destacamos: el suicidio, las conductas autodestructivas que nos alejan del bienestar personal, la ambición por acumular lo que no necesitamos, los malos usos del poder en sus múltiples manifestaciones, la crueldad de una agresividad no instrumental y el aislamiento social. Es nuestra naturaleza, esa de la que desconfía Kant, la que nos preserva de las posibles perversiones de la razón y la voluntad libre, con sus sabias preprogramaciones biológicas, emocionales y de conducta, aunque lamentablemente no lo consigue siempre. Porque nada es tan humano y valioso como nuestra razón y la voluntad libre, pero tampoco tan peligroso cuando se pervierten por inadecuadas condiciones de crianza, por formas de socialización fundamentalistas y por tantas causas más.

Por ello, se dice con razón que los seres humanos somos el mayor peligro para nuestra especie y para el resto de formas de vida que habitan la tierra, nuestra casa común, en un universo que nos sobrepasa sin que acabemos de saber cómo es y a qué obedece. La vida y sus leyes vitales nos indican el camino más seguro y los límites a los desvaríos de la sinrazón y el obrar humano, con una capacidad técnica que puede usar de forma muy peligrosa. Por ejemplo, la energía nuclear, el calentamiento de la tierra o las posibilidades de clonar o crear seres «más o menos humanos» son algunos de los grandes riesgos de la humanidad. Y frente a ellos, preguntarnos, estudiar, atender, cuidar y mejorar los resultados, sin arriesgar la vida sobre la tierra y sin perder la naturaleza de nuestra especie, es fundamental. Nos alegra que pensadores kantianos como Habermas lo vean así, y muestren su preocupación por el futuro de la naturaleza humana, porque, entre otras cosas, con los avances de la razón técnica estamos ante un grave problema ético, dado que por primera vez en la historia de la humanidad nuestra naturaleza está «disponible», podemos intervenir sobre ella y puede ser cambiada (Habermas, 2001). Ha aumentado pues el poder de la voluntad libre, hasta el extremo que podría decidir que la naturaleza humana se modifique. Los malos usos de la razón hoy se hacen especialmente peligrosos para nuestra supervivencia, haciéndose cada vez más necesario, para no equivocarnos, atender a las leyes biológicas, emocionales y de conducta preprogramadas, preservando el genoma humano. Pero, a la vez, somos racionales y tenemos una voluntad libre, por lo que la propuesta kantiana es perfecta si la usamos en sentido positivo, para seguir las leyes de la vida, su impulso a seguir viviendo y aumentar el bienestar, entendiendo que obramos bien cuando ese deber puede ser un imperativo universal. Con las preprogramaciones de la especie y la razón tendremos garantías que mutuamente se apoyan: la de la razón formal, ideal y utópica, aunque desde el punto de vista de la realidad posible siempre limitada, vulnerable y contaminada, y la del grito biológico de la vida que nos asegura la voluntad de vivir y alcanzar la mejor forma de vida posible. Dos recursos, razón y grito vital, que, a nuestro entender, se necesitan y apoyan. Entregados solamente a uno, el del grito vital, no seríamos humanos y perderíamos la razón y la dignidad, dejando la voluntad libre en manos de la posible irracionalidad de la naturaleza humana, pues sus preprogramaciones son menos seguras y muy centradas en la familia y la tribu. Entregados al otro, el de la razón, estaríamos hablando de un ser humano desencarnado, espiritual, irreal y con graves riesgos de perder de vista nuestra biografía vital, porque la razón, no se debe olvidar, es sólo uno de los frutos muy tardíos de las formas de evolución de la vida. No tener en cuenta lo que han aprendido los seres vivos y consolidado en su naturaleza, porque les permite vivir y mejorar la vida, sería una locura, y no aprovechar las posibilidades de los buenos usos de la razón sería una locura mayor, porque dejaríamos de ser humanos.

La razón es única, aunque en unos casos hace razonamientos formales (siguiendo la lógica de su propia exigencia), mientras en otros casos se aplica a la realidad trabajando con asuntos que son de interés del sujeto. En este segundo caso, la probabilidad de que las justificaciones y razonamientos se contaminen de los intereses de quien razona es un riesgo real. Los críticos de Piaget siempre han señalado que una cosa es razonar con dilemas que se refieren a asuntos o situaciones que no afectan a quien razona, y otra razonar sobre situaciones reales en las que las personas están implicadas. En este segundo tipo de razonamientos los propios kantianos consideran que no funcionamos con una razón pura, «porque siempre está enraizada en supuestos psicológicos, biológicos e históricos, en una experiencia en suma» (Cortina, 1994, p. 364), En definitiva, si queremos reconocer al hombre real, no podemos quedarnos en el idealismo kantiano, sino aceptar que el ser humano es un ser psicosomático, con emociones y patrones de conducta preprogramados, que se socializa en una familia y una comunidad. La razón es, por tanto, contextual en doble sentido, porque está encarnada en una persona que es una unidad psicosomática y porque, como insistiera Hegel, forma parte de una comunidad histórica.

Esta visión de la ética enraizada en la realidad psisomática y social del hombre no es nueva, sino que es la perspectiva que adoptó el pensamiento griego. La ética kantiana se restringe al deber que la razón justifica y obliga a la voluntad libre, pero hay muchos antecedentes griegos que consideraban que la ética es, de una u otra forma, el uso inteligente, de la razón para conseguir (con la práctica de las virtudes o la moderación en los placeres de la vida) llevar una buena vida, buscar de una u otra forma el placer, en su justa medida, la felicidad, y ser, a la vez, también un buen ciudadano. Es decir, pensamientos éticos que no se despreocupaban de los resultados, sino que éstos formaban parte de la ética. Definir qué es la buena vida, el placer con medida, el bienestar o la felicidad, ser un buen ciudadano, etc., era, en este caso, muy importante. Animamos al lector a revisar lo que sabemos de Sócrates y los postsocráticos (Platón, los cínicos, los estoicos y los epicúreos), y muy especialmente Aristóteles y su obra maestra, la *Ética a Nicómaco*. Éticas encarnadas en la búsqueda del bienestar de forma más personal (como la de Epicuro, que, desengañado de la sociedad, propone una ética centrada en la amistad y los placeres con medida), haciendo lo posible por volver a lo que de naturaleza animal tenemos (caso de los cínicos) o aprendiendo a dominar las emociones para no sufrir y alcanzar el dominio y la serenidad (propuesta de los estoicos) o éticas más centradas en las virtudes que nos permiten llevar una buena vida, ser buenos ciudadanos y sentirnos bien, justo por ser virtuosos (como propuso Aristóteles). Volveremos sobre estas propuestas.

También nosotros creemos que no debemos quedarnos únicamente en los recursos que usa la ética deontológica. La grandeza de Kant, en todo caso, está en haber intentado conseguir lo mejor de nuestra razón para que tengamos la voluntad de decidir bien y considerar que para no cometer errores tengamos en cuenta que no estamos solos, que la voluntad de decidir bien, si la convierto en máximas, debe cumplir la condición de que éstas sean válidas para todos. Estos dos aspectos, voluntad buena y humanidad como referencia para establecer máximas, son las mejores referencias que podemos darnos los seres humanos. Esta presencia de los otros precisamente ha fundamentado otras éticas actuales dialógicas, que siguen siendo deontológicas porque ponen el acento en los procedimientos de la razón y en la razón compartida. Este desarrollo de las éticas del discurso, diálogo entre personas que son interlocutores válidos, nos acerca más a la vida real, a los intereses de todos los afectados.

Otra apuesta atractiva que pretende ser kantiana es la de Feliciano Mayorga en su libro *La Fórmula del Bien* (2009), en la que aspira a unificar la naturaleza humana total, afirmando que los principios pueden encarnarse de manera estable y segura en una forma de vida buena. De esta forma, «la moralidad no niega la importancia de la búsqueda de la propia felicidad, sino que establece un límite infranqueable respecto a los medios utilizados para alcanzarla» (p. 598).

Pero para ser justos con Kant, no hay que olvidar que una cosa es cómo fundamentar el deber, que es su objetivo y la fundamentación formal de la ética, y otra, que no niega, que las ciencias naturales y la experiencia puedan ayudar a las personas a llevar una buena vida y ser más felices. Combinar el derecho a la diversidad en las formas de entender qué es la buena vida y la felicidad con deberes universales no es fácil, si queremos dar contenidos más aplicados a la ética. Para unos, sólo puede hacerse con éxito si mantenemos la ética en su planteamiento «formal», sin entrar en contenidos concretos, mientras para otros es necesario entrar en contenidos, en una ética de mínimos, garantizando la participación libre e igualitaria de los afectados. Volveremos sobre ello al hablar de la ética del diálogo.

Antes de revisar estas propuestas, vamos a echar una mirada a una teoría muy kantiana que ha tenido y tiene una gran influencia en la psicología evolutiva. Nos referimos a la hecha por la Escuela de Ginebra.

2.1.1.2. *Piaget, Kohlberg y Gilligan*

La novedad de la Escuela de Ginebra

La Escuela de Ginebra, desde los años treinta del siglo XX hasta nuestros días, ha propuesto un modelo evolutivo de desarrollo moral muy cercano a la Ilustración y, en concreto, a la propuesta de Kant.

A nuestro entender, tiene la ventaja de haber intentado fundamentar esta teoría en investigaciones evolutivas, no sólo en la especulación racional, y, además, lo que no es menos importante, haber implementado propuestas educativas que ayudan a los niños y adolescentes a razonar moralmente mejor. Intento de fundamentación empírica y ensayos educativos son dos grades méritos de esta corriente. Por lo demás, justo es decir que quienes pertenecen a esta corriente deberían reconocer más su dependencia de las propuestas kantianas y que, tal como entendemos nosotros, la fundamentación kantiana está teóricamente mejor elaborada, a pesar de ser muy anterior en el tiempo.

El lector que conozca a este filósofo o acabe de leer cuanto acabamos de escribir nosotros se dará cuenta de lo que decimos. Y si tiene dudas, lea cómo resume una buena seguidora de la Escuela de Ginebra esta propuesta: «La utilización del concepto de moral en L. Kohlberg se realiza en términos de universalidad, basándose en el principio de justicia, e implica las características siguientes:

- La moralidad se define en su carácter formal de razonamiento moral, no en términos de contenido moral.
- El concepto moral hace referencia a juicios basados en principios morales universales, más allá de implicaciones sociológicas del término moral, definido como normas o reglas» (Medrano, 1992, p. 14).

Ambas propuestas, la de Kant y la de la Escuela de Ginebra, en todo caso se asientan en la sobrevaloración que la ilustración hizo de las posibilidades de la razón.

Los presupuestos de la Escuela de Ginebra

Piaget (1932), como fundador e iniciador de las investigaciones y la teoría del desarrollo moral, y Kohlberg (1984), principal discípulo en este campo, fundamentando y desarrollando las primeras propuestas piagetianas han construido una teoría evolutiva global, estructural y lógica sobre el desarrollo moral y la adquisición de la capacidad de la razón para formular principios morales de valor universal.

Su propuesta, lo adelantamos ya, se refiere también al razonamiento moral, y sólo muy secundariamente a las conductas morales, dejando sin resolver adecuadamente, como le pasó a Kant, las relaciones entre ambas, aunque en esta escuela han sido más atrevidos que Kant en relación a este tema. El primer presupuesto básico es que el núcleo de lo que debemos considerar moral son los razonamientos morales que «obligan» a la voluntad a considerar como adecuada una conducta. Nuestra esperanza para fundamentar adecuadamente un principio moral únicamente puede venir de nuestra capacidad de razonar. Este era ya precisamente el núcleo del pensamiento kantiano.

En segundo lugar suponen, y en esto se alejan de Kant, que los razonamientos morales tienen un gran peso en la regulación de la conducta real, aunque reconocen que ésta no es siempre coherente con el juicio moral, porque intervienen otros factores como los intereses, las presiones y valores dominantes, etc. Es más, consideran el razonamiento una condición necesaria para la conducta moral, aunque reconocen que no es una condición suficiente.

En tercer lugar, y en esto siguen el optimismo de la Ilustración sobre el poder de la educación, la educación puede mejorar los razonamientos morales, haciendo avanzar las formas de razonamiento más elevadas, de forma más segura, a lo largo de las etapas educativas, hasta alcanzar el último estadio, el de la autonomía moral. Este tercer principio, y las aplicaciones hechas y evaluadas en el campo de la educación, nos parecen un gran valor por sus implicaciones prácticas.

En cuarto y último lugar, proponen que desde el nacimiento hasta la verdadera madurez moral (no alcanzada, en el mejor de los casos, hasta la adolescencia avanzada, e inalcanzable, en realidad, para numerosas personas a lo largo de la vida) hay una serie de etapas claramente diferenciadas, que siguen un orden invariable y universal, porque los razonamientos morales están limitados por las capacidades, incluso parciales, de la inteligencia infantil y de la primera adolescencia. La inteligencia y su capacidad de razonar estructura el razonamiento moral en cada etapa, diferentes por su estructura y cualidad de los razonamientos, no pudiendo el desarrollo moral alcanzar un nivel más elevado que el que le permita la inteligencia propia de cada etapa. En efecto, la inteligencia, en concreto la capacidad de proponer argumentaciones morales, depende del propio nivel intelectual.

En condiciones ideales hay un paralelismo, regulado por la capacidad intelectual, entre: *a*) razonamientos en general, *b*) razonamientos morales y *c*) conducta moral. Los dos últimos nunca pueden ser superiores a la capacidad de razonamiento, pero sí pueden quedarse a un nivel más bajo, si hay factores que impiden la estrecha relación entre razonamiento, juicio moral y conducta.

Estos autores, por un lado, son más pesimistas que Kant, al considerar que el razonamiento moral más avanzado lo alcanza sólo una minoría (mientras Kant concede bastante lucidez al pensamiento vulgar, al que le dedica todo un apartado bien interesante en el capítulo dos de la obra que tanto hemos citado), mientras, por otro, parecen estar más seguros que Kant del poder causal de los razonamientos morales sobre la conducta real.

Le evolución en etapas

Se trata de etapas que, como hemos indicado, tienen un orden universal que no puede variar, el impuesto por el propio desarrollo de la inteligencia y su capacidad para razonar.

a) *Preconvencionales y egoístas más o menos inteligentes*

Cuando el niño va creciendo a lo largo de la primer infancia se da cuenta que su conducta tiene consecuencias positivas o negativas, puesto que recibe premios (materiales, psicológicos o sociales) y castigos. Sus capacidades mentales le permiten reconocer que quien regula este sistema de premios y castigos es la autoridad del adulto. De esta manera, llega a la conclusión de que lo que debe hacer es obedecer y así ser premiado y reconocido como bueno, a la vez que evita el castigo.

Este es el período preconvencional, porque lo que regula su moral no son las normas o convenciones sociales que aún no ha interiorizado, sino lo que el adulto con autoridad le propone y exige. Una moral heterónoma, porque no son sus razonamientos los que definen la moralidad de las conductas, sino lo que los adultos le imponen.

Esta moral preconvencional regula su conducta, hasta el punto que sólo el miedo al castigo y el interés por los premios le hacen comportarse como los adultos le proponen. Es una moral propia de la primer infancia, al menos hasta los 6 o 9 años, aunque la cronología depende de las capacidades de razonamiento de cada niño.

Dicho sea de paso, en términos psicoanalíticos, tan alejados teóricamente de la Escuela de Ginebra, pero tan cercanos en este tema, es el período en el que el Yo se somete al Super-Yo externo, la autoridad de los padres, para mantener los beneficios de los cuidados amorosos y evitar el castigo, especialmente el miedo a la castración, dentro de la dinámica del complejo de Edipo.

Para la Escuela de Ginebra, si no se superara esta etapa las consecuencias sociales serían catastróficas, porque las personas únicamente obrarían bien por miedo al castigo o por razones egoístas, lo que nos obligaría a tener Estados con gobernantes muy autoritarios, sociedades militarizadas y obligados a gastar muchos recursos en seguridad, a la vez que sería difícil conseguir que los propios poderes policiales, jurídicos y políticos no se corrompieran. ¿Quién vigilaría y controlaría al vigilante? El caos estaría servido, algo que conocemos, por desgracia, en no pocas sociedades, cuando buena parte de la población es preconvencional. También, entre nosotros, el ejemplo de políticos y policías corruptos es especialmente doloroso.

Aplicándolo al tema que nos ocupa, si permaneciéramos en esta etapa las relaciones sexuales y amorosas se basarían en el interés de cada uno de los amantes, en la búsqueda egoísta, haciendo muy conflictiva la convivencia, muy dolorosos los vínculos afectivos y muy frustrantes los supuestos compromisos. Una situación que, por desgracia, no nos es ajena, porque abandonada, con razón, la moral sexual represiva, ésta no se ha sustituido con una moral basada en valores universales compartidos, lo cual sucede con frecuencia, como describe uno de los sociólogos más prestigiosos de nuestro tiempo, ya comentado en el capítulo primero (U. Beck). En definitiva, hemos pasado de un período de represión sexual durante la dictadura «nacional-católica» a una libertad en la que las relaciones sexuales y amorosas se convierten, con frecuencia, en un campo de minas.

Se hace pues necesario ser más razonables, y eso es lo que empiezan a hacer los menores en la segunda parte del período preconvencional, al darse cuenta de que el egoísmo no es inteligente si no tiene en cuenta la reciprocidad. Por ejemplo, si yo soy egoísta y no doy caramelos o presto ayuda al otro cuando me la pide, es muy probable que yo acabe sufriendo las consecuencias, porque el otro será egoísta conmigo cuando yo le pida o necesite algo. El principio regulador de la conducta sigue siendo egoísta, pero el egoísmo se empieza a autocontrolar, justo porque se tienen en cuenta las consecuencias: «te doy para que me des», «te ayudo para que no me abandones», «te cuido para que me cuides», etc.

Digamos que los menores, durante un largo período, son para la Escuela de Ginebra utilitaristas en términos morales. Y si esto lo convertimos en la regla de oro de la moral (aceptando la reciprocidad como práctica más inteligente), no nos queda más remedio que entrar en razón para regular el egoísmo. Pero, y éste es sólo uno de los límites, ¿cómo me sentiré obligado si ya no puedo esperar nada del otro?, ¿por qué voy a tener en cuenta a los demás si me siento impune, si no lo van a saber o nunca me pillarán, como ocurre tantas veces con el uso que los poderosos hacen de los bienes públicos?, ¿cómo podré engañar al otro y hacerle suponer una reciprocidad que yo no practico?, etc. El lector puede hacerse muchas preguntas, y es seguro que sabrá sacar conclusiones alarmantes, aplicables a la corrupción política y social, que aqueja a tantas sociedades, en las que la inseguridad ciudadana y la corrupción están demasiado extendidas, incluso entre los que deberían perseguir estas manifestaciones.

Además, en estas sociedades con numerosos ciudadanos preconvencionales se produce un fenómeno de «desmoralización social», por el mal ejemplo de los más responsables y la sensación de generalización de diferentes formas de corrupción. Como he leído en alguna parte, la moralidad pública funciona como una cúpula, en la que si una piedra se cae es muy probable que toda la cúpula esté amenazada.

Las aplicaciones al campo de las relaciones sexuales y amorosas son bien evidentes, porque si cada miembro de una pareja sexual o amorosa únicamente tiene en cuenta sus intereses tenderá a instrumentalizar al otro, haciendo de estas relaciones un campo de batalla o, en el mejor de los casos, de contraprestación egoísta, muy alejado de lo que puede, debe y vale la pena que sean las relaciones.

b) *Convencionales. Conformismo y sumisión social interiorizadas*

A medida que avanzamos en la infancia, la razón nos hace entender que somos sociales y vivimos en una comunidad. Esta comunidad tiene una serie de valores, costumbres, normas y leyes, convenciones sociales las llaman estos autores, que cada menor hace suyas, las interioriza, se las cree y las usa para regular su conducta.

A partir de este momento, el niño no sólo cumple las normas por miedo al castigo, para obtener premios o por contraprestación con los demás, sino que está convencido de que estas convenciones son justas y deben cumplirse, siendo buenos ciudadanos. Ser buen ciudadano no sólo es entendido como una obligación, sino como un orgullo, un deber social, cuyo cumplimiento hace sentir bien a las personas que están en esta etapa.

Primero la hacen porque se sienten miembros de una comunidad. Es una especie de reciprocidad ampliada a toda la comunidad, porque conlleva el convencimiento que se forma parte de ella, por lo que el deber de ser buen ciudadano no posee únicamente una motivación de contraprestación, sino un verdadero deber cívico, más allá de lo que uno pueda recibir a cambio.

Posteriormente, aun dentro de este nivel convencional, no sólo se saben miembros de una comunidad, sino que están convencidos de que las leyes que regulan las relaciones son justas y siempre han sido las mismas, por lo que el deber de todo ciudadano es cumplirlas. Un deber legalista que no pone en duda las convenciones sociales establecidas en normas y leyes. Su visión de la sociedad y la historia es acrítica, aceptando que las cosas son como son y, además, siempre han sido así.

En el caso del psicoanálisis se daría este mismo proceso, puesto que el desarrollo normal acabaría interiorizando el Super-Yo externo, regulando la conducta desde el interior del propio individuo que lo habría hecho suyo, ahora convencido de que el orden edípico no se puede cambiar y tiene sentido; es la aceptación interiorizada del poder de los padres.

Por cierto, no estaban muy lejos de estas ideas quienes redactaban los catecismos religiosos y la doctrina moral de la iglesia católica, al señalar que entre los seis y siete años los niños adquirían el «uso de razón», justo porque empezaban a razonar como los adultos querían y aprendían a obedecer por razones morales que, ahora sí, aceptaban, convencidos de ellas.

Volviendo a la Escuela de Ginebra, es importante señalar que esta etapa supone un gran progreso sobre la anterior, tanto desde el punto de vista individual como social. La persona concreta tiene capacidad de autorregularse, aunque sea con una moral heterónoma en los contenidos, por una moral interiorizada, hecha propia. La labor de los padres y educadores se hace menos necesaria, porque los niños pasan a tener, por así decirlo, una guía interior que regula su conducta. Desde el punto de vista social, no es necesario que todos los ciudadanos sean vigilados, controlados y amenazados, con lo que se evita el caos social y numerosos gastos en fuerzas de seguridad y en tribunales de justicia. Si la mayor parte de los ciudadanos alcanzan esta etapa, tendremos una sociedad más segura, en la que tienden a cumplirse las leyes.

Pero Kohlberg no se detiene en esta etapa, sino que la considera sólo propia de un período de la evolución que, en términos cronológicos, sitúa aproximadamente entre los ocho o nueve años y la primera adolescencia, siempre dando un valor muy relativo a la cronología.

Para este autor y sus seguidores, no son pocos los ciudadanos que se quedan en el período preconvencional, siendo mayoría los que no superan el convencional. En este segundo caso, el resultado, aun siendo menos inmaduro que el primer nivel, es todavía insatisfactorio. Los ciudadanos convencionales tienden a ser cumplidores y respetuosos con las leyes, pero esta manera de pensar y, si son coherentes, comportarse, es muy conformista e históricamente estática. Si las leyes y la organización social son injustas, estos ciudadanos convencionales se limitarán a cumplirlas y considerarlas incambiables. Son los ciudadanos que los poderosos desean, sumisos y cumplidores; aquéllos que, en términos de Rousseau, otro autor que deberían citar más los piagetianos, consideran que las relaciones y leyes sociales son así y siempre han sido y deben ser así, en lugar de darse cuenta que son el resultado de una historia de imposiciones propias del Antiguo Régimen (en el que Dios, Patria y Rey eran sagrados e indiscutibles) y, en el mejor de los casos, de un «Contrato Social».

El que tantos ciudadanos se queden en este período del desarrollo moral se debe a que no usan de forma adecuada las posibilidades de su razón, sometidos y engañados por ideologías autoritarias, al servicio del poder. Las religiones, los reyes y gobernantes, de una u otra forma, siempre han hecho lo posible por convencer a las personas de que hay valores, normas y leyes que deben ser sagradas, sin ponerse en cuestión.

c) *Etapa postconvencional*

La inteligencia, si la usamos con libertad de pensamiento, puede llegar a la conclusión de que las convenciones sociales, sea cual sea su forma de presentación, son fruto de la historia, han sido construidas o promulgadas por los seres humanos, no han dejado de cambiar a lo largo de los siglos y seguirán cambiando en el futuro. En el mejor de los casos, en países democráticos, son el resultado de la legislación impuesta por la mayoría parlamentaria o consensuada entre diferentes partidos. Es decir, la leyes no son sagradas ni inmutables, sino humanas y cambiantes.

Ello lleva a una conclusión evidente: los seres humanos somos soberanos y responsables de las convenciones que establecemos. La soberanía del pueblo es una idea, aunque casi siempre se trata de una utopía, por lo difícil que es organizar la participación real, el diálogo y el consenso en condiciones igualitarias.

Por eso nos parece más profundo, justo y realista el concepto de «Contrato Social» propuesto mucho antes por Rousseau. Los contratos, en este caso entre dominantes y dominados, siempre implican una serie de cesiones y pueden ser justos o injustos, romperse o cumplirse según la correlación de fuerzas. Además, siempre están basados en intereses de las partes. No nos extraña que algunos vean en Rousseau el núcleo del pensamiento marxista e incluso del anarquista, al poner bajo sospecha al poder.

Volviendo a Kohlberg, las personas que alcanzan esta etapa, por tanto, consideran que las convenciones y leyes pueden cambiarse, puesto que son obra de los seres humanos.

Este estadio de «soberanía social» tiene muchos aspectos positivos, porque pone en cuestión toda propuesta, incluso las consensuadas, dado que siempre pueden discutirse y cambiarse. Eso sí, tales propuestas, mientras están vigentes, deben cumplirse.

Pero Kohlberg no se detiene aquí, Es necesario un segundo estadio postconvencional, el de la autonomía de la razón.

Toda cultura puede y deber ser criticada y analizada sin descanso, para ponerla al servicio del ser humano individual y social, desenmascarando las tradiciones lesivas para la persona y haciendo propuestas que favorezcan la dignidad y libertad de todos.

Este último estadio del desarrollo moral es el radicalmente postconvencional, porque cada persona, si usa adecuadamente las posibilidades de la razón, puede ir más allá de las convenciones o leyes democráticamente propuestas, llegando a formular principios de valor universal. Es así como la razón individual kantiana acaba siendo el fundamento final del núcleo de la moral, la única que puede obligar a la voluntad libre.

Según Kohlberg, empezamos la vida con una inteligencia al servicio del egoísmo, y podemos acabarla, según el ideal de persona moral, con la capacidad de darnos cuenta de que podemos y debemos seguir el mandato de la razón para decidir lo que es mejor para todos; por eso los principios tienen que tener valor universal. La razón individual, de esta forma, está por encima de las leyes y convenciones sociales, aunque éstas hayan sido formuladas democráticamente. Volvemos así a centrar la responsabilidad moral en la razón, buena voluntad e intención de la persona concreta, no en los resultados de las acciones, sino en la decisión que obliga a la voluntad libre a cumplir el deber, como hiciera Kant.

Valoración y límites de la propuesta de la Escuela de Ginebra

Este poder de la razón individual nos produce cierto estremecimiento en la actualidad y nos hace temer posibles fundamentalismos, pero creemos que esta crítica a Kant y la Escuela de Ginebra es, desde el punto de vista formal, injusta, porque los fundamentalismos no pueden estar en estos principios universales y utópicos, sino en la aplicación interesada o ignorante que se hace de ellos.

Además, desde otro punto de vista, estos planteamientos salvan al individuo y a las minorías de posibles tiranías o mayorías que se impongan a toda la población, puesto que conceden, a cada persona, la posibilidad de defender sus derechos y su dignidad, admitiendo que el poder social es radicalmente discutible. Esta es la grandeza de Kant y la Escuela de Ginebra. Por otra parte, no se trata de una razón encerrada en sí misma y descarriada, sino obligada a tener en cuenta a los demás. Por eso, la obligación de la universalidad de los principios nos parece el mejor logro de estas propuestas, por formales y utópicas que nos parezcan. La razón individual, además, así lo entendemos nosotros, reconoce sus limitaciones cuando se obliga a formular principios de valor universal. Esta referencia de lo más razonable para todos, convertida en deber, no debiéramos perderla, aunque discutamos una y otra vez cuál es su formulación, argumentando lo mejor posible los contenidos reales de las leyes y la moral que creemos deben deducirse de estos principios, sin dejar de mirar a lo alto, la utopía de una humanidad en la que todos somos iguales en dignidad y derechos.

Es verdad que no siempre es fácil ponerse de acuerdo, pero, aun así, sentirse obligados a argumentar y tomar como referencia principios universales nos parece uno de los mejores logros de esta propuesta ética. Los principios nos hacen razonables y permiten universalizar el deber, mientras las aplicaciones a los contenidos concretos debemos hacerlas sabiendo que nuestras argumentaciones pueden ser interesadas, demagógicas o simplemente imperfectas.

Un buen ejemplo es lo que ocurre con un principio de valor universal, como el derecho a la vida propia y el deber de respetar la vida de los demás. Cada uno somos propietarios de nuestra vida, por lo que no debemos quitar la vida a nadie. Pero la aplicación de este principio no es fácil, llenando muchas páginas y provocando controversias y desacuerdos radicales en varios campos: ¿cuándo el derecho de defensa puede llevarnos a amenazar o quitar la vida de los demás?, ¿hay guerras que puedan ser consideradas justas?, ¿hay personas que puedan ser ejecutadas una vez juzgadas?, ¿desde cuándo debemos respetar la vida a lo largo del proceso de embarazo?, ¿es legítimo que un Estado se organice creando cuerpos de seguridad que tengan el monopolio de la violencia justa? Estas y otras cuestiones han provocado discusiones interminables y controversias no resueltas; pero mejor es que sea así que, apelando a prejuicios o creencias, dejemos de sentirnos obligados a discutir y, por supuesto, a defender nuestro punto de vista. El caso del aborto es bien aleccionador, porque mientras unos consideran que desde la concepción nuestro deber es proteger el embrión, el feto, etc., porque la vida es sagrada, otros defienden que podemos tomar decisiones en el caso de algunos supuestos y/o durante determinados plazos temporales, poniendo el énfasis en los derechos de la madre y en las supuestas diferencias entre la vida de una persona y las primeras semanas del embrión y feto. Es seguro que el lector conoce los argumentos de unos y otros, y es probable que esté decantado por una de las posturas. Por mi parte, creo que es bueno que sigamos discutiendo y escuchando los argumentos de los demás, mientras todos nos veamos obligados a argumentar haciendo referencia a principios de valor universal, en lugar de no escuchar, no argumentar, etc.

En todo caso, dada la dificultad para aplicar los principios a los contenidos reales de la vida, comprendemos a algunos autores, como Habermas y los que defienden la ética del discurso, cuando intentan, preservando a Kant, incluir a los demás hablantes en el diálogo sobre los asuntos que les conciernen. Esta ética del diálogo es tal vez la mejor alternativa teórica ofrecida hasta ahora, aunque no está exenta de dificultades, como veremos.

El poder concedido a la razón por la Escuela de Ginebra no puede entenderse, como en el caso de Kant, sin la Ilustración. Kant, interesado únicamente en fundamentar la metafísica de las costumbres, el deber moral que obliga a una voluntad libre, cree cumplida su misión, dejando a otras ciencias el estudio de los condicionamientos que también contribuyen a regular la conducta real.

En el haber de la Escuela de Ginebra hay que reconocer tres aportaciones fundamentales que van más allá de la propuesta formal que comparten con Kant.

a) La primera gran aportación es el haber propuesto una teoría del desarrollo moral centrada en el proceso de adquisición de lo que podríamos llamar la lucidez de los razonamientos morales. Las etapas propuestas han recibido apoyos y críticas que el lector puede encontrar en numerosas publicaciones, pero es una empresa que merece aprobación y aplauso. Por otra parte, muchas de las críticas olvidan que se trata de la adquisición de procesos formales de razonamiento sobre cuestiones morales, por lo que nos parece más justo hablar de limitaciones en el planteamiento que de errores propiamente dichos. Además, hay que reconocer que no dejamos de encontrar numerosas aplicaciones prácticas, como las que hemos sugerido, a modo de ejemplos, en lo escrito anteriormente. Indicamos algunas más, que pueden aplicarse a situaciones históricas y conductas de personas que nos avergüenzan y espantan. Por ejemplo, a todos nos resulta incoherente, incomprensible, intolerable e inmoral que no pocas personas durante el período nazi pudieran ser cariñosos y supuestamente justos con sus hijos y, a la vez, crueles con las minorías judía, gitana, comunista, etc. Pero esta aparente incoherencia es coherente en unas personas que seguían las convenciones dominantes en Alemania en ese período. Y eso es lo que una y mil veces, con diferentes grados de gravedad, claro está, han hecho y hacen tantos gobiernos cuando llevan a los pueblos a la guerra o persiguen minorías que declaran peligrosas. Del peligro de las convenciones dominantes y las leyes supuestamente soberanas sólo nos puede salvar la lucidez de la razón.

Otras perversiones humanas han conseguido también la aceptación o el silencio de la sociedad y, de esta forma, la legitimación que no pocos individuos hacen; el maltrato de las mujeres y los abusos sexuales son dos de los muchos ejemplos que podríamos citar. La persona lúcida que se siente en la obligación de obrar con principios de valor universal no podría obrar de esta forma sin sentirse indigna, irracional, egoísta e inmoral, con independencia de lo que es permitido o silenciado por las convenciones sociales o determinadas culturas.

Por poner un ejemplo más, fue precisamente basándose en la razón, entendida como base de ley natural, como los teólogos morales de la Universidad de Salamanca criticaron determinadas prácticas del proceso de colonización español de América.

De hecho, cuando hemos estudiado esta teoría nos llena de esperanza y entusiasmo la idea evolutiva, que nosotros creemos correcta, de que cada ser humano cuando avanza en la vida tiene capacidad para analizar, criticar y hacer propuestas referidas a la organización social, las costumbres y la ética. Esta capacidad se acaba convirtiendo en una característica esencial del pensamiento formal en los adolescentes.

Desde el punto de vista de la escuela, como institución más universal, deberíamos educar para que cada persona sea lo más autónoma posible, con la libertad de pensamiento, justo con el fin de que éste favorezca los argumentos que ayuden a la formación de una voluntad buena, como decía Kant, para que no acepten la esclavitud, la explotación, la injusticia, etc. Así, cada generación pondría en cuestión las convenciones de sus antecesores, siguiendo el consejo ilustrado de «atrévete a pensar».

b) Justo la segunda gran aportación de la Escuela de Ginebra, nuevamente en esto hija de la Ilustración, es el haber intentado fundamentar y llevar a la práctica un proyecto de educación moral. En él se trata de favorecer los razonamientos de reciprocidad frente a los individualistas, los convencionales frente a los preconvencionales, y postconvencionales frente a los convencionales, fomentando finalmente la autonomía de la razón. En la práctica, proponen una serie de dilemas, en los que hay que argumentar cuál de los dos valores puestos en cuestión es el más alto, tomando como referencia los razonamientos evolutivos más avanzados. Por ejemplo, en el famoso dilema bien conocido entre salvar una vida o robar una medicina, violando la propiedad privada de los bienes materiales, parece evidente que debe imponerse el razonamiento a favor de la vida.

Es verdad que los dilemas originales que proponen están, casi siempre, demasiado alejados de la realidad, pero nos parece un intento magnífico y útil, si conseguimos acercarlos a la vida real. Es precisamente una de las cosas que hacemos nosotros, cuando intentamos promocionar la ética de las relaciones sexuales y amorosas. Adelantamos un ejemplo al lector:

«Federico y Petra, ambos de 16 años, han salido juntos varias veces. Petra está muy enamorada de Federico y dispuesta a seguir avanzando en la relación, si Federico le corresponde. Pero Federico no lo vive así; desea y le atrae Petra, pero no está enamorado de ella ni tiene especial interés en hacer avanzar la relación que tienen. Vivir y disfrutar el presente es su dinámica más sincera. En este contexto, Federico intenta seducirla y le pide de mil formas diferentes, con insistencia, que desea tener relaciones sexuales (incluido el coito) con ella. Ante tanta insistencia Petra le dice: «si estuvieras enamorado de mí y estuvieras decidido a que seamos pareja, una pareja con futuro, que es lo que yo siento y quiero, entonces aceptaría tener esas relaciones sexuales que me pides». El lector se dará cuenta que Federico tiene un dilema entre dos aspectos bien valiosos: el placer de la vida sexual o la sinceridad en la relación. Si la engaña y no es sincero, es posible que ella acepte tener relaciones; pero si es sincero, muy probablemente ella se negará.

Varias preguntas hacemos a los adolescentes:

— ¿Cómo suele acabar esta historia en la vida real?
— ¿Cómo consideras que intentarías acabarla tú? (En este caso no se les pide que lo digan, sólo que piensen cuál sería su conducta más probable).
— ¿Cuáles son los valores en conflicto y cuál de ellos es ideal o moralmente más valioso, hasta el punto de que deba sustentar la mejor decisión, el deber interpersonal?
— ¿Qué debe ser más digno y más valioso para Federico: conseguir un «sí» engañando, o favorecer la libertad de Petra, aceptando su «no», si su sinceridad llevara a ello?

El debate ayuda a clarificar los valores o principios que deben regular la conducta. En este caso, la sinceridad en la comunicación interpersonal para favorecer la verdadera libertad del otro, dándole elementos de juicio, en lugar de engañar, presionar o hacer falsas promesas.

Se trata siempre de educar en principios morales de valor universal, para que éstos se tengan siempre como referencia a la hora de argumentar. Con ello se propone una meta —ser capaz de llegar a principios de valor universal— y una metodología, la argumentación, los razonamientos que se confrontan con los demás.

Por otra parte, en contra de lo que suele decirse, en su propuesta sobre la educación moral los autores de la Escuela de Ginebra son conscientes de que no se puede hacer únicamente una educación moral basada en la racionalización, sino que los resultados dependen mucho del contexto en que viven las personas. Un contexto negativo o experiencias inadecuadas pueden bloquear la posibilidad de un buen razonamiento moral. Por eso definen como contexto más adecuado lo que llaman «una comunidad justa», pueblos o grupos humanos en los que las relaciones sean justas; un planteamiento, sin duda, utópico, pero lleno de sentido, reconociendo la importancia del ejemplo, el aprendizaje por observación que diría Bandura.

c) La tercera aportación es haber intentado investigar las relaciones entre juicio moral y conducta, porque si éstas no se pudieran demostrar, su propio proyecto educativo carecería de verdadero fundamento, siendo mejor usar otros caminos más propios del conductismo.

Kant se centró en la fundamentación formal del deber moral, convencido que sólo a este nivel podemos conseguir una verdadera universalización, porque la conducta real sufre otras muchas influencias que pueden llevarnos a comportamientos incoherentes. Pero Kohlberg y sus colaboradores, más cerca de la psicología que de la metafísica, no renunciaron a plantearse las relaciones entre razonamiento y conducta, tanto en la investigación como en la intervención educativa. Su intento aún provoca numerosos debates, porque los resultados de la investigación y del análisis de la interpretación de la conducta humana no permiten sacar conclusiones contundentes y claras. En efecto, los seres humanos somos con mucha frecuencia incoherentes entre lo que pensamos que «es justo» y lo que realmente hacemos. Esto ocurre especialmente cuando nuestros intereses están en juego. Por ejemplo, en el dilema que acabamos de plantear sobre la lealtad en las relaciones sexuales muchos jóvenes nos dicen que el chico engañaría a la chica, mintiéndole sobre sus sentimientos y propósitos, con tal de tener relaciones sexuales, aunque reconocen que lo más justo y digno sería decirle la verdad, ser sincero, para que ella decidiera con mayor libertad.

Otro ejemplo de incoherencia, con consecuencias negativas para los menores, se da en los procesos de separación en los que, con frecuencia, aun sabiendo que deben cuidar el bienestar de los hijos, los instrumentalizan frente a su pareja o no les tienen en cuenta a la hora de organizar su vida cotidiana.

Estas y otras muchas incoherencias demuestran que no aplicamos los mismos criterios en todos los campos. Otro ejemplo sobre relaciones sexuales serían las incoherencias que ciertas personas suelen tener entre las relaciones estables y las relaciones ocasionales. Un último ejemplo, referido a campos bien distintos, se refiere a las personas que son muy estrictas en cuestiones morales interpersonales y muy corruptas en sus decisiones y sus conductas económicas, o a la inversa.

De hecho, los seres humanos tendemos a razonar de forma más justa cuando se trata de situaciones que afectan a los demás que cuando lo hacemos sobre asuntos que nos afectan a nosotros mismos. Por ejemplo, a todos nos parece que los otros deberían pagar a Hacienda lo que les corresponde, pero es posible que obremos preconvencionalmente, engañando a la administración pública, si creemos que no nos van a descubrir. O, por poner otro ejemplo del tema que nos ocupa, encuentro con frecuencia a personas mayores que son muy tolerantes con su conducta sexual no convencional (tener relaciones sexuales sin estar casados, por ejemplo) y muy intolerantes cuando son los demás los que vulneran las convenciones sociales en este campo.

Estos hechos y otros muchos ejemplos demuestran que las relaciones entre el razonamiento sobre lo que es justo y la conducta son muy complejas y que, con frecuencia, nos arreglamos recurriendo a racionalizaciones de todo tipo para vulnerar lo que nosotros mismos juzgamos que está mal. En definitiva, nuestros intereses pervierten el buen juicio y la buena voluntad moral. En efecto, las dificultades del ser humano para regular su conducta son causa de incoherencias, de las cuales podemos ser conscientes, como se demuestra cuando nos sentimos culpables. En el campo de la sexualidad ocurre con frecuencia. Por ejemplo, la práctica totalidad de la población acepta como justo y responsable no asumir riesgos en la conducta sexual, pero no son pocos los que, al encontrarse en una situación concreta, vulneran ese principio. El caso más extremo lo tenemos en algunos agresores sexuales que, sabiendo que hacen algo gravemente injusto, no dejan de hacerlo.

La distancia, por tanto, entre el razonamiento moral y la conducta puede ser grande, por lo que el supuesto paralelismo entre los estadios morales y la conducta moral no resiste el análisis, si nos centramos en las incoherencias y olvidamos las frecuentes conductas coherentes. Pero, siendo así, hay que resaltar que esta critica se plantea de forma injusta cuando se refiere a la teoría de la Escuela de Ginebra, porque los piagetianos nunca llegaron a establecer este paralelismo mecánico y universal, aunque sí fueron demasiado optimistas sobre el poder del razonamiento moral. Siempre reconocieron la importancia de la comunidad donde se vive y la influencia de los intereses personales, entre otros muchos factores.

Más críticos somos nosotros con la idea de que para tener conductas morales elevadas es una precondición tener un nivel de razonamiento moral elevado. Por ejemplo, uno puede tener conductas morales muy elevadas por razones empáticas, sin tener capacidad de un razonamiento moral elevado, como puede ocurrir en personas con discapacidad intelectual o en menores prepúberes. Justo por ello, nosotros hablaremos de otros recursos para movilizar las conductas éticas, no sólo del razonamiento moral.

¿Quiere esto decir que el razonamiento moral no tiene nada que ver con las conductas? No es eso lo que pensamos, por varias razones:

1. Desde el punto de vista de la comunidad, es importante tener referencias utópicas que permitan aspirar a la creación de la mejor comunidad posible. Es verdad que en toda sociedad hay muchos motivos para desánimo y fuerzas que paralizan los cambios en orden a conseguir mayor justicia y libertad. Pero no es menos verdad que, por ejemplo, las Declaraciones sobre los Derechos Humanos son principios de referencia que tienen importancia, puesto que permiten presionar para que se mejoren las leyes, justificar sanciones internacionales o nacionales, educar en valores universales, etc. Estos principios, cuando hay libertad de expresión, siempre acaban siendo defendidos por luchadores a favor de los derechos, grupos organizados o Estados que luchan para ponerlos en práctica.
2. En las grandes cuestiones para la humanidad, como los cuidados de la tierra y el entorno climático, la pobreza y el hambre, las guerras, las penas judiciales y el sentido de ellas, como es el caso de la pena de muerte, la bioética y las posibilidades de manipular el genoma humano, etcétera, es muy importante que tengamos principios a los que les reconocemos valor universal, aunque su aplicación sea, a veces, difícil. Aceptar que lo mejor de los seres humanos es su capacidad para razonar y sentirse obligado a usar argumentos es fundamental para que la humanidad, las sociedades y los grupos no se autodestruyan o se organicen de forma gravemente injusta.
3. En los asuntos morales difíciles y muy polémicos, como es el caso del aborto, es verdad que las personas tienen a tener prejuicios y reducen su argumentación a rechazar el punto de vista del otro e intentar imponer el suyo. Pero discutir y argumentar, promocionando la capacidad de ponerse en el punto de vista del otro, sentirse obligado a escuchar y usar

argumentos, requiere tener algunos principios de referencia, como el valor de la vida (de la madre y del «nasciturus»), de la vida digna (de la madre y de los hijos), los derechos implicados, etc., para no reducir la discusión a dos posturas radicales sustentadas normalmente en dos frases: «es un asesinato», dicen unos; «es un derecho de la madre», dicen otros. Los límites temporales o los supuestos deben ser argumentados, haciendo todo lo posible para llegar a un consenso, aunque no sea posible el acuerdo total. Los principios no deben tratarse de manera fundamentalista, sino que creen en la obligación de ser argumentados en cuanto principio y, sobre todo, de lograr una comunicación en la que todos, pero muy especialmente los afectados, sean escuchados.

4. La idea propuesta por la Escuela de Ginebra sobre la «comunicad justa», como contexto privilegiado para la educación moral y la conducta moral, es fundamental y revela cómo estos autores sabían que no es fácil conseguir la coherencia moral cuando son muchos los que violan los principios. En este caso, la «desmoralización», la legitimación del propio delito o comportamiento inmoral, etc., es uno de los efectos más dolorosos. Si una comunidad, bien a través de lo que se constituye como pensamiento dominante o porque es una conducta generalizada, incumple normas elementales, no es fácil conseguir que los ciudadanos concretos se sientan obligados por determinadas normas.

   En realidad, estos autores defienden un realismo esperanzador porque, al conceder tanto peso al razonamiento moral autónomo, estos autores están seguros de que siempre habrá ciudadanos individuales que sean críticos en medio de las sociedades injustas. Por eso la lucha por la libertad de pensamiento, la libertad de expresión y la libertad de asociación son esenciales, justo para que se den las condiciones de pensar, decir y actuar en libertad. Esta visión de las posibilidades de la razón, de cada persona y cada generación es precisamente una de las mejores esperanzas de la humanidad.

   En el campo concreto de las relaciones sexuales y amorosas, los principios tienen una enorme utilidad, porque nos permiten proponer una serie de valores universales como uno de los contenidos básicos de la educación sexual, evitando que su ausencia fomente los planteamientos egoístas o el que cada persona se crea que estas relaciones son un asunto privado sobre el cual ni se puede ni se debe argumentar desde el punto de vista ético. Idea que en estos momentos está bastante generalizada, después de rechazar, con razón en este caso, la moral sexual represiva de no pocas morales religiosas, al menos en su doctrina oficial.

   En las relaciones sexuales y amorosas es necesario también ser justo y tomar a los demás como un fin, no como un medio o como un objeto que podemos manipular e instrumentalizar, precisamente porque es lo que queremos para nosotros mismos y lo que corresponde a la libertad y dignidad de todos.

   También aquí es fundamental compartir principios como la libertad y la dignidad, saber que es necesario argumentar y escuchar los argumentos de los demás y, finalmente, no tener únicamente en cuenta nuestro punto de vista.

5. La coherencia moral de las personas y de los pueblos es en sí misma un valor que gratifica y dignifica, un reforzador de la autoestima y el valor como individuo y comunidad. Lo es psicológicamente y debiera ser un argumento educativo fundamental. Esta coherencia ética provoca es-

tabilidad y bienestar emocional, a la vez que genera comunidades más seguras, justas y benevolentes.

6. Pensar bien no asegura obrar bien, pero es, sin duda, un factor que lo favorece. Por eso, cultivar la argumentación que nos eleve a los principios más universales y la reflexión que todo ello exige es uno de los caminos mejores para la educación moral. Compartir los principios y sus posibles aplicaciones con los padres, educadores, pareja y comunidad es un bien para todos, y facilita que la experiencia real sea mejor regulada y evite graves desorientaciones. Por decirlo con una metáfora, la brújula o cualquier instrumento que nos sirva de guía no hace el camino, pero evita grandes errores y nos orienta en la dirección adecuada. Ésta es, a nuestro entender, la función de los principios universales.

Por último, una vez más, nos parece necesario decir que, igual que Kant, la Escuela de Ginebra no pone el acento en la conducta moral, sino en el juicio moral, dado que considera que es éste, los argumentos y la obligación moral resultante para la voluntad, el núcleo de la moral. Por ello, a los que hacen críticas centradas únicamente en que no explican bien la conducta les aconsejamos que lean despacio lo que estos autores pretenden y no olviden la conciencia que demuestran tener de las limitaciones de su teoría.

> «Siempre he intentado dejar claro que mis estadios son estadios de razonamiento de la justicia, no de emociones, aspiraciones o acción. Nuestra base de datos ha sido un conjunto de dilemas hipotéticos planteando conflictos entre los derechos o reclamaciones de diferentes personas... Las preguntas prototipo que hemos hecho para verificar el razonamiento de los sujetos se han centrado en aspectos de la justicia y rectitud... basado en la moralidad neokantiana... asociado al supuesto de que lo más importante de la moral deontológica era la justicia o los principios de la justicia» (Kohberg et al., 232).

Esta falta aparente de realismo ha provocado numerosas críticas y ampliaciones diversas de su teoría. Una de las que más eco ha tenido es la hecha por Gilligan (1977, 1982) y Gilligan et al. (1979, 1980, 1982), relacionada muy directamente con nuestro tema.

Guilligan y su propuesta de dos moralidades

En la tradición filósofica y psicológica siempre se ha reconocido por parte de algunos autores, con unos conceptos u otros, que hay dos fuentes de la conducta moral: por un lado, la racional, centrada en los argumentos a favor de la justicia y otros principios universales, y por otro la basada en el buen corazón empático, el principio de la benevolencia, la caridad o ágape de las religiones, la conducta prosocial, etc.

Pues bien, Gilligan y sus colaboradores, al estudiar dilemas más realistas, especialmente los centrados en asuntos interpersonales en los que hay conflicto entre el cuidado de uno mismo y el cuidado de otras personas, creen haber encontrado dos morales diferentes; la moral centrada en la justicia basada en razonamientos —moral kantiana y piagetiana— y la moral basada en responsabilidad interpersonal. Llaman a esta orientación «moral de los cuidados».

Esta última se aplica especialmente a relaciones especiales como las familiares, las de amistad, los grupos humanos, etc., porque los vínculos afectivos, los compromisos interpersonales y los agradecimientos suelen provocar sentimientos de responsabilidad y cuidados.

Gilligan asegura haber encontrado que esa segunda orientación moral de cuidados es más propia de las mujeres que de los hombres, pues éstos recurrirían más a la orientación moral de la justicia.

En relación con esta postura se nos ocurren varias observaciones. La primera de ellas, que no es fácil interpretar estos datos vinculándolos al sexo o al rol sexual, porque su origen puede estar una doble causalidad: preprogramaciones para la maternidad, y socialización de las mujeres para los cuidados en la familia. La segunda, que hemos de tener cuidado con generalizar los resultados basados en el sexo o género, convirtiéndolos en un prejuicio, porque, aun encontrando diferencias, siempre hay una minoría de hombres que tienen una mayor orientación hacia la moral del cuidado que la mayoría de mujeres. Y, a la inversa, una minoría de mujeres que tienen una mayor orientación hacia la justicia que la mayoría de hombres. Estas minorías, cuando se han revisado con atención los estudios, en este caso concreto de la llamada ética de los cuidados, resulta que llegan a estar muy cerca de la mayoría, hasta el punto de considerar hoy poco consistente la propuesta de Guilligan (Pillen y Smetana, 2006).

Por nuestra parte, y esta es la postura que adoptamos en este libro, más que hablar de dos morales distintas, lo que creemos es que hay varios recursos diferentes: unos pueden llevarnos a argumentos y/o conductas basadas en el deber moral (moral deontológica), y otros, basados en emociones, motivaciones, experiencias amorosas o de reciprocidad y aprendizajes sociales, pueden impulsarnos a tener conductas morales, amorosas y altruistas. Los recursos humanos que dan lugar a estas conductas pueden basarse en la reciprocidad o ser realmente altruistas; interaccionan con los razonamientos morales que fomentan la coherencia entre moral y conducta o actúan de forma generosa, mucho más allá de lo que la argumentación de la justicia podría exigir. ¿Cuál es la diferencia entre el «me siento obligado porque tengo razones para considerar que es mi deber» o «me siento motivado, conmovido empáticamente» o, incluso más, «me siento responsabilizado por amor, porque todos los hombres somos hermanos»? Los recursos de los seres humanos son múltiples, y todos pueden ayudarnos para que nuestras relaciones sean más justas y solidarias. ¿Es la moralidad propiamente dicha la decisión de la voluntad para obrar bien cuando se basa en argumentos racionales sobre la justicia (concepto deontológico), mientras la conducta moral es resultado de la interacción entre los argumentos que iluminan a la voluntad y otros factores que favorecen que la decisión se convierta en conducta real (recursos emocionales y aprendizajes sociales)? ¿Y podemos hablar de conducta altruista cuando los seres humanos superamos cualitativamente los razonamientos y obramos de forma tan generosa que debemos hablar de amor o fraternidad? Los profetas y místicos de las religiones e incluso los revolucionarios franceses claman por todo este abanico de conductas al luchar por la igualdad, libertad y fraternidad.

El ser humano es uno, de forma que no le podemos entender sólo desde la razón, el corazón o sus creencias más profundas, pero consideramos que la única forma de ponernos de acuerdo en principios de valor universal es argumentando con razones (desde este punto de vista nos declaramos claramente partidarios de una moral deontológica); pero desde ella, con esta brújula, hemos de cultivar las mejores emociones, motivaciones y sentimientos, a la vez que procurar fomentar los mejores aprendizajes (virtudes y hábitos) para intentar que seamos coherentes y solidarios, porque, finalmente, las condiciones que nos ofrece la vida al nacer y los azares de la propia vida no hace responsables a los pobres de su pobreza, a los enfermos de su enfermedad, a los solitarios de su soledad, a los menores y a los ancianos de su dependencia. Por ello, bien pensado, si fuéramos capaces de tomarnos a todos los seres humanos como un fin (en el sentido kantiano), es posible que incluso desde los argumentos de la justicia estaríamos muy cerca de «tener que», «sentirnos obligados» a sabernos hermanos. Lo mejor de las religiones, los movimientos revolucionarios y los luchadores por los derechos civiles apunta en esta dirección.

Compartir la brújula, los principios universales, es seguramente lo máximo a que podemos aspirar desde la ética y, sin perder el «norte», procurar una sociedad utópica es el sueño mejor de los seres humanos, la idea de paraíso celestial de los creyentes, la fraternidad de los revolucionarios, la sociedad ideal del pensamiento de cada generación adolescente, la aspiración universal a la felicidad. No lo conseguiremos, pero seguir la orientación de esta brújula ética, argumentando sobre cada nueva situación, nos evitaría muchos de los terribles errores que ha cometido la humanidad y los desaciertos de cada uno de nosotros. Ello es compatible con que aprovechemos el resto de recursos humanos personales y sociales para, a través de la investigación y la intervención educativa, conseguir que cada niño o niña que nace acabe siendo a la vez más ético y más feliz, un reto de la humanidad como conjunto y un reto de cada ser humano que empieza la vida. Porque no nacemos buenos o malos, felices o desgraciados, sino con la posibilidad de acabar siendo lo uno o lo otro, o más bien una mezcla de ambas posibilidades, en grados sumamente diferentes y cambiantes a lo largo de la vida. Corresponsabilizarnos de los cambios sociales y sentirnos responsables de nuestra biografía ética y nuestra felicidad parece lo más inteligente desde el punto de vista emocional y racional.

2.1.1.3. *Nueva ética deontológica, el ejemplo de Habermas*

La propuesta de Kant ha sido tan valorada positivamente como criticada por idealista y alejada de la realidad, pero sigue teniendo un gran peso en nuestro tiempo, tanto en autores internacionales, por ejemplo Habermas o Apel, como en autores y profesores de nuestro entorno (Adela Cortina, Feliciano Mayorga y tantos otros). Eso sí, todos estos autores hacen lo posible por adaptarla para que siga siendo solvente y útil. De todas estas propuestas nos ha parecido especialmente fundamentada y útil, para nuestro objetivo, la de Habermas, porque pone el acento en la comunicación entre los afectados, considerando a los seres humanos como interlocutores que pueden intercambiar razonamientos y llegar a acuerdos, algo esencial en las relaciones sexuales y amorosas. La pareja, en efecto, es un lugar privilegiado de comunicación, donde ésta es esencial para que las relaciones sean éticas, teniendo en cuenta a los interesados.

La necesidad de la ética

Habermas, como veíamos en el primer capítulo, no sólo fundamenta la ética, como Kant, en un discurso sobre la libertad y dignidad, discurso de la ilustración optimista y utópico, sino que, siendo hijo del siglo XX, conocedor de los críticas de Hegel al idealismo kantiano y habiendo estado cerca de la capacidad destructiva y malévola de los seres humanos, experimentada con el pueblo alemán, reconociendo, en definitiva, que los seres humanos somos temporales, vulnerables y potencialmente peligrosos para los demás, se pregunta qué podemos hacer para, conscientes de nuestros límites y miserias, vivir de forma más justa y solidaria. Su respuesta está en la ética kantiana, desarrollada como ética del discurso o búsqueda de razones compartidas por los seres humanos capaces de dialogar e intercambiar argumentos si lo hacen con buena voluntad.

A la fundamentación ilustrada y kantiana, basada en la grandeza de la razón y las exigencias derivadas de nuestra capacidad para reconocernos valiosos, dignos y libres, añade Habermas varias consideraciones con el fin de fundamentar mejor la ética y, sobre todo, de introducir un procedimiento para acercarla a la realidad, rechazando la idea de que hay dos reinos, el de la razón o inteligible y el fenoménico o de la conducta humana.

Pero, antes de hablar de su propuesta concreta, vale la pena preguntarse por qué piensa Habermas que es necesaria la ética.

Para este autor, en primer lugar, hay un hecho básico bien evidente, la vulnerabilidad humana: nacidos en dependencia de los demás, amenazados y vulnerables ante tantas circunstancias de la vida, incluyendo las formas de vida creadas por los propios seres humanos (cuando, de manera cruel, pueden dejar desamparadas a otras personas o destruirlas de forma perversa). Esta vulnerabilidad del ser humano y esta capacidad de producir daño y desolación requieren de la ética, si queremos tener alguna esperanza de conseguir una sociedad justa y solidaria. Para ello, hemos de reconocer que necesitamos ayuda, desde el nacimiento, y que estamos obligados moralmente a prestarla a los demás. Nuestra dependencia y vulnerabilidad hace necesario, como un acto de inteligencia, el que razonemos en términos de reciprocidad y cooperación, sintiéndonos moralmente obligados a hacerlo. Nadie puede vivir solo por sí mismo y son demasiado frecuentes los desamparos y demasiadas las víctimas de un tipo u otro que requieren ayudas bien concretas.

En segundo lugar, y este es, a nuestro entender, el núcleo central de su justificación, «ninguna persona puede afirmar su identidad por sí sola» (Habermas, 1986, p. 107). Somos uno y únicos, pero la persona nace y vive en una comunidad, en la que desarrolla su identidad personal y colectiva de forma que el destino de cada uno «es responsabilidad también de todos... Las morales han de cumplir siempre dos tareas a la par: hacer valer la intangibilidad de los individuos, exigiendo igual respeto por la dignidad de cada uno; y, en la misma medida, proteger también las relaciones intersubjetivas de reconocimiento recíproco por las que los individuos se saben y mantienen como miembros de la comunidad.

Por ambas razones son necesarios los principios de justicia y solidaridad. «Mientras el primero exige igual respeto e iguales derechos para cada individuo, el segundo reclama empatía y preocupación por el bienestar del prójimo. La justicia en el sentido moderno se refiere a la libertad subjetiva de individuos incanjeables. En cambio, la solidaridad se refiere a la eudaimonía de individuos implicados y hermanados en una forma de vida intersubjetivamente compartida. La ética del discurso explica que ambos principios provienen de una misma raíz moral, porque no se pueden proteger los derechos del individuo sin proteger a la vez el bien de la comunidad a que el individuo pertenece» (Habermas, 1986, pp. 107-108).

Esta fundamentación de la ética nos es especialmente atractiva, porque, como veremos, nosotros creemos que, de hecho, las personas podemos llegar a esta conclusión tanto desde la razón como desde otros recursos desarrollados a través de la historia de la humanidad, entre los que destacaremos precisamente la capacidad empática y los aprendizajes sociales en experiencias intersubjetivas, especialmente con las figuras de apego.

Las relación entre estos planteamientos y los que han hecho otros filósofos, que hablan de la ética de la justicia y la ética de la benevolencia o la compasión, son evidentes. Y son coincidentes también con los etólogos y psicólogos que señalan el potencial ético de la capacidad empática. La novedad es que Habermas considera que la propia filosofía puede fundamentar estos dos recursos con argumentos de la razón.

Es así como la ética de la razón y la ética de la compasión se dan la mano, teniendo una misma raíz moral: «Las éticas de la compasión se percataron muy bien de que esta profunda vulnerabilidad hace menester que se garantice la atención y consideración recíprocas. Y esta atención y consideración han de estar dirigidas simultáneamente, tanto a la integridad de la vida individual como al vital tejido de relaciones de reconocimiento recíproco en las que sólo mutuamente pueden las personas estabilizar su quebradiza identidad» (Habermas, 1987, 107).

Al lector que le resulten teóricos o difíciles estos razonamientos le sugerimos que piense qué sucede (como de hecho sigue pasando en tantas comunidades en el mundo actual) si un recién nacido es abandonado, si unos padres maltratan a un hijo, si una persona nace con una grave discapacidad, si una mujer es violada o maltratada, si un viejo es dependiente, etc., y la comunidad no está formada por personas que se sienten obligadas moral y empáticamente a salir en auxilio de otras y si la propia comunidad como tal no tiene leyes y recursos para ayudar a las personas desamparadas por la familia, a las que son víctimas de agresiones sexuales, etc.

Lo que Habermas mantiene o quiere mantener de Kant

La ética de Habermas pretende ser, como la de Kant, cognitiva, universalista y deontológica.

Cognitiva porque se basa en la argumentación, en nuestras capacidades racionales para analizar y formular juicios morales basados en argumentos. No es una ética de las emociones o los sentimientos, sino que se asienta en la argumentación.

Es universalista porque pretende establecer principios que tengan un valor universal, que no sean propios de una cultura, sino válidos para toda la humanidad.

Y es una ética deontológica porque se centra en el «deber», en lo que sabemos racionalmente que nos obliga. No se centra, ni se aplica directamente a lo que se ha llamado vida buena, vida satisfactoria, vida feliz, etc. No es una guía moral para alcanzar la felicidad, sino que se centra en la justicia, en la moral de la justicia y en las acciones justas.

La ética del discurso de Habermas

Para superar en buena parte las críticas de Hegel contra el formalismo, la universalidad, la impotencia para regular la conducta y el llamado por este autor terrorismo de la pura intención (que puede acabar aceptando como morales acciones inmorales, supuestamente bien intencionadas) de la propuesta kantiana, los neokantianos, con Apel y Habermas a la cabeza, han puesto el énfasis en el procedimiento, saltando de la argumentación individual a la ética del discursos en el que participan los afectados. Se trata, en definitiva, de tener en cuenta que el ser humano tiene lenguaje y capacidad de comunicación, puede intercambiar argumentos y llegar a acuerdos.

> «Kant elije la forma de un imperativo categórico, "actúa sólo conforme a aquella máxima de la que al tiempo puedas querer que se convierta en una ley universal". El imperativo categórico adopta el papel de un principio de justificación que selecciona y distingue como válidas las normas de acción susceptibles de universalización: lo que en sentido moral está justificado tienen que poderlo querer todos los seres racionales... En la ética del discurso, el lugar del imperativo categórico lo ocupa el procedimiento de la argumentación moral. Y así cabe establecer a partir de él el principio básico del procedimiento, que dice: Sólo pueden pretender validez aquellas normas que pudiesen contar con el asentimiento de todos los afectados, como participantes en un discurso práctico» (Habermas, 1987, pp. 101-105).

Pero para cumplir esta condición el diálogo entre afectados debe cumplir condiciones bien exigentes:

a) Asentimiento libre de los afectados, sin ninguna coacción, para participar en el diálogo.
b) Deben estar dispuestos a razonar en términos éticos de forma que tengan la actitud de resolver las diferencias o conflictos de forma justa, basándose en argumentaciones.
c) Tener una actitud de imparcialidad. Una asunción ideal de rol que exige que el sujeto que juzga moralmente se ponga en el lugar de todos aquellos que podrían verse afectados por la posible norma, compromiso o acción que se acuerde. Por ello, esta condición obliga a todos los participantes simultáneamente a una asunción ideal de rol... como un hecho público, en que se tienen en cuenta los intereses de todos.

d) Los afectados tienen que estar en condiciones de igualdad. Todos los afectados tienen que participar como iguales y libres, por lo que no puede admitirse otra coerción que la resultante de los mejores argumentos.
e) Voluntad común de universalidad. Con argumentos exigentes para conseguir una voluntad común que tiene por fin garantizar, merced únicamente a presupuestos universales de comunicación, la rectitud de cada uno de los acuerdos (Habermas, 1987, pp. 101-105).

Con este procedimiento de diálogo, el autor considera que se centra en el núcleo de todas las morales y supera algunas de las limitaciones del formalismo kantiano:

> «Todas las morales giran en torno al trato igual, a la solidaridad y al bien común; pero éstas son ideas básicas que se derivan todas ellas de las condiciones de simetrías y de las expectativas de reciprocidad que caracterizan la acción comunicativa... La estrategia de la ética del discurso de obtener los contenidos de una moral universalista a partir de presupuestos generales de argumentación tiene perspectivas de éxito precisamente porque el discurso representa una forma de comunicación más exigente, que apunta más allá de las formas de vida concretas, en que los presupuestos de la acción orientada al entendimiento se generalizan, abstraen y deslimitan, es decir, se extienden a una comunidad ideal de comunicación que incluye a todos los sujetos capaces de lenguaje y acción» (Habermas, 1987, pp. 110-111).

Al poner en juego un discurso común de todos los interesados, Habermas abandona la doctrina de los dos reinos de Kant: el inteligible, donde está asentada la moral del deber, y el fenoménico, referido a la vida real, con sus motivaciones, inclinaciones de las personas y las organizaciones sociales. Es así como Habermas cree que la ética del discurso supera el planteamiento puramente interno de Kant, que cuenta con que cada sujeto en su foro interno... proceda al examen de sus propias máximas de acción... La ética del discurso sólo espera un entendimiento sobre la universalidad de intereses como resultado de un discurso público» (Habermas, 1987, pp. 114-115).

Mientras Kant apelaba al Factum de la razón, como fundamento de la ética, Habermas piensa que la universalización se garantiza mejor con el procedimiento de la ética discursiva, que, a la vez, tiene la ventaja de obligar a tener en cuenta la realidad de los intereses de las personas, defendidos por ellas mismas con argumentos.

En efecto, cree Habermas que su propuesta supera el formalismo de Kant (al renunciar éste a ocuparse de la buena vida, de los asuntos concretos de la vida real), justo porque su procedimiento incluye la vida real y las personas con intereses diferentes. Es decir, la ética no sólo debe tratar cuestiones de justificación, sino que se aplica a contenidos reales de la vida, teniendo en cuenta los intereses y las consecuencias sobre las personas afectadas. Pero lo que propone Habermas no es una moral casuística sobre la buena vida y los asuntos concretos de las personas, sino un procedimiento para discutir todos los asuntos que los afectados consideren de su interés. Es este procedimiento, con las condiciones señaladas, el que garantiza el carácter deontológico de la ética del discurso.

Valoración de esta propuesta: las precondiciones para la ética

Justo es empezar diciendo que el mismo Habermas reconoce las dificultades prácticas de su propuesta, dado que ha habido y hay comunidades humanas actuales en las que sus planteamientos difícilmente se pueden abrir caminos y ser realmente funcionales. Los prejuicios tribales o religiosos, la defensa a ultranza de un único punto de vista, el recurso a las guerras para resolver los conflictos, etc., han estado presentes a lo largo de toda la historia de la humanidad y, aún hoy, están demasiado extendidos. En efecto, las relaciones de poder, el engaño y la manipulación de las personas, la violencia en sus mil formas siguen presentes entre nosotros. Cuando estas condiciones acaban predominando no es posible la ética del discurso. Un reconocimiento que ya hiciera la Escuela de Ginebra al hablar de la importancia de «comunidad justa» para favorecer el adecuado desarrollo moral.

En efecto, en una sociedad gravemente injusta y en la que muchas personas están desamparadas o son víctimas de atropellos graves es difícil que se abra camino la ética del discurso, porque los interlocutores pueden tener muy limitada la capacidad de racionalización y seguramente se plantean el diálogo como una lucha para doblegar al adversario, en lugar de como una comunicación al servicio de la justicia.

> «Toda moral universalista depende del sostén y apoyo que le ofrezcan las formas de vida. Necesitan de una cierta concordancia con prácticas de socialización y educación que pongan en marcha en los sujetos controles de conciencia fuertemente internalizados y fomenten identidades del yo relativamente abstractas. Una moral universalista necesita también de una cierta concordancia con instituciones sociales y políticas en que ya estén encarnadas ideas jurídicas y morales de tipo postconvencional» (Habermas, 1987, p. 122).

¿Se da esta condición en nuestras sociedades actuales? Habermas es optimista, recordando, por un lado, que Kant pudo hacer su propuesta en un momento en que las ideas de la ilustración adquirieron relevancia y, por otro, valorando que nosotros, en occidente, gozamos de una conciencia de derechos humanos universales que facilitan y pueden hacer posible una ética universalista.

También nosotros nos aferramos, como veremos, a los mejores recursos y logros humanos tanto personales como colectivos, pero reconocemos que no está tan claro que podamos cumplir las condiciones de la ética del discurso. En efecto, el dominio actual del capitalismo financiero, las leyes y valores de una sociedad de mercado y, en definitiva, el triunfo de las ideas liberales extremas no son precisamente el mejor contexto para poder defender argumentos racionales compartidos. Por otra parte, la educación actual, caracterizada por la desorientación de los padres y un sistema educativo más preocupado por los rendimientos asociados a la capacidad de producción de las personas que por su bienestar, ponen en peligro derechos y referencias morales universales que se han abierto camino a lo largo de la historia de la humanidad.

Este contexto, sin duda, no es el mejor para la ética del discurso y los presupuestos que ésta exige, más idealistas, creo yo, que los propios planteamientos de Kant. Porque Kant pone su esperanza en la razón individual; si ésta está alejada de los avatares de la vida concreta es más probable que el individuo finalmente razone de manera justa (aunque sea en un mundo ideal). Sin embargo, Habermas exige condiciones para un discurso anclado en la realidad que, en realidad, son difíciles que se cumplan. De esta forma, el más idealista puede acabar siendo más realista, justo porque considera que hay dos reinos, mientras el que hace lo posible por conectar la ética a las cuestiones de la vida real es posible que pida a los afectados cumplir condiciones demasiado idealistas.

Por ello nos resulta difícil tomar como referencia a uno u otro, considerando que finalmente los principios abstractos kantianos son necesarios y tal vez la mejor condición para que, reconocidos éstos, los afectados dialoguen. Aceptados aquéllos, los procedimientos del discurso propuestos por Habermas nos parecen especialmente útiles para la comunicación en las relaciones sexuales y amorosas. En este sentido creemos que puede decirse que el mismo Habermas presupone los principios kantianos cuando pone como condiciones, entre otras, la actitud de imparcialidad de los participantes y la de universalidad del resultado.

Seguramente también desde la Escuela de Ginebra podrían ponerse objeciones a la propuesta de Habermas, porque la mayoría de las personas no llega o tiene dificultades para hacer razonamientos postconvencionales, una condición contextual que parece exigir Habermas para la ética del discurso.

Precisamente por ello nos parece fundamental intentar, en nuestro caso, fundamentar y operacionalizar educativamente una ética de las relaciones sexuales y amorosas, para que, en este campo, la vulnerabilidad humana, con tantas víctimas y frustraciones, se vayan creando las condiciones personales para ser un interlocutor ético, a la vez que se adquiere capacidad de crítica de las ideas y valores dominantes que irracionalmente intenta imponer el capitalismo financiero y el mercado. Justo porque con frecuencia no se dan las condiciones para la ética del discurso, se hace más necesaria la educación que nos devuelva el valor de las capacidades de la razón y su aplicación a las cuestiones éticas.

Por todo lo dicho, creemos que este planteamiento de Habermas, tan ingenioso e instructivo para superar el formalismo de Kant, puede ser criticado, al menos, desde tres puntos de vista:

a) Ser considerado idealista, puesto que es poco menos que imposible cumplir en pureza todas las condiciones señaladas en el procedimiento, ya que lo que caracteriza a las personas en los conflictos de intereses es su dificultad para afrontarlos con imparcialidad, desde la igualdad y con racionalidad, por citar sólo algunas de estas condiciones.
b) Caer en el relativismo ético, puesto que los consensos logrados de supuestos universales pueden basarse en intereses compartidos, pero no necesariamente en la ética del deber, es decir, se pueden lograr acuerdos en principios pseudouniversales.
c) No es fácil resolver los derechos de las minorías siguiendo estos procedimientos. Llegados al terreno de la aplicación de los principios universales, creemos que los acuerdos no siempre son posibles ni positivos, porque con frecuencia existe una tensión que es especialmente clara entre los consensos mayoritarios y las minorías disidentes. ¿Tiene el disidente la obligación de aceptar como indiscutible la obligación moral generada por un consenso, con supuesto valor universal? Esto, que es difícil de mantener en el caso kantiano, cuando nos mantenemos en el mundo inteligible, se puede volver en irresoluble cuando se aterriza en contenidos morales reales. Por eso creemos que, en realidad, Habermas tal vez sea más idealista que Kant, aunque él considere lo contrario.

Más bien creemos que el juego de los intereses de cada participante debería aceptar previamente como referencia principios de valor universal, cuyo fundamento corre menos riesgo si lo asentamos en la ética deontológica del deber, basada en argumentos racionales, que en un procedimiento de comunicación intersubjetivo entre los interesados. Sin embargo, una vez aceptados estos principios kantianos procedimentales, fundamentados en la argumentación, sí nos parece extremadamente útil la propuesta de Habermas con dos funciones esenciales: argumentar para llegar a compartir esos principios (generalizando operativamente su valor universal a través de razonamientos), y argumentar y planificar su aplicación a la realidad con el diálogo entre los interesados.

Por ejemplo, es muy posible que no podamos ponernos de acuerdo en una ley sobre el aborto, pero es útil que todos aceptemos el principio de que la vida es valiosa, de forma que al menos estemos cerca de consensuar limitaciones temporales o de supuestos concretos. Es bueno tomar como referencia el valor de la vida humana, aunque no haya acuerdos sobre cuándo empieza ésta. Argumentar con esta referencia universalmente aceptada es ya un avance.

En este sentido, como veremos, creemos que la doble propuesta de Kant y de Habermas es muy útil para fundamentar y aplicar la ética sexual y amorosa. Sin embargo, tomadas por separado corren el riesgo de quedarse en un idealismo muy alejado de la realidad (caso de Kant) o en una propuesta de discursos con exigencias muy difíciles de cumplir (caso de Habermas).

Creemos, por otra parte, que aunque Habermas considera bien fundamentada la moral con su procedimiento de ética del discurso o dialógica, esto no es así, porque él mismo incluye un presupuesto que necesita de fundamentación: la ética discurso supone que los interlocutores tienen «buena voluntad», en orden a buscar argumentos que tengan en cuenta los intereses de todos los afectados; pero, ¿cómo fundamentar esta condición necesaria, suponiendo una disposición moral para la resolución de los conflictos? ¿Es que en los conflictos reales es realista presuponer esta voluntad? Creemos que Kant es más realista al reconocer que esta buena voluntad sólo la garantiza el uso de la razón, reconociendo, más allá de la defensa de los propios intereses, que una obligación únicamente es justa cuando es universalizable. Verdad formal, sí, verdad idealista también, pero finalmente una verdad de referencia procedimental más realista (aunque sea en el mundo inteligible, como reconoce Kant) que esperar que las personas se enfrenten a un conflicto real con buena voluntad. Kant tiene más claro, porque es más realista, que la buena voluntad es más factible en el mundo inteligible que en la vida real. Claro que Habermas reconoce que esa buena voluntad es necesaria, porque si no se da no estamos ante un discurso moral, por falta de actitud moral en los interlocutores. Con lo que, al final, nos veríamos obligados a recurrir a Kant para fundamentar la necesidad de la buena voluntad, como un hecho irrenunciable desde el punto de vista de la razón moral universalizable. En definitiva, los interlocutores tienen que sentirse obligados éticamente más allá de sus intereses; es decir, el problema moral básico, como bien reconoce Kant, es previo al diálogo, está en la fundamentación racional de la buena voluntad, con independencia de los resultados del diálogo entre los interesados.

En otras palabras, el valor de la propuesta de Habermas depende del valor de la propuesta de Kant, y sólo si la asentamos en el pensamiento kantiano podemos valorar positivamente la ética del diálogo, como una forma de aplicar principios de la razón universal a la realidad. Por eso, como los mismos autores reconocen, la ética discursiva o dialógica sigue siendo kantiana.

El mismo Habermas pone en duda el valor del procedimiento de la ética discursiva, cuando explica las condiciones que requiere, reconociendo que sólo en este período histórico y en occidente es posible que se den estas condiciones entre los interlocutores. Vistas así las cosas, ¿cómo aplicar una universalidad que no puede ser reconocida por otros muchos (las personas de otros tiempos y las comunidades actuales poco modernas, en el sentido de que son poco racionales en sus valores morales) fundamentándola en la comunicación intersubjetiva? Finalmente, creemos que dicho procedimiento se hace víctima de la idea de un consenso político que puede ser útil (alternativa desarrollada explícitamente por Rawls), desde el punto de vista de la mejora progresiva de las diferentes sociedades, pero creemos que está muy lejos de la ética deontológica del deber, más idealista, sí, pero argumentalmente más universal.

Como señala con toda razón Adela Cortina (1986, 1990), los límites del consenso entre los interlocutores vienen dados por las propias características que a éstos hay que presuponerle: interlocutores imparciales, con buena voluntad y que usan argumentos racionales de valor universal: «ningún consenso fáctico es pues suficiente garantía; todos los resultados son revisables en el largo camino hacia la comunidad ideal, en el que se verificará qué normas son verdaderamente legítimas. La comunidad ideal, si queremos pensar racionalmente, es un elemento indispensable para que tenga sentido, para que sea racional el modelo procedimental de fundamentación. Y aquí radica uno de los problemas: «¿hay alguna garantía de que semejante diálogo perfectamente racional vaya a tener lugar alguna vez?» (1986, p. 165).

Vistas así las cosas, pensamos nosotros que la propuesta de Habermas habría que situarla en el quinto estadio de Kolhberg y esperar un futuro mejor en el que la humanidad acabara definiendo y formulando algunos principios de valor universal. La propuesta de Habermas sería, en la práctica «relativista», incapaz de proponer principios de valor universal, puesto que el resultado queda en manos de los interlocutores, que cambian a lo largo de la historia, las culturas o la naturaleza del conflicto, eso sí, pretendiendo que sus normas tengan un valor universal. Esto es lo que se ha conseguido, y valoramos mucho este logro, con las distintas declaraciones de los derechos humanos; pero estos productos tan valiosos, por otra parte, no son una ética verdaderamente deontológica y universal.

Sin embargo, si aceptamos la propuesta de Kant y Kolhberg, asentada en la razón y sus capacidades, reconociendo sus limitaciones, sí tiene sentido, una vez fundamentada la moral en el mundo inteligible, introducir el procedimiento de la ética dialógica para ayudar a las personas y a las comunidades a resolver los conflictos referidos a contenidos morales del mundo real. Los seres humanos somos uno, pero complejos, no siempre coherentes y frecuentemente contradictorios, porque la conducta y las buenas razones no siempre van de la mano: «obras son amores y no buenas razones», dice el refrán español con acierto; aunque, como defendemos nosotros, más vale que no nos falten las buenas razones.

Otra idea fundamental de Habermas pone en duda también la eficacia de su procedimiento: nos referimos a lo que denomina «mundo de vida». Un concepto impreciso pero muy fértil y certero, cercano a la psicología, con el que se refiere a un «saber de fondo», el «trasfondo de lo sabido y familiar», «fundamento del saber explícito», en el que el actor ya no aparece como iniciador, sino como producto de tradiciones de los grupos a los que pertenece, de procesos de socialización familiar y aprendizaje culturales. Son los mundos socioculturales de la vida. Una idea cercana a las actitudes estudiadas en psicología social y al concepto de ideas y creencias de Ortega y Gasset (1940): «El hombre en el fondo es crédulo o, lo que es igual, el estrato más profundo de nuestra vida, el que sostiene y aporta todo lo demás, está formado por creencias (p. 34)... Esas ideas, que son de verdad creencias, constituyen el continente de nuestra vida y, por ello, no tienen el carácter de contenidos particulares dentro de ésta. Cabe decir que no son ideas que tenemos, sino ideas que somos» (p. 19).

Todo ello, de forma más bien inconsciente o, en todo caso, poco dependiente de los razonamientos lúcidos, nos predispone a pensar, razonar, sentir y actuar de determinada manera, condicionando mucho nuestro razonamiento moral y la posibilidad de una comunicación que cumpla las condiciones descritas por Habermas. Así se comprende que él mismo diga que ha sido necesaria una evolución histórica, como la que ha tenido lugar en occidente desde la Ilustración, y, en cada caso individual, se debe producir también lo que llama una racionalización del mundo de vida, adquiriendo la capacidad de razonar superando las influencias irracionales. Tesis que está muy cercana a la de la Escuela de Ginebra, en la que cada persona debe evolucionar a través de una serie de etapas hasta acabar, en el mejor de los casos, en el nivel postconvencional, que supone el abandono del interés propio y el miedo al castigo, como reguladores morales, así como la capacidad crítica frente a las convenciones dominantes en su comunidad, para reconocer no sólo que las normas elaboradas por los seres humanos no son sagradas y eternas, sino que deben ser puestas en cuestión y, si fuera el caso, mejorarlas (estadio 5.º). Pero alcanzar este quinto estadio, en el que se reconoce el valor relativo de las normas y su origen histórico y cambiante, no es suficiente para llegar a formular principios de valor universal. Eso sólo se conseguirá en el sexto estadio, al que no llega la mayor parte de la población. ¿Cómo proponer entonces un procedimiento dialógico como la solución al idealismo kantiano? ¿No será necesario para ello una humanidad nueva? Kant hizo una huida hacia su interior (la capacidad de razonamiento), desconfiando de todas las creaciones humanas culturales, familiares o sociales, y reconociendo que los intereses, motivaciones y conflictos reales no pueden resolverse con el diálogo entre los interesados. La única posibilidad de universalización está en la razón. Los seres humanos se conducen en su conducta influidos por sus características personales, sus intereses, sus prejuicios, etc., y con frecuencia son incoherentes en relación con sus propias ideas de justicia, por lo que su buena voluntad racional puede ser traicionada.

Estas críticas no anulan el gran valor de la fundamentación kantiana y la utilidad de la ética del discurso, sino que nos hacen reconocer sus límites, justo porque el ser humano, además de tener la capacidad racional de argumentar y de debatir y compartir sus argumentos con sus interlocutores, es decir, además de ser racional y pertenecer a una comunidad de hablantes, es otras muchas cosas que también influyen en su conducta.

En todo caso, estas limitaciones de las teorías deontológicas no deben llevarnos a prescindir de ellas, puesto que sería dejar de lado lo que más nos puede ayudar a vivir como humanos y entendernos en las relaciones interpersonales y comunitarias. Consideramos, en definitiva, que la moral deontológica puede ser nuestra brújula, nuestro GPS, individual y social para seguir aspirando a una sociedad más justa y solidaria, en la que nos sintamos una comunidad global de personas con la misma dignidad y el mismo derecho a gestionar con libertad y responsabilidad ética nuestra vida sexual y amorosa, como tantos otros asuntos pendientes de ser mejorados. La brújula no garantiza que hagamos bien el camino, pero orienta nuestras aspiraciones más racionales, las personales y las colectivas. Se trata de dialogar mirando a la estrella polar, aunque no estemos de acuerdo en cuál es el mejor camino, sabiendo que se hace camino al andar, con errores y aciertos, zigzagueando, pero en la buena orientación: la buena voluntad asentada en la razón.

2.1.1.4. *Primer intento de formular principios de ética de las relaciones sexuales y amorosas*

Lo que nos proponemos en este apartado, de forma provisional, es hacer un primer intento de aplicación de estas teorías a la ética sexual y amorosa. Como en estas teorías se trata de propuestas procedimentales más que de contenidos éticos concretos, nos preguntamos si es posible darle valor universal a algunos principios, bien por vía de razonamientos personales (siguiendo a Kant), bien por vía de comunicación entre los interesados (siguiendo a Habermas).

El objetivo final es formular principios que sirvan para una discusión abierta entre profesionales e interesados (la comunidad educativa e incluso las parejas sexuales y amorosas) para que, si se llegan a establecer consensos, se conviertan en una brújula que nos permita hacer aplicaciones concretas a la educación sexual en la escuela y ayudar a las parejas a prevenir y resolver sus conflictos. Naturalmente, cuanto más nos alejemos de los principios generales, más inseguridad y diversidad tendrán los argumentos de los interesados. Conscientes de la dificultad, animamos a una discusión abierta, promoviendo un diálogo que, en sí mismo, favorece la promoción de la conciencia ética.

Si conseguimos, aunque sea de forma provisional y parcial nuestro propósito, podemos enriquecer la educación sexual de los adolescentes, jóvenes y adultos con preocupaciones e intenciones éticas que están al servicio de la libertad y la dignidad humana, pero también del bienestar subjetivo y objetivo. Porque, finalmente, el bienestar personal y de la pareja, en este campo, no está sólo en alcanzar una respuesta sexual placentera y satisfactoria, sino también en establecer relaciones sexuales amorosas que dignifiquen a los participantes, eviten conflictos, heridas emocionales y frustraciones, a la vez que favorecen la satisfacción de nuestras necesidades de contacto y vinculación.

Nos limitamos en este apartado a citar los principios que proponemos, justificándolos de forma más global, con razonamientos y análisis de dilemas o situaciones, en el capítulo 7.° de este libro.

1. **ÉTICA DEL CONSENTIMIENTO. En las relaciones sexuales y amorosas debemos tratarnos reconociendo siempre la dignidad y libertad propia y de la pareja, nunca instrumentalizando al otro/a buscando únicamente el propio provecho, de forma que tanto nosotros como la otra persona nos sintamos libres de aceptar o no esas relaciones.**

Este principio se refiere claramente a juicios y acciones de claro significado y contenido moral: la obligación de respetar la libertad del otro para aceptar o no la actividad sexual que le proponemos. Un conflicto posible, entre derechos fundamentales de la persona, en un campo en el que tenemos capacidad de decisión, porque nuestra sexualidad no es puramente instintiva, sino que está en el reino de la libertad, como explicamos en el primer capítulo. Por ello, no podemos imponer a los demás nuestros deseos, preferencias o decisiones sobre la actividad sexual. Libertad y respeto que, sin duda alguna, queremos que los demás nos concedan a nosotros mismos. Se trata de un principio universalizable: ninguna costumbre cultural, lazo matrimonial o situación legitima la vulneración de la libertad de la persona en relación a su vida sexual y amorosa.

2. **ÉTICA DEL PLACER Y BIENESTAR COMPARTIDOS. Cuando dos personas tienen relaciones sexuales-amorosas no sólo es bueno que uno/a busque su propio placer, sino que también debe ocuparse e intentar que el otro/a disfrute y quede satisfecho/a en la relación.**

Si hemos de tomar al otro como un fin y no como un medio, si hemos de reconocer la dignidad y el valor del otro, si hemos de respetar al otro tomando en serio su bienestar, si en definitiva debemos tratar al otro como desearíamos que en esta situación nos trataran a nosotros mismos, creemos que este principio es universalizable.

Limitarse a instrumentalizar el otro como un objeto, manipularle para alcanzar nuestro propio placer, permanecer indiferente ante su malestar y dolor, etc., es una vulneración de este principio.

Desde el lado positivo, siendo evidente que cada persona, por la naturaleza de esta relación busca placer, satisfacción y bienestar en la actividad sexual y en las relaciones amorosas, lo lógico es que, poniéndose en el lugar del otro, en la reciprocidad sobre la que se asienta toda moral, nos sintamos obligados a tratar bien al otro, ayudarle a gozar y sentir bien, como de hecho queremos que hagan con nosotros. La ética no sólo nos indica lo que hemos de evitar, como el código penal, sino lo que es mejor hacer, si tomamos al otro como un fin, no como un medio.

3. **ÉTICA DE LA IGUALDAD. En las relaciones sexuales-amorosas las dos personas tienen los mismos derechos y obligaciones. Por ello, las normas, la ética o la moral sexual deben ser igualitarias, tratándose con justicia y equidad.**

Este principio está hoy muy presente en nuestra sociedad gracias a la lucha del feminismo contra la discriminación sexual. Incluso hay publicaciones sobre la ética de género. Pero, en realidad, puede aplicarse también a las relaciones homosexuales, a las relaciones que involucren a dos personas, reconociendo, claro está, que uno de los campos en que se han cometido más atropellos es en el de las relaciones entre hombres y mujeres, discriminando a éstas en muchos sentidos, también en la sexualidad.

Se propone un principio universal de igualdad en derechos y deberes entre los miembros de la pareja, contra la doble moral que disminuye los derechos de un miembro y aumenta los del otro. En efecto, es evidente que durante siglos, en nuestra cultura y en otras (especialmente en la islámica, por ejemplo) no se condenaban y castigaba igual las relaciones extramatrimoniales de los hombres y las mujeres.

La propuesta de Habermas sobre las condiciones que debe cumplir la ética del diálogo son especialmente útiles para este principio, porque aseguran un procedimiento (de eso se trata) de igualdad.

4. **ÉTICA DE LA HONESTIDAD. En las relaciones sexuales y amorosas hay que ser leales, tener la honestidad de decir al otro/a lo que realmente queremos de él/ella, los sentimientos reales que tenemos hacia él/ella y los compromisos reales que asumimos o no.**

Entre los problemas frecuentes que tenemos en nuestra cultura está la falta de comunicación sincera y el engaño explícito en las relaciones de pareja. Por ejemplo, se dice «te amo», «estoy enamorado», «te quiero», etc., cuando sólo se desea tener actividad sexual con otras personas: se hacen promesas que no se van a cumplir, se formulan compromisos que no se cumplen, etc. Las personas coinciden en la misma estación de tren (el tren del deseo y la atracción), un tren maravilloso, no estamos criticando esto, se dicen que van en la misma dirección, que van al mismo lugar donde se quedarán juntos, etc., y después de la relación sexual descubren que, en realidad, van en direcciones diferentes. De esta forma se hace obligatorio decir ciertas cosas, hacer ciertas promesas, vivir el encuentro de forma muy romántica, etc., cuando se trata de una relación asentada sobre el deseo y la atracción, sin otros propósitos. Y lo malo es que puede ocurrir que una de las partes sea sincera y la otra no. Estas situaciones son muy frecuentes.

La deshonestidad para conseguir cosas de otras personas o para simular una vida de pareja que no tiene el sentido que se dice, etc,. es un grave problema ético porque genera frustraciones, dolor y sufrimiento. Tenemos la obligación y el derecho en las relaciones de pareja, pero también en las ocasionales, a decir y que nos digan lo que queremos, sentimos y estamos dispuestos a hacer. La deshonestidad verbal, afectiva o de las conductas es un gran problema ético, porque produce dolor y frustraciones que no querríamos para nosotros. Es una forma de instrumentalización del otro, que toma decisiones basándose en engaños, limitando entonces su verdadera libertad de decisión.

5. **ÉTICA DE LA SALUD. En las relaciones sexuales y amorosas hay que cuidar la salud propia y la salud del otro, no asumiendo prácticas de riesgo que puedan provocar infecciones, otros problemas de salud o dar lugar a hijos no deseados.**

La salud es un bien universal, relacionado con el derecho a la vida y la tendencia universal a preservarla y a mantener o alcanzar el bienestar. Es algo que deseamos para nosotros y estamos obligados a procurar para los demás, si nuestra conducta les pone en riesgo.

Seguramente podemos formular el deber ético de procurar defender nuestra vida y salud; pero, en todo caso, es obligado que no podemos tener conductas que pongan en riesgo la salud de la otra persona, especialmente si, además, hay deslealtad, no siendo sinceros con ella.

Si puede ser difícil concretar al detalle los deberes que con la vida y la salud tenemos con nosotros mismos, porque es un valor que admite formas diversas de vivirlo (¿qué podemos decir de los deportes de alto riesgo?, por ejemplo), parece evidente que no podemos añadir riesgos que amenacen a otro, si la otra persona no los conoce y no los ha aceptado expresamente.

Y una aplicación más: en el caso del embarazo no deseado es evidente que, desde el punto de vista ético, hay una vulneración de la ética, porque se engendra una vida que no se desea. Aunque una persona o pareja puede reparar este error cuidando su embarazo y aceptando al hijo o hija, planificar la vida que damos debe considerarse un deber ético, porque es un tercero el implicado y es un valor universal cuidar las crías adecuadamente.

En el capítulo 7.º añadiremos otros principios más centrados en la «buena vida» sexual y amorosa a la vez que ampliaremos la discusión y aplicaciones de los principios que acabamos de formular. Aceptarlos individualmente (en el sentido kantiano) e implicarse en una comunicación que cumpla las condiciones propuestas por Habermas mejoraría sustancialmente la ética de la vida sexual y amorosa, hoy tan olvidada.

2.1.2. Ética utilitarista. El rol del placer y la felicidad

Cuando una persona se propone que una ley o norma se cumpla en la práctica, como es el caso de los utilitaristas, es lógico que se distancie y hasta contradiga la moral deontológica. Si el punto de vista moral radical, según Kant y Piaget, es el juicio moral y la intención de obrar, con independencia de las consecuencias concretas de las acciones, se puede comprender que las teorías formalistas sean consideradas insuficientes para transformar la sociedad. Así lo entienden, con razón, los autores utilitaristas, como Bentham (1748-1832), que pretenden «mejorar la ley y hacer reformas sociales» (Bilbeny, 2012, p. 379). No basta la buena intención, ni las buenas razones para cambiar la realidad social; esperar eso sería como considerar que es realista presuponer que todas las personas son posconvencionales en sus juicios morales y coherentes en su conducta. Como nos recuerdan tantos refranes españoles: obras son amores y no buenas razones, una cosa es predicar y otra dar trigo, haz lo que dicen y no lo que hacen, etc.

Por ello, los utilitaristas critican de ineficaces los planteamientos formales, y en lugar de poner el énfasis en el juicio y la intención interior del individuo lo ponen en los resultados, en las consecuencias de las acciones. Este planteamiento le parece más realista y eficaz. Por ejemplo, ¿cómo organizar las sanciones y juzgar los delitos si nos centramos en la intención?, ¿cómo podemos conocer la verdadera intención de las personas?, ¿podría un policía de tráfico actuar con este criterio: qué le diría a un conductor que le dijera que se había saltado la línea continua «sin querer»? No es posible. De hecho, como es sabido, es frecuente que quienes vulneran la ley tienden a descargar su responsabilidad, bien legitimando su conducta, bien declarando que no era su intención hacer daño. La negación de responsabilidad es precisamente muy común en el campo de la moral sexual y amorosa, como demuestran, por ejemplo, los agresores sexuales.

Hegel llegó a criticar este aspecto de la moral kantiana hablando del terrorismo de la intención, porque con buena intención se pueden hacer barbaridades. En realidad, nos parece una crítica bien injusta, porque el buen juicio, la buena voluntad y la buena intención nunca justifican esas conductas negativas, si se llegaran a dar. Una cosa es criticar de falta de realismo o eficacia de los planteamientos kantianos para organizar una sociedad, y otra, inaceptable, es acusar a la moral de la intención de posibles atropellos. La incoherencia es un hecho humano, pero la responsable no es la buena intención, sino el juicio moral erróneo, en unos casos (por eso la obligación de universalidad, justo para evitar ese peligro) o la influencia de otros factores del sujeto o del contexto que lleven a ser incoherente. Defenderse de la supuesta buena intención de los lunáticos o de los manipuladores es necesario, pero el problema no puede ser nunca la «buena intención», si se es justo con lo que dice Kant.

Por ejemplo, imaginemos a un maltratador que dice que pega a una mujer porque es muy impulsivo y no controla su conducta; luego se arrepiente y pide perdón, porque sabe que ha obrado mal. En este caso, el problema no está en su juicio moral y su buena voluntad (si éste fuera el caso, claro está), sino en aquellos factores (falta de autocontrol, en este ejemplo) que le han llevado a una conducta incoherente con su moral. En un caso así, es evidente que no basta su moral y su buena intención; por eso hemos de fundamentar la conducta moral también en otros recursos, pero la causa no está en su moral y en su intención. Este agresor deberá ser controlado y condenado, pero puede decirse que sería aún peor si, como también ocurre, estuviera convencido de que la mujer es «suya» y que, por tanto, puede pegarla.

Por tanto, es evidente que para organizar numerosos aspectos de la vida, y sobre todo para establecer sanciones y condenar la conducta, en el caso de los delitos, hay que tener en cuenta las consecuencias de la acción y no la intención. En realidad la organización social va aún más lejos, porque no sólo no tiene en cuenta la intención, sino tampoco la ignorancia de la ley o norma. Los individuos no pueden aducir buena intención, ni ignorancia para evitar una sanción económica o una pena. Por eso siempre se dice en estos casos «la ignorancia no exime de la obligación». Es decir, el mundo penal trabaja con las conductas y sus consecuencias.

Consideramos útil e inevitable que las leyes y sanciones se centren en los resultados de la conducta, pero no nos parece justa la crítica a la moral del juicio recto y la intención recta. De hecho, si no existiera esta última y todos los ciudadanos tuvieran como único motivo las sanciones, es muy probable que serían muchos más los que violaran las normas (todos los que en sus cálculos pensaran que no iban a ser sorprendidos por la autoridad). Gracias a que la mayoría tiene buen juicio y buena intención, traduciéndose en conductas de buen ciudadano, hacemos posible sociedades razonablemente seguras. Llevar al límite la crítica a la moral de la intención nos llevaría a considerar a todos los ciudadanos como personas que no han superado el nivel preconvencional. Y ya sabemos los resultados cuando esto sucede en una sociedad. La corrupción generalizada, los delitos contra la propiedad y las personas, la corrupción en los dirigentes y en los cuerpos de seguridad hacen de estas sociedades un lugar hostil lleno de peligros. Por ello, más bien habría que decir que ambos enfoques son necesarios: el educativo, de forma que consigamos el mayor número de personas con capacidad de juzgar bien, tener buena voluntad y ser buenos ciudadanos, por un lado, y el sancionador, para quienes son preconvecionales y sólo actúan por miedo al castigo o para aquellos que, a pesar de su buen juicio moral y su buena voluntad, son finalmente incoherentes.

Pero hay que decir que si la crítica de los utilitaristas al formalismo kantiano es inmisericorde e injusta, no carecen de sentido, cuando formulan con seriedad sus planteamientos, porque, a nuestro entender, no están en contradicción con los kantianos, sino que ponen de relieve hasta dónde es necesario llegar si queremos cambiar las sociedades y exigir responsabilidad a los ciudadanos. En efecto, al establecer el juicio moral las normas éticamente bien fundadas, es esencial que las personas, y los interlocutores afectados, como señala la ética del discurso, tengan en cuenta los efectos de la conducta cuando formulan los juicios y toman decisiones. Es decir, que para la ética del discurso, sin dejar de ser procedimental, es necesario que las consecuencias formen parte de los razonamientos morales y, por tanto, de las decisiones de la buena voluntad, de la intención moral, en definitiva. Por otra parte, reconociendo la incoherencia de no pocos ciudadanos y la preconvencionalidad tan extendida en numerosos campos, es necesario tener leyes y poner sanciones y penas centradas en las consecuencias. Por eso, por ejemplo, somos partidarios de principios éticos universales aplicados a la ética de la vida sexual y amorosa, pero también de que en el código penal figuren las diferentes formas de maltrato sexual, como los abusos a menores, las mutilaciones sexuales, los matrimonios de niñas concertados, la homofobia, bifobia y transfobia, la prostitución infantil, la pornografía infantil, el acoso sexual, la violación sexual, etc. (López, 2014).

Consecuencias que, por otra parte, están implícitamente presentes en el planteamiento kantiano, aunque no se concreten, porque se centran en el procedimiento. Es evidente que si, por ejemplo, se afirma que no se puede instrumentalizar al otro, tratarle como un medio, etc., se está diciendo que esto conlleva consecuencias negativas inaceptables moralmente. Y si se exige que el principio sea universalizable, es precisamente porque deben tenerse en cuenta los efectos sobre todo los demás.

Por otra parte, el sistema sancionador y penal no olvida del todo la importancia del interior del sujeto, porque exculpa al «loco» justo porque no tiene capacidad de juzgar bien, decidir bien o controlar su conducta. No es responsable de su mala conducta, se dice.

Y sin llegar al extremo del «loco», hay que decir también, como veremos, que los utilitaristas reconocen también la necesidad de que las personas tengan un juicio moral adecuado y una buena intención, para ser justos cuando las leyes sancionadoras y penales no llegan a defender a quien necesita defensa, como veremos en algunos textos.

Por tanto, bien entendidas las cosas, no son corrientes tan alejadas e incompatibles como parece a primera vista.

En todo caso, no pudiendo tomar como referencia el Juicio Final (momento en que se haría un juicio verdaderamente justo) y a Dios (que todo lo ve y todo lo sabe), más vale que seamos realistas y, además de educar y predicar el buen juicio y la buena intención, tengamos en cuenta las conductas y sancionemos y condenemos penalmente a aquellas personas que no cumplen normas cívicas y cometen graves delitos.

2.1.2.1. *La propuesta de Bentham*

Los utilitaristas, y en concreto este autor, están convencidos de que la aspiración más genuina de los seres humanos es el vivir de forma placentera y ser felices. Y siendo esto así, les parece obvio que debamos convertir esta aspiración en el criterio de valor más importante, de forma que todo lo que sea útil para colmar esta aspiración es bueno. Lo útil, siguiendo su razonamiento, se ha de evaluar por los efectos reales a favor del placer y la felicidad. Este es el criterio de referencia, frente al «deber kantiano».

Para este autor, figura clave de la Sociedad Utilitarista a principios del siglo XIX, lo más operativo para considerar algo como bueno, en efecto, es tener en cuenta su utilidad. Por ello, el utilitarismo debe ser el criterio básico de la ética, el derecho y la política.

Ya habían defendido algunos griegos, como Sócrates y Epicuro, y muchos autores ilustrados, la bondad de lo útil; pero debemos a Bentham el convertir esta óptica en el eje o criterio básico con que deben ser juzgadas las acciones y sus consecuencias. ¿Y cómo valoramos lo que es útil?, ¿cómo aplicamos el principio de la utilidad al servicio de la felicidad de todos los ciudadanos? Esta es su respuesta:

> «La naturaleza ha situado a la humanidad bajo el gobierno de dos dueños soberanos: el dolor y el placer. Sólo ellos nos indican lo que debemos hacer y determinan lo que haremos. Por un lado, la medida de lo correcto y lo incorrecto y, por otro, la cadena de causas y efectos están atadas a su trono. Nos gobiernan en todo lo que hacemos, en todo lo que decimos y en todo lo que pensamos» (cit. por Bilbeny, 2012, p. 383).

El concepto de placer debe entenderse, para este autor, de una forma amplia, que incluye toda una dimensión que va de lo que hoy entendemos por placer al concepto de felicidad. Bueno es todo lo que promociona la felicidad de quien lo hace y de aquellos sobre los que su conducta puede tener consecuencias positivas sobre su placer y su felicidad.

La motivación de la conducta es el placer-felicidad, por lo que la evaluación moral depende de si la conducta es útil para fomentar la felicidad: «el cálculo de las consecuencias del placer será decisivo para proponerse y alcanzar el común objetivo, el principio de la mayor felicidad para el mayor número... (por eso) la utilidad no es sólo individual sino colectiva» (cit. por Bilbeny, 2012, p. 381).

«Por utilidad se entiende la propiedad de cualquier objeto por la que tiende a producir beneficio, ventaja, placer, bien o felicidad (todo lo cual, en este caso, es lo mismo) o (lo que también es lo mismo) a prevenir el perjuicio, el dolor, el mal o la infelicidad de aquel cuyo interés considera: si es la comunidad en general, la felicidad de la comunidad; si es del individuo particular, la felicidad del individuo» (cit. por Bilbeny, 2012, p. 384).

Conceptos éstos del placer y la felicidad muy populares, aunque imprecisos y subjetivos, por lo que el acuerdo o desacuerdo con ellos es difícil de concretar. Los griegos, como veremos, son más precisos que este autor.

2.1.2.2. *Stuart Mill (1806-1873)*

Este utilitarista propone una teoría un poco más compleja, firmemente asentada en el pensamiento liberal, centrado en el reconocimiento del individuo como un ser libre y gestor de su vida.

«La libertad es la independencia del individuo respecto a la coacción exterior, y la soberanía de él sobre sí mismo»... «el único límite aceptable sobre la voluntad del individuo es el límite que protege la voluntad de cada uno» (cit. por Bilbeny, 2012, p. 423).

Por tanto, la libertad supone el ser dueño de uno mismo, no estar determinado externa o internamente, lo que algunos psicólogos llaman, como veremos, «lugar de control interno» (referido a aquello que nosotros podemos gestionar) frente a «lugar de control externo» (todo lo que no depende de nosotros). Distinción que ayuda a entender los condicionamientos o determinantes de la libertad en numerosos campos; pero también lo que podemos gestionar de nuestra propia vida.

Y ¿cuál es el criterio ético de referencia? Su repuesta es también, como en el caso del autor anterior, la utilidad para favorecer el placer y la felicidad, así como para evitar el dolor y el sufrimiento. Esta es la regla para el individuo, pero, dado que no estamos solos, sino que formamos una sociedad, se debe buscar la mayor felicidad para el mayor número de personas. La moral, para este autor, no sólo es un juicio intelectual, sino que también se apoya en el hecho de que tenemos sentimientos de simpatía y colaboración. Ambos recursos, el análisis inteligente de nuestras aspiraciones y posibilidades, por un lado, y los buenos sentimientos y la tendencia a la colaboración, por otra, nos mueven a actuar moralmente bien como espectadores imparciales, desinteresados y benevolentes.

Un concepto positivo del individuo, de sus capacidades racionales y emocionales, subyace a todos sus planteamientos, que pueden parecer, a primera vista, liberalmente duros. Pero estamos ante un liberalismo original que rechaza el antiguo régimen y la opresión de ideas y prejuicios religiosos que reprimen al ser humano y le doblegan injustamente.

Para este autor, por consiguiente, la moral es el resultado de un análisis de las consecuencias de los actos desde el criterio que es, para todos, objetivo y guía: el placer y la felicidad, de forma que nuestro deber es ser inteligentes en beneficio propio y en el de los demás; esto es lo único verdaderamente útil. Según este mismo autor, para llegar a esta manera de pensar hay que alcanzar la mayoría de edad, por lo que los menores deben ser protegidos y orientados. Y, desde el punto de vista de la humanidad, ha sido preciso que hayan pasado muchos siglos para que los seres humanos, abandonadas las autoridades del antiguo régimen y el peso de la religión, hayan conseguido la capacidad de guiarse hacia el progreso de los individuos y de la sociedad. El pensamiento ilustrado inspira a este autor, igual que a Kant, pero en este caso son las corrientes más materialistas las que impregnan sus presupuestos. En el siguiente texto se recogen sus ideas fundamentales:

«Consideramos que la utilidad es la apelación suprema en todas las cuestiones éticas, pero ha de ser la utilidad en su sentido más amplio,

> fundada en los intereses permanentes del hombre como un ser progresivo.
>
> Sostengo que dichos intereses autorizan el sometimiento de la autoridad individual a un control externo solamente en lo que atañe a los actos de cada persona que conciernen a los intereses de los demás... Una persona puede dañar a otra no sólo por acción, sino también por omisión, y en ambos casos es justo que responda ante otras por el daño... Hacerle a cualquiera responsable por el mal que ha causado a otros es la regla; hacerle responsable por no haber impedido el mal es, comparativamente hablando, la excepción» (cit. por Bilbeny, 2012, p. 425).

Stuart Mill no olvida tampoco la importancia de la moral interior, al recalcar una y otra vez la necesidad de una moral exigente que legitima las leyes y la acción de la justicia, que, además, debe ir aún más allá, cuando alguien sufre daño y carece de la protección externa de la ley o de los jueces. Es estos casos, «la conciencia del propio agente debe ocupar la vacante del juez y amparar aquellos intereses de terceros que carezcan de protección externa» (Ídem, p. 427). Idea esta que pone de relieve que las sanciones y las penas son necesarias, pero también insuficientes, reclamando la fuerza interior de la moral del individuo que, eso sí, debe centrarse en conseguir efectos positivos reales, cuantificables en resultados para los demás.

Volviendo sobre su radical liberalismo, no deja de señalar que hay un campo individual en el que los otros o la sociedad no están directamente afectados: «comprende toda aquella parte de la vida y los actos de una persona que únicamente afectan a ella o que, si también afectan a terceros, lo hacen sólo con un asentimiento y participación libres, voluntarios y conscientes... (Esta libertad humana engloba)... el ámbito interno de la conciencia y demanda libertad de conciencia en el sentido amplio: libertad de pensar y sentir, libertad absoluta de opinión y sentimiento sobre todas las materias, prácticas o especulativas, científicas, morales o teológicas... libertad de publicar o expresar ideas... libertad de gustos o actividades, libertad para configurar nuestro plan de vida... libertad para hacer lo que nos plazca, sometidos a las consecuencias que pudieran derivarse... libertad de asociación... (Y todo ello porque) La única libertad que merece tal nombre es la de perseguir nuestro propio bien a nuestra propia manera, mientras que no intentemos privar a los demás del suyo u obstruir sus esfuerzos para lograrlo. Cada uno es el mejor guardián de su salud, sea física, mental y espiritual. La humanidad se beneficia más si consiente que cada cual viva como mejor le parece, que si le obliga a vivir a gusto de los demás» (Ídem, 428-429). La fe en el individuo es, como se ve, mucho más grande que la que tiene en las leyes y en la organización social. Este planteamiento, por cierto, es especialmente útil para proteger los diferentes tipos de pareja y familia, la diversidad de orientación del deseo y la identidad sexual, entre otras muchas diversidades.

Valoración del utilitarismo

En contra del poco prestigio que tiene la denominación de esta corriente, al etiquetarla de utilitarista, pensamos que pone el acento en algo que, no por obvio, es menos fundamental. No podemos olvidarnos de las consecuencias de los actos cuando intentamos fundamentar los contenidos de la educación sexual o cuando trabajamos en prevención y en terapia. Es verdad que el núcleo de la moral puede ubicarse con razón en el juicio moral y la voluntad buena, pero de poco nos serviría si no conseguimos que las conductas y sus consecuencias formen parte del análisis que hagamos para considerar una acción moralmente adecuada y que nuestra voluntad tiene la obligación, no sólo de hacer las cosas con buena intención, sino de intentar conseguir buenos resultados. Intentar conseguirlo verdaderamente es también parte de la obligación moral.

Por ejemplo, si un hombre maltrata a una mujer cuando bebe alcohol o toma una determinada droga, no es moral sólo si juzga que no debería hacerlo y que su voluntad está en evitarlo, sino cuando juzga también que para conseguir evitarlo tiene el deber de no beber ni tomar droga. Sin este deber, su moral sería meramente formal y lo único que produciría, en el mejor de los casos, es el arrepentimiento posterior, tan habitual como engañoso en muchos casos.

Por ello, nosotros creemos que es muy importante en el juicio ético el procedimiento formal, pero éste debe incluir en su formulación y obligación el ser efectivo, el conseguir una conducta verdaderamente ética. Desde luego, lo que nosotros pretendemos con este libro no es únicamente ayudar a que las personas juzguen bien y tengan buena intención, sino que sus conductas tomen como referencia valores universales que finalmente impregnen su vida real.

Por otra parte, estos planteamientos, al introducir el objetivo de la felicidad para todos y la necesidad de tener en cuenta los efectos de las propias acciones sobre los demás, reconoce el núcleo de la ética: la necesidad de reciprocidad y universalidad.

Además, una ventaja adicional es que la esencia de su planteamiento es, como él mismo reconoce, muy fácil de entender y aceptar, muy popular podríamos decir, especialmente cuando hablamos de sexo y relaciones amorosas, en las cuales el placer y la felicidad son objetivos naturales. Aunque creemos también que hoy día tenemos el riesgo de que la sociedad de mercado instrumentalice este deseo de placer y felicidad.

En nuestro caso, justo es decir que al centrar la moral en la preocupación de que cada acción de una persona debe tener en cuenta los efectos sobre los otros, estos planteamientos pueden ser muy útiles para las relaciones sexuales y amorosas. Es decir, en una relación concreta es muy práctico, sencillo y verdaderamente ético tener en cuenta que no sólo no se debe hacer daño al otro, sino procurar su placer y felicidad. Lo ético, en términos de conducta, no es únicamente compartir los principios de valor universal, sino los actos que mejoran la vida real, en términos de placer, salud y felicidad del otro. El principio que formulamos a partir de Kant de la ética del placer compartido está en esta misma dirección.

Volvemos a decir que estos razonamientos no anulan los principios universales, marco o brújula, de los que hemos hablado, sino que los aplican a situaciones particulares y, ¡ojalá!, en el caso de las parejas, lo hagan ambos, con razones más o menos sofisticadas, pero finalmente con actos que procuren el placer y la felicidad de los dos.

Para el tema de este libro es maravilloso que estos autores tomen como referencia el placer y la felicidad, porque justo en las relaciones sexuales y amorosas son, por así decirlo, objetivos naturales de la biología y la psicología. La actividad sexual tiene una fisiología del placer específica y altamente motivadora; y los amantes, de una u otra forma, sueñan y aspiran a lo que popularmente llamamos felicidad. Con ello se demuestra que este utilitarismo, bien visto, está lejos de esta sociedad actual de mercado, en la que el dinero y la riqueza son los valores supremos. Frente al producir y consumir como mandatos de la sociedad de mercado, nos quedamos con algo más cercano a la naturaleza humana biológica, mental y emocional: disfrutemos de la vida y hagamos lo posible para alcanzar la felicidad propia y para el mayor número de personas. Eso sí, no seamos víctimas del mercado, confundiendo la bondad del placer con el placer y consumo compulsivo que nos propone la publicidad.

En efecto, lo más favorable de este planteamiento es que hace un discurso positivo sobre el placer y la felicidad, como hiciera Epicuro de forma bien explícita y también algunos materialistas ilustrados, y muy especialmente Freud. Esto les aleja de la moral sexual y amorosa de la mayor parte de las religiones y contribuyó a liberar a la gente de la represión y la condena del placer. También están cerca del pensamiento griego sobre el placer con «medida», «nada en demasía», al reconocer, como hace Stuart Mill, que tiene sentido también someter la autoridad individual a un control interno y externo, si están en juego intereses de los demás.

Otro logro importante de esta propuesta es su discurso sobre el derecho individual a la diversidad en todo aquello que no afecte a los demás o lo haga de forma poco directa, como puede ser el escandalizar por vivir una determinada diversidad. La aplicación al campo de la sexualidad y la vida amorosa es fácil y hoy es ya un logro en nuestras sociedades. La vida sexual y amorosa admite muchas biografías distintas personales y de pareja, si fuera el caso. Por ello defendemos nosotros, frente a otros modelos uniformadores (el de la abstinencia y el matrimonio heterosexual, y el prescriptivo, que se asienta en nuevos mitos que hacen de la actividad sexual una obligación), el modelo biográfico, en el que se trata de ofrecer conocimientos y favorecer la libertad para que la persona organice su vida sexual y amorosa como ella misma decida (López, 2005; López, 2009). La naturaleza, el bienestar y la felicidad humana admiten muchas biografías sexuales y amorosas distintas.

Pero también reconocemos numerosas **debilidades en esta teoría.** En primer lugar, los términos y conceptos que emplea no están bien definidos, y tampoco creemos que sean equivalentes (por ejemplo, el placer y la felicidad no son continuos reales). Son conceptos muy sencillos e intuitivos, esa es su ventaja, pero también muy imprecisos y subjetivos, por lo que al final se tratará siempre de aplicaciones poco seguras.

La forma de evaluación (o juicio ético o moral) que proponen nos parece poco precisa y simplista. En el fondo, olvida que una cosa son los hechos y otra las interpretaciones mentales, que pueden llevar a juzgar y vivir emocionalmente los mismos hechos de forma bien distinta. En definitiva, el juicio de evaluación, que es el núcleo de la moral, no puede basarse en la vivencia del placer y el concepto personal de felicidad.

El haber unido las palabras de ética y placer es un gran logro. De hecho, el principio citado por nosotros como «ética del placer compartido» está bastante cercano a estas ideas, pero, en nuestro caso, aceptando la bondad del placer, el núcleo de la moralidad está en no preocuparse sólo del propio placer, sino sentirse éticamente obligados a promocionar el placer o bienestar ajeno y evitar el dolor del otro. Se trata de un procedimiento que se convierte en un principio que puede ser válido para todos y que exige comunicación en la pareja, ya que es preciso tener muy en cuenta los efectos o consecuencias tal y como son vividos por cada uno y por ambos. Incluso pudiera ocurrir que el juicio de uno, el otro o ambos pueda estar distorsionado, como ocurre en algunos casos de parafilias, cuando se trata de desviaciones que son autodestructivas o hacen daño a los demás, aunque éstos consientan, como puede conseguir el abusador con ciertos menores. Por todo ello, las cosas no son tan simples como estos autores proponen.

Otro planteamiento que nos parece contradictorio es postular, por un lado, el placer-felicidad como referencia indiscutible del principio de utilidad, mientras por otro se defiende que el individuo es su mejor guía y guardián de la salud, etc., poniendo como único límite la consideración de los efectos sobre los demás. ¿Y si el individuo decide tener conductas autodestructivas o masoquistas, con daños físicos incluidos, por poner un solo ejemplo? La confianza liberal en el individuo es tal que creemos que finalmente estos autores caen en un subjetivismo contradictorio con su propia teoría de referencia para valorar la utilidad. En definitiva, acaban dejando a la ética sin verdadero fundamento, condenada a la subjetividad, bastante mayor, por cierto, que la de la razón, basada en la argumentación.

Pero sea como sea, hay que reconocer que, en la práctica, la mayoría de las parejas sí aplican los planteamientos de la moral utilitarista, con sentido común y buen criterio para fomentar el placer y la felicidad propia y del otro, sin necesidad de grandes argumentaciones. Reconocer, por tanto, la utilidad de estos planteamientos no implica que los aceptemos como un buen fundamento de la ética y, desde luego, poco tienen que ver con la universalidad, salvo que pongamos como eje el procedimiento, como intentamos nosotros, al postular que es ético sentirse concernidos por el bienestar del otro, su placer y su felicidad, la evitación de su dolor, de forma que lo central es tomarse en serio al otro, sentirse concernidos, sabiendo que el placer y la felicidad son vividos y entendidos de forma subjetiva. Por poner un ejemplo, tal vez muy perentorio, procurar la buena alimentación de los demás y compartir los recursos puede considerarse una buena razón moral, pero no determinar la gastronomía con que esta necesidad debe ser satisfecha. Pues bien, las variantes de placer, satisfacción sexual y amorosa, e incluso las diferentes concepciones de felicidad, son tal vez tan diversas como las gastronomías.

Algunas aplicaciones provisionales de la ética utilitarista a la ética sexual y amorosa

Ya hemos señalado algunos aspectos muy positivos de los planteamientos utilitaristas, muy cercanos a buena parte de la sexología: *a*) la bondad del placer y la felicidad que no sólo son aceptadas, sino el criterio de referencia básico; *b*) el derecho a la diversidad en la forma de organizar la vida sexual y amorosa; *c*) el énfasis en las consecuencias, no limitándose a las buenas intenciones; *d*) la importancia de la empatía; *e*) la tendencia a la cooperación y la benevolencia; *f*) favorecer la comunicación en la pareja; *g*) la necesidad de leyes a favor de todos, y *h*) la protección de aquellas personas a las que la justicia no llega, por unos u otros motivos.

Lo que hacemos ahora es plantearnos su utilidad para fundamentar los principios ya formulados y algunos otros posibles.

1. *La ética del consentimiento*

Es evidente que, siendo la libertad el núcleo del concepto del liberalismo, la aplicación de esta teoría para fundamentar este principio es directa y contundente. Los individuos tienen un derecho fundamental, que es la libertad, porque son únicos y pueden tener vidas sexuales y amorosas muy diferentes, decididas por ellos mismos. La naturaleza nos ha hecho libres, al permitirnos decidir sobre esta dimensión humana, por lo que cada persona tiene derecho a gestionar su vida sexual y amorosa con libertad, con un único límite, la libertad del otro.

En una actividad sexual en la que dos están implicados existen dos libertades que no pueden ser vulneradas. Es necesario el consentimiento de ambos. Lo mismo, e incluso más por las consecuencias mayores que tiene, debe decirse de la libertad de vinculación amorosa (que tiene que ser consentida y decidida por ambos) y la libertad de desvinculación con la separación o divorcio (en este caso no se necesita el consentimiento, puesto que es un derecho individual básico).

En el caso de los menores de edad o los discapacitados que tienen limitaciones en su capacidad de consentir, es necesario que la familia y la sociedad les proteja de quienes pueden abusar de ellos.

La libertad es, además, una característica del ser humano individual, por lo que en contenidos tan importantes no se puede obligar a nadie nunca a tener relaciones sexuales o a mantenerse en pareja. Los supuestos compromisos matrimoniales no obligan a la persona a ceder su cuerpo contra su voluntad para la actividad sexual ni a mantenerse en pareja si decide separarse.

Esta ética del consentimiento, desde el pensamiento utilitarista, no sólo se hace necesaria en razón de la libertad de cada individuo, sino porque vulnerar esta ética suele tener efectos negativos, como ha demostrado la experiencia clínica y las numerosas investigaciones sobre abusos sexuales a menores, matrimonios concertados, prostitución de menores, pornografía infantil, violaciones, acoso sexual, coerción sexual, etc. (López, 2014). Poner el énfasis en los efectos hace, en estos casos, particularmente evidente que el daño producido a las víctimas es intolerable moralmente y debe ser perseguido con penas. Moral y código penal deben ir de la mano es este tema, aun siendo ámbitos bien distintos. La educación en la ética del consentimiento debe ser un contenido de la educación sexual y de toda actividad de prevención de estos delitos; las leyes penales, la denuncia, la persecución y la pena son una necesidad para proteger, reparar y evitar que estos delitos se repitan.

Por ello, la ética del consentimiento es un asunto de libertad y dignidad, pero también para evitar que haya víctimas de carne y hueso que sufren efectos que pueden ser muy devastadores. Y hablando de utilitarismo, nada más útil que la educación, la prevención, las leyes protectoras, los códigos penales y las cárceles cuando se trata de evitar las agresiones sexuales; a pesar de ello, el agresor debe ser tratado con la filosofía y la práctica de la rehabilitación.

Casos:

1. «Una chica de 7 años es convencida (con palabras, regalos, situaciones que no acaba de comprender, etc.) por un hombre de 50 años para que acepte ser acariciada. El hombre acaba intentando un coito vaginal. La niña reconoce que aceptó subir a la casa del hombre, recibir sus regalos y que incluso volvió varias veces para estar con él.»

¿Qué aplicación harías de la ética utilitarista en este caso?

— *Primera línea de razonamiento:* es evidente que esta niña no tiene capacidad para consentir libremente este tipo de actividades, porque no conoce verdaderamente su significado; tampoco las verdaderas intenciones del hombre, que la engaña y manipula, instrumentalizándola en su favor.
— *Segunda línea de razonamiento:* los efectos de esta experiencia pueden ser negativos o gravemente negativos, por lo que una ética centrada en las consecuencias hace esta práctica sexual absolutamente inaceptable.

2. «Damasio es un hombre casado con Florentina. Llevan 10 años de matrimonio. Una noche, después de acostarse Damasio manifiesta con gestos y palabras que quiere coitar con ella. Pero ella, sean cuales fueren sus razones, lo cierto es que le dice que no quiere y no acepta coitar con él. Damasio la fuerza, con palabras y fuerza física, hasta que acaba coitando con ella.»

¿Qué aplicación harías de la ética del consentimiento a este caso?

— Puedes utilizar las dos líneas de razonamiento del caso anterior.
— También sirven para ver la utilidad de esta ética discutir otros casos, como los abusos a personas con discapacidad, personas con demencias, violaciones, acoso sexual, etc. También casos como las «relaciones por condescendencia», «por supuesta obligación matrimonial», etc.

2. *La ética de la igualdad*

Reconocida la libertad a cada individuo parece justo que, en una pareja, ambos se reconozcan como tales, iguales en derechos y obligaciones con el otro, se trate de una pareja heterosexual u homosexual.

Es verdad que los miembros de la pareja pueden hacer pactos y compromisos particulares, pero si en ellos se produjera cierta asimetría tendría que ser aceptada por ambos en condiciones de plena libertad.

Por ejemplo, no es justo que una mujer muy tradicional que haya interiorizado el sexismo acepte una doble moral sexual y amorosa, demandada por el varón. En este caso el varón abusa de la sumisión, dependencia o ignorancia.

Aun así, es evidente que no es fácil aplicar este principio en todos los casos. Por ejemplo, un tribunal de Estados Unidos acaba de aceptar un caso de poligamia, basada en la aceptación libre de un grupo de mujeres. ¿Qué reflexiones hace usted, estimado lector?

Que las personas y las parejas argumenten e intenten aplicar este principio es en sí mismo una forma de que acaben prevaleciendo los argumentos que sean más útiles a los hombres y a las mujeres, pero siempre con la condición de que ambos tengan verdadera libertad y sean concientes de lo que supone la decisión y sus consecuencias. Las condiciones para la comunicación propuestas por Habermas son muy útiles en estos casos.

Es importante señalar que las asimetrías han sido bien vistas durante mucho tiempo, pero justo porque nuestra sociedad era y es machista, lo cual hace mucho más probable que sea la mujer la que cede por imposición o supuestamente de forma voluntaria. Una reflexión sobre las condiciones óptimas de libertad para ambos puede en muchos casos poner en cuestión la supuesta libertad de la mujer. Por ejemplo, en una sociedad en la que las mujeres dependen de los recursos que tienen los hombres, es mucho más probable que éstas acepten la poligamia, la doble moral y tantas cosas más.

Lo que precisamente obligan, a nuestro entender, las morales deontológica y utilitarista es que ambos tengan la misma libertad real para decidir, hacer pactos y que éstos no pueden implicar daños o consecuencias negativas para uno de ellos.

El valor de referencia del placer y la felicidad rige por igual para ambos, como derecho individual y como deber para con el otro.

En el caso de la evitación del dolor y el sufrimiento, así como en el de las consecuencias de conductas compartidas (por ejemplo, en un embarazo no deseado) también deben asumir de forma igualitaria la responsabilidad de evitar las causas y afrontar las consecuenciuas.

Caso:

1. «Una mujer casada, Sofía, de 45 años, y su marido, Miguel, de 50 años, llevan casados 20 años. El matrimonio ha ido cambiando, y en la actualidad ella acepta que su marido tenga relaciones con otras mujeres, a la vez que Miguel rechaza que Sofía se tome cualquier libertad en este sentido. Y Sofía lo resume diciendo: ¡Qué le vamos a hacer, los hombres son así! Si yo muevo un dedo en este sentido se pone celoso y hecho un fiera, ya he aprendido a aceptarlo.»

— *Primera línea de razonamiento:* ¿tienen las mismas condiciones de libertad para aceptar estos hechos? ¿Se respeta el principio de igualdad?
— *Segunda línea de razonamiento:* ¿qué consecuencias puede tener esta forma de vivir en la pareja?

2. «Sergio trabaja en una empresa y tiene a Julia como jefe. Esta mujer ha querido seducirle varias veces, pero él tiene pareja y no le interesa su jefa. Pero un día, Julia le dice que tiene que hablar con él de un asunto importante y le pide que se quede después de acabar el trabajo. Cuando se reúnen, ella le plantea que necesita que le acompañe en varios viajes, que necesita una persona de confianza y que, si acepta, le subirá de categoría con un mejor sueldo. Sergio no lo ve claro, pero se siente casi obligado a aceptar. En la primera noche del viaje Julia le propone salir a cenar e ir a bailar. En este contexto le dice que en realidad hace todo esto porque quiere tener relaciones sexuales con él. Cuando él la rechaza, ella monta en cólera y le dice que no cuente con las cosas que le había prometido.»

— *Primera línea de razonamiento:* ¿está amenazada la libertad de Sergio? ¿Es legítima esta conducta de Julia? ¿Se puede, éticamente hablando, usar el poder laboral para esto? ¿Está tratando Julia a Sergio con igualdad?
— *Segunda línea de razonamiento:* ¿Qué efectos puede tener para Sergio una u otra alternativa?

Otros casos para su posible discusión:

— La poligamia y la poliandria.
— Casos diferentes de doble moral y doble conducta.
— Un embarazo no deseado, fruto de la relación entre ambos: ¿cómo tomar las decisiones?
— Un caso de sadomasoquismo: posibilidades y límites éticos.

3. *La ética del placer compartido*

En este caso la ética utilitarista lo plantea de forma explícita y directa: el placer y la felicidad es la aspiración más genuina de los seres humanos; por tanto, buscarlos individualmente tiene sentido. Si lo aplicamos a una relación sexual o amorosa, el principio de utilidad obliga a promover estos objetivos también en la otra persona de la pareja. Por tanto, la ética utilitarista tiene como principio nuclear la ética del placer y la felicidad compartidos.

Todo su discurso sobre la utilidad de este valor es un intento de fundamentarlo. La bondad del placer y la felicidad hacen bien atractiva la ética utilitarista, justo cuando se trata de aplicarla a la vida sexual y amorosa.

Caso:

«David es un chico de 21 años. Sale un sábado, conoce a una chica y acaban teniendo relaciones. Los dos aceptan las relaciones libremente. Pero David, como casi siempre hace, se preocupa únicamente de su propio placer, le pide muchas caricias y sexo oral a ella, pero no pregunta ni hace nada por excitarla y darle placer. De hecho, cuando llega la penetración, ella tiene la vagina seca, le cuesta aceptar la penetración y no llega a excitarse porque él eyacula muy rápido y, nada más acabar, se quita de encima y dice que tiene prisa.»

— *Primera línea de razonamiento:* ¿hubiera aceptado ella de saber que David se comportaría así? ¿Se puede decir que fue realmente libre? ¿Podrían haber generado una situación de mayor libertad conociendo lo que iba a pasar?
— *Segunda línea de razonamiento:* ¿qué consecuencias puede tener para ella esta experiencia? ¿Se puede considerar la conducta de David moralmente justa según los criterios de la moral utilitarista?

4. *La ética de la lealtad*

La ética utilitarista es también muy útil para educar en este principio, porque para ser libre en una relación, para que la decisión que se tome sea verdaderamente libre, debemos conocer las intenciones de la otra persona: si se engaña con palabras o con planes de conducta que la otra persona no puede conocer y que afectan de forma sustantiva a cómo se vive una relación sexual o de pareja, se está condicionando de forma inmoral la decisión supuestamente libre del otro. Por eso, si a una persona se le dice que se está enamorando, sin ser cierto, se le asegura que se aceptan compromisos que no se piensan cumplir, o se le coloca por sorpresa y con estrategias de engaño en una situación que condiciona su decisión, etc., no se está respetando su libertad.

Si en una pareja uno de ellos puede llegar a decir que aceptó porque el otro le engañó o le prometió lo que no pensaba cumplir, etc., estamos muy lejos de cumplir con la obligación de lealtad.

Por otra parte, en las relaciones, según la ética utilitarista, hay una lealtad básica que se desprende del principio de la utilidad: siempre se ha de buscar el placer y la felicidad, también del otro. Si una persona instrumentaliza sólo en su favor a otra, no tiene en cuenta los efectos y las consecuencias de su conducta y no se preocupa de su placer y bienestar, falta a la lealtad inherente a lo que, por su naturaleza, debe buscarse en una relación sexual y amorosa: el placer y la felicidad, propia y del otro.

Caso:

«Luisa está casada desde hace 15 años, pero tiene una relación con Iván, que está separado. Él está muy enamorado y decidido a casarse con ella o formar una pareja de hecho; por eso le pide a Luisa que si de verdad le quiere se separe y viva con él. Luisa le ha prometido muchas veces que se va a separar enseguida y que como está muy enamorada también se compromete a casarse con él. Pero éstas no son las verdaderas intenciones de Luisa, ni los verdaderos sentimientos: ella disfruta mucho con él y no quiere perderle, pero no está enamorada y no piensa separase de su marido.»

— *Primera línea de razonamiento:* ¿conoce Iván la verdadera situación y sentido de su relación, de forma que pueda decidir libremente mantenerla o romper con ella? ¿Es Luisa leal con Iván? ¿Se propone favorecer el placer y la felicidad de Iván o únicamente su propio placer?
— *Segunda línea de razonamiento:* ¿cómo puede acabar una situación así? ¿Qué consecuencias puede tener y qué valoración merece?

Otros casos:

— En el proceso de seducción una persona le dice a otra cosas como: «te quiero», «eres la mujer de mi vida», «me gustaría pasar toda la vida contigo», «quiero ser tu pareja para siempre», etc., cuando en realidad su objetivo es tener relaciones sexuales.

5. *Ética de la salud*

Tener en cuenta los riesgos de la actividad sexual (embarazos no deseados, enfermedades de transmisión sexual, etc.) se hace necesario desde una ética de la utilidad que exige poner el énfasis en las consecuencias: daños y efectos sobre los demás, la pareja, posible descendencia, contagios a otras personas, costos económicos para la comunidad, etc.

Pero, ¿y en relación consigo mismo? En este apartado, su defensa de la libertad individual en cuestiones de salud, entre otras, puede plantear dudas. ¿Es ético tener conductas de riesgo si los demás no están afectados? ¿Hasta qué punto? Preguntas difíciles de responder cuando hablamos de deportes u otras actividades en las que se puede correr un riesgo personal innecesario. En efecto, en el caso de la actividad sexual sólo las conductas autodestructivas o dañinas para uno mismo, por otra parte muy infrecuentes, plantearían problemas a la ética utilitarista liberal.

Pero, en general, está claro que en las relaciones sexuales y amorosas este principio es de gran utilidad y de aplicación directa tanto desde la finalidad de la ética (buscar el placer y la felicidad) como desde la necesidad de tener en cuenta las consecuencias.

Aun así, habría un caso de «supuesta libertad de pareja» que merecería una reflexión: el posible acuerdo, en condiciones de supuesta libertad para tener conductas sadomasoquistas» que puedan implicar daño o consecuencias dolorosas. Precisamente el sadomasoquismo, en el cual puede darse una inversión del placer, asociándolo a sufrimientos, es la mejor demostración de que el criterio central de los utilitaristas es poco preciso.

Caso:

«Un hombre y una mujer están de acuerdo en prácticas sadomasoquistas en las que se llegan a producir lesiones y daños corporales.»

— *Primera línea de argumentación:* ¿Es aceptable este tipo de libertad compartida?; el disfrutar de esta forma, ¿es una opción libre o se trata de una parafilia en la que están condicionados a sólo poder disfrutar así?

¿Cómo se podría aplicar en este caso el principio de la búsqueda del placer y la felicidad? ¿O es que placer y felicidad son criterios muy subjetivos?

— *Segunda línea:* ¿Qué efectos y consecuencias sería aceptables y cuáles serían los límites, si los hay? ¿Queda esto a juicio de los interesados, sin que se pueda hablar de ética?

¿Habría razonamientos utilitaristas que justificaran estas prácticas y con qué límites?

Otros posibles valores o principios que pudieran fundamentarse a través de esta teoría

A nuestro entender, uno especialmente importante en una sociedad plural: el derecho a la igualdad y a la diversidad. Igualdad en dignidad y libertad, pero con el derecho a toda diversidad compatible con la salud, el placer y la búsqueda de la felicidad, con un límite: el no causar daño o dolor evitable a los demás.

Es un principio aplicable en defensa de determinadas minorías como los homosexuales, bisexuales y transexuales. Tambien a las personas con discapacidad y a todos los que no siguen numerosas costumbres convencionales a la hora de formar pareja, tener o no tener hijos, etc.

Es verdad que se debe tener en cuenta las consecuencias sobre los demás, pero los utilitaristas, como hemos visto, distinguen entre los efectos objetivos reales y aquellos indirectos derivados de prejuicios o mitos interiorizados por determinadas personas.

Veamos algunos casos:

«Florentina es una señora de cierta edad que tiene de vecinos a una pareja de hombres homosexuales. Está escandalizada y lo pasa muy mal cada vez que los ve, llegando a decir “me ponen mala”, “esto es intolerable”, “me voy a tener que cambiar de casa y no puedo”, etc.»

— *Primera línea de razonamiento:* ¿Hay alguna contraindicación para que dos hombres puedan tener relaciones y amarse disfrutando del placer y buscando la felicidad?

— *Segunda línea de razonamiento:* ¿Tiene esta conducta de ambos consecuencias directas sobre otras personas? ¿Son ellos la verdadera causa de los sufrimientos por escándalo de la señora Florentina?

En resumen, creemos que el utilitarismo, por tanto, no está tan lejos de la ética deontológica cuando lo aplicamos a los principios propuestos para la ética sexual y amorosa, aunque con una diferencia fundamental: la ética deontológica propone un procedimiento de la razón (Kant) o la comunicación (Habermas), mientras la utilitarista focaliza un fin: el placer y la felicidad. La ética deontológica se centra en el medio o procedimiento más que en los contenidos, mientras para la utilitarista los contenidos son el fin; se trata de una ética teleológica, no de una ética del deber. Eso sí, y aquí está el punto central de coincidencia, la universalidad kantiana aparece en la condición central que proponen los utilitaristas: hay que tener en cuenta que se trata del placer y el bienestar para todos.

2.1.3. Los clásicos griegos y la ética de la buena vida

El peso de la moral religiosa, legitimada por el Antiguo Régimen en alianza confesional de ambos poderes, el religioso y el político, tergiversó y manipuló el pensamiento de los filósofos griegos hasta el punto de que el verdadero pensamiento de éstos desapareció durante siglos.

La rebelión del pensamiento ilustrado contra la Iglesia y el Antiguo Régimen ilustrado, así como la Revolución Francesa y otras revoluciones casi paralelas, entronizaron a la razón humana como eje y esperanza para la nueva humanidad. Kant, como hemos visto, es el máximo representante en esta nueva actitud, llevando lo más lejos posible los logros de la razón humana. Eso supuso, entre otras cosas, una vuelta al auténtico pensamiento griego, a una lectura sin prejuicios de los socráticos y aristotélicos tergiversada por los pensadores escolásticos.

Pero, como el propio Kant reconoció mejor que nadie, el drama de la razón humana es triple:

a) Tiene la grandeza de hacerse con lucidez las preguntas fundamentales sobre el sentido de la existencia humana y del universo, pero también es consciente de que no puede responderlas satisfactoriamente: «La razón humana tiene el destino singular de hallarse acosada por cuestiones que no puede rechazar, por ser planteadas por la misma naturaleza de la razón, pero a las que tampoco puede responder por sobrepasar todas las facultades» (*Crítica de la razón Pura,* prólogo de la primera edición, 1787).
b) Sabe que la razón es la única capacidad que puede fundamentar la ética, pero reconoce que el presupuesto de la libertad, necesario para la razón ética, no puede fundamentarse, sino que es un «a priori». No existe el ser humano no condicionado, por lo que su libertad, si existe, está muy condicionada por las limitaciones de sus capacidades y las múltiples influencias que sufre.
c) Aunque la razón pueda llegar a conformar la voluntad buena, la buena intención, justa para todos los seres humanos, pero ni la razón ni esa buena voluntad son garantía de la buena conducta, de la coherencia de la conducta real con el propio criterio moral.

Por ello, incumplidas las utopías de la Ilustración, la Revolución Francesa y las diferentes revoluciones del Movimiento Obrero, especialmente de la Revolución Rusa de principios del siglo XX y aquellas que le siguieron, los pensadores modernos han acabado por pensar que si queremos fundamentar la ética es necesario buscar otras fuentes, otros recursos o variables mediadoras entre la razón y la conducta. Ni la razón lúcida ni el centrarnos en las consecuencias de las acciones son suficientes; es necesario encontrar variables mediadoras, características o patrones de conducta que los seres humanos puedan aprender y les ayude a regular su vida de forma inteligente. Curiosamente, justo porque los griegos fueron más realistas que el movimiento ilustrado, y más profundos que el utilitarismo, numerosos filósofos y psicólogos han vuelto de nuevo a ellos.

Y más vale que sea así, porque la otra alternativa es el nihilismo o el llamado pensamiento postmoderno, que no cree en la posibilidad de fundamentar una ética que no sea puro relativismo, pasando, de esta forma, del reconocimiento de los límites del ser humano a la desorientación más profunda y superficial.

2.1.3.1. *Presocráticos y socráticos*

En esta sección cito y comento algunas ideas o anécdotas que nos ayudan a entender cómo pensando y razonando llegaron los griegos a la necesidad de la ética y cómo emergieron de su atrevimiento ideas verdaderamente liberadoras para los seres humanos. Escuchar a los primeros que pensaron abierta y formalmente en la ética nos llena de admiración y esperanza. Los lectores pueden consultar obras amplias sobre este tema (Camps, 2013; Bilbeny, 2012); nosotros nos limitamos a poner de relieve sólo algunas ideas.

Georgias (483-376 a. C.) fue un sofista extraordinario que creía mucho en el poder de la palabra y la argumentación, aunque reconoce que la verdad puede no existir o, en todo caso, no estar al alcance de los humanos. Por ello, los valores son importantes, pero todos son relativos, por lo que debemos argumentar e inclinarnos por lo más probable, defendiendo, como referencia, la bondad de la paz, la concordia, la comprensión y la tolerancia.

Para nuestro tema, Georgias merece ser citado por la defensa que hace de Elena, que huyó de Troya con su amante París, anteponiendo el enamoramiento a las convenciones. En su defensa propone que todas las alternativas le llevan a exculparla, cuando iba a ser condenada:

> «Si por fuerza fue raptada, ilegalmente forzada e injustamente maltratada, es claro que el raptor, como ofensor, cometió injusticia»... Si fue la palabra la que la persuadió y engañó su alma, tampoco en este caso es difícil defenderla y rechazar la culpabilidad... La palabra es un soberano... El que ha persuadido, por haber forzado, comete injusticia, mientras que la persuadida, por haber sido forzada por la palabra (mágica y seductora) en vano es difamada... (porque hay palabras que) con cierta persuasión perversa, envenenan el alma y la hechizan... (Y) si efectivamente fue amor quien provocó esto, sin dificultad rehuirá la culpa de la falta que se dice ha cometido... (porque) el alma es modelada en sus sentimientos» (Bilbeny, pp. 21-22).

Este texto puede servir al lector para reflexionar sobre los argumentos propuestos y la necesidad de ser tolerantes con las decisiones de las personas si contradicen convenciones pero no hacen daño a los demás; también, por supuesto, si de una u otra forma Elena hubiera sido víctima de la fuerza o el engaño. En efecto, en el campo sexual, muchas personas han sido víctimas a lo largo de la historia, justo por contradecir las convenciones sociales, haber sido engañadas o forzadas.

Otra cosa distinta es que el enamoramiento justifique cualquier conducta, porque los seres humanos debemos ser dueños del deseo, la atracción e incluso el enamoramiento. Por ejemplo, abandonar a los hijos por una experiencia de enamoramiento o hacer daño innecesario al otro miembro de la pareja no parece cumplir los principios de la ética.

Protágoras (480-410 a. de C.) fue un sofista con mucho peso en tiempo de Pericles, aunque finalmente fueron quemadas sus obras y él fue expulsado de Atenas. Se adelantó a Sócrates, dudando de la existencia de los dioses y proponiendo algo esencial para la ética: «el hombre es la medida de todas las cosas». La verdad es relativa, los valores también, sólo nos queda preguntarnos por lo que los hombres, sin dioses como referencia, podamos considerar más adecuado, valioso o justo.

Por otra parte, y en esto se adelanta a numerosos autores posteriores, reconoce que tenemos en nuestra naturaleza predisposiciones morales que debemos fomentar y desarrollar con argumentos.

Para describir que la naturaleza humana tiene un sentido moral recurre al mito de Prometeo. Éste, consciente de la vulnerabilidad y carencias humanas, roba a los dioses la sabiduría profesional y el fuego, para conseguir vivir bien. Pero aún le faltaba el saber político, para vivir en comunidad, y éste lo tenía Zeus. «Zeus, entonces, temió que sucumbiera toda nuestra raza y envió a Hermes que trajera a los hombres el sentido moral y la justicia, para que hubiera orden en las ciudades y ligaduras acordes de amistad» (Bilbeny, 2012, pp. 27-28).

Por tanto, estamos solos sobre la tierra, en medio del universo, pero con sentido moral y de la justicia, con la razón como guía y la argumentación como búsqueda común para organizar la vida personal y la de la comunidad.

Sócrates (470-399) y algunos postsocráticos. Aunque consideramos a Aristóteles el autor más interesante para el tema que nos ocupa, antes de él ya Sócrates había iniciado el pensamiento ético, al preguntarse cómo vale la pena vivir, cómo es más inteligente vivir.

A pesar de que sólo conocemos el pensamiento de Sócrates a través de sus discípulos, y muy especialmente por los *Diálogos* que escribió su discípulo Platón, no hay duda de que fue uno de los pensadores más influyentes y tal vez el que ha gozado de mejor consideración hasta nuestros días.

Dos cosas consiguió hacer Sócrates como nadie: reconocer las limitaciones de la inteligencia humana, y usar la duda y el intercambio verbal de argumentos como método para intentar orientar las decisiones más acordes con la buena vida. Precisamente, siglos después, compartir los argumentos es la base del trabajo con dilemas en la Escuela de Ginebra y el procedimiento fundamental propuesto por Habermas en la ética del discurso.

La primera de las limitaciones se refleja en una de las anécdotas más citadas por sus discípulos: uno de ellos fue a Delfos y le preguntó al oráculo: ¿Quién es el hombre más sabio del mundo? Sócrates es sin duda el hombre más sabio de todos, respondió el oráculo. A la vuelta a Atenas, este discípulo le contó a Sócrates lo que le había dicho el oráculo y Sócrates comentó: «el oráculo dice eso porque sabe que yo sé que no sé nada».

Por eso lo más inteligente es hacerse preguntas, atreverse a dudar y pensar y buscar argumentos, compartiéndolos con los demás; eso es todo lo que podemos hacer los humanos. Y seguramente ese sigue siendo el mejor camino para el tema que nos ocupa.

Esto es lo que hicieron los ilustrados y Kant, muchos siglos después, pero con menos humildad que Sócrates, idealizando la condición humana y el poder de la razón. Los griegos tomaron la razón como bandera, como brújula, pero tuvieron una conciencia más clara de los límites de ésta.

Buscar la verdad o aproximarse a ella, ser crítico y, a la vez, leal con la ciudad, fue la actitud en su vida personal y como ciudadano, hasta su final trágico. Considera que, si nos cultivamos, nuestra razón tiene mucho poder y puede regular la conducta, siguiendo el *daimon* interior moral y guiándonos por las virtudes del autoconocimiento, la mesura y el autodominio.

Su actitud moral es propia del quinto estadio Kolhberg, porque critica el funcionamiento de la ciudad, los poderes y convenciones, pero se considera obligado a cumplir las leyes hasta el punto de renunciar a salvar su vida, cuando es condenado. Un heroísmo que puede parecernos discutible, pero hay que tener en cuenta que la muerte no era vivida por muchos griegos como hoy en occidente. Se sintió obligado, moralmente obligado, a ser coherente, y esto le pareció más valioso que seguir vivo.

Cree que muere «por ser demasiado honrado... me dirigía a hacer el mayor bien a cada uno en particular... intentado convencer a cada uno de vosotros de que no se preocupara de ninguna de las cosas (los negocios, la hacienda familiar, los mandos militares, los discursos en la asamblea, cualquier magistratura, las alianzas y luchas de partido) antes de preocuparse de ser él mismo. Lo mejor y lo más sensato posible... No hago daño a ningún hombre voluntariamente, pero no consigo convenceros a vosotros de ello, porque hemos dialogado durante poco tiempo. Puesto que si hubiera una ley, como la tienen otros hombres, que ordenara no decidir sobre una pena en un solo día, sino en muchos, os convencería... No hago daño a nadie, me hallo muy lejos de hacerme daño a mí mismo... no habéis sido capaces de soportar mis conversaciones y razonamientos... Sé con certeza que, donde vaya, los jóvenes escucharán mis palabras...

> «El mayor bien para un hombre es precisamente éste, tener conversaciones cada día acerca de la virtud y de otros temas de los que me habéis oído hablar cuando me examinaba a mí mismo y a otros» (Bilbeny, 2012, pp. 34-36).

Consideramos este texto extraordinario porque, reconociendo el impulso moral interior, recurre a la razón expresada en argumentos que se comparten para tomar decisiones y llevar una buena vida individual y social. La Escuela de Ginebra y la ética del discurso retomará esta idea central, intentando conectarla con el pensamiento kantiano.

En las relaciones sexuales, precisamente la comunicación y el intercambio de argumentos, si hubiera conflicto, sigue siendo la mejor alternativa, especialmente si se llegan a tomar como referencia algunos principios o máximas como los que proponemos, siguiendo la ética deontológica, y se exigen las condiciones propuestas por Habermas para la comunicación. Sócrates tiene razón; si se hubieran cumplido esas condiciones, no sólo le habrían declarado inocente, sino un hombre ejemplar.

En todo caso, esta capacidad de ser, a la vez, un buen ciudadano y un ciudadano crítico, que se obliga a pensar y compartir argumentos, como se hace también en el caso de los dilemas morales de la Escuela de Ginebra, es una buena metodología para la educación sexual y para avanzar en una ética razonada y realista.

En cuanto a contenidos concretos cercanos a la ética sexual y amorosa, Platón recoge en los diálogos algunas de las propuestas socráticas, de gran interés. Veamos:

> «Calicles: ¿qué entiendes por dominarse a sí mismo?
>
> Sócrates: Bien sencillo, lo que entiende la mayoría: ser moderado y dueño de sí mismo y dominar las pasiones y deseos que surjan...
>
> Calicles: ...Llamas moderados a los idiotas... el que quiera vivir rectamente debe dejar que sus deseos sean tan grandes como sea posible, y no reprimirlos, sino que siendo las mayores que sea posible debe ser capaz de satisfacerlos...
>
> Sócrates: ...«cierto hombre ingenioso... llamó tonel... a los insensatos... fijando la atención en lo irreprimido... (porque son) como un tonel agujereado, aludiendo a su carácter insaciable... (quiero) persuadirte a que cambies de opinión y a que prefieras, en vez de una vida insaciable y desenfrenada, una vida ordenada que tenga suficiente y se dé por satisfecha siempre con lo que tiene... (porque) los moderados son más felices» (Bilbeny, 2012, pp. 43-46).

Aquí tenemos un texto muy aplicable a lo que hemos llamado nuevos mitos sobre la sexualidad, fomentados por el primer Freud y Reich. También a lo que he llamado el modelo prescriptivo en educación sexual (considerando la actividad sexual como de obligatorio consumo) y a los valores dominantes en la sociedad de mercado (López, 2009, 2012). El placer es visto por Sócrates de forma positiva, pero debe estar bajo el gobierno de la razón (autoconocimiento, autodominio y moderación), justo para que sea posible la felicidad.

Los seguidores de Sócrates, **cínicos, estoicos y epicúreos,** vivieron circunstancias sociales muy negativas, porque Atenas sufrió las consecuencias de las guerras y poderes políticos no democráticos. Por ello, estos autores, seguidores de Sócrates, conceden menos importancia al ciudadano, y su pensamiento ético se refugia en cómo afrontar la vida desde un punto de vista personal.

Emilio Lledó (2003) y Daraki y Romeyer-Dherbey (2008) resumen muy bien este contexto: «El temor a los dioses, que regía de una manera despiadada a los seres humanos, se unía a esos otros temores más inmediatos provocados por la situación política de aquellos tiempos. El hombre está a merced de la nueva diosa Týche, la diosa del azar y de la arbitrariedad, pero sobre todo estaba a merced del hambre y de la miseria económica, de la violencia, de los frecuentes asedios a que fue sometida Atenas, de los cambios repetidos en sus instituciones, de la voracidad con que los partidos que accedían al poder esquilmaban las arcas del Estado, de la arbitrariedad de los subalternos tiranos que la gobernaban» (Lledó, 2003, p. 58).

En este contexto se produce una huida hacia la vida personal, en cierta medida, como ocurre hoy entre nosotros por la globalización, la pérdida de poder de los gobiernos, la corrupción y la sociedad liberal de mercado. Veamos algunos autores de estas tres corrientes:

Los cínicos: los dos Diógenes y tantos otros (cuya influencia abarca desde el siglo V a. C. al siglo V d. C.).

Es ésta una corriente muy maltratada por el pensamiento cristiano, por estar muy alejada de la moral sexual judeocristiana. El nombre en castellano, «cínicos», no se corresponde en nada con su pensamiento, caracterizado por la franqueza, la espontaneidad, el atrevimiento y, en algunos casos, la falta de pudor social. De hecho, su nombre parece venir bien del lugar donde se reunían o bien de la raíz griega de la palabra «perro». En efecto, con frecuencia les llamaban perros porque defendían la bondad de una vida muy cercana a la vida natural de los animales.

Son socráticos en algunos aspectos centrales y resultan interesantes para nuestro tema porque son los menos convencionales, con conductas que entonces y ahora resultan, seguramente en algunos casos no sin razón, escandalosas para la mayoría de la gente. Pero también hacen propuestas interesantes, muy radicales, que formulan de forma irónica o burlesca. Por ello se cuentan tantas anécdotas entre el escándalo y la diversión. El primero de ellos, Diógenes de Sincope, de hecho fue llamado por alguno «un Sócrates enloquecido».

Se oponen a los valores dominantes de la sociedad: riqueza, honores, fama, avaricia, poder, etcétera, llevando una vida simple, muy cercana a la vida de otras especies (aunque hubo también diversidad entre ellos y diferentes niveles de radicalización o adaptación social), pero siempre reconociendo a la razón como el mejor recurso humano.

«Rige la idea ética del principio fundamental del retorno y la adaptación, mediante la razón, a la vida natural, puesto que su concepción de vivir conforme a la naturaleza es vivir conforme a la virtud» (Martín, 208, p. 58). Muchos de ellos vivieron de forma muy pobre desde todos los puntos de vista, siendo extremamente austeros, puesto que el mejor remedio para ser feliz es no tener necesidades. Intentaban librarse de las propias pasiones y de las convenciones humanas que nos alejan de la naturaleza, para sentirse dueños de su vida, poniendo de manifiesto conductas muy atrevidas.

Diógenes, nos cuentan, vivía de la forma más natural posible, con un cuerpo delgado pero musculoso, larga barba, vestido con un mantillo y llevando un cayado y un zurrón, lanzando críticas e improperios, comiendo las cosas crudas y cantando la vida natural, regido por la razón puesta al servicio de esta vida, en la que las virtudes son la prudencia, la búsqueda de la verdad, la fortaleza, la continencia y el autodominio. Para conseguirlo es fundamental la práctica: «no se consigue en la vida ningún éxito sin la práctica, mientras que ella es capaz de vencerlo todo. Debiendo por ello los hombres vivir felizmente, eligiendo los esfuerzos acordes con la naturaleza en lugar de los inútiles» (Martín, 2008, p. 203).

Rechazan abiertamente también las convenciones referidas a la moral sexual, usando como criterio la «mesura», a la vez que la libertad e incluso la desvergüenza (Diógenes Laercio prefería llamarla franqueza) frente a los convencionalismos, con lo que podían llegar a masturbarse en público, por poner un ejemplo.

En el siguiente cuadro, Daraki y Romeyer-Dhebey (2008, p. 9) recogen algunas de las posturas defendidas por varios de estos autores:

La herencia cínica del estoicismo

1. Los sabios compartían las mujeres, y el primero que llegue usará la primera que encuentre.
2. La homosexualidad no es un mal. No hay diferencia alguna entre las relaciones homosexuales y las heterosexuales femeninas o masculinas.
3. El sabio podrá unirse a su hija si las circunstancias lo piden.
4. Cualquiera podrá unirse a su madre, a sus hijas y a sus hijos; el padre podrá unirse a su hija, el hermano a la hermana.
5. Debemos tomar como ejemplo a las bestias y considerar que nada de lo que hacen es contrario a la naturaleza.
6. No hay ningún mal en vivir con una prostituta, ni vivir del trabajo de una prostituta.
7. Diógenes, que se masturbaba en público, es digno de elogio.
8. Se comerá carne humana si las circunstancias lo piden», etc.

No es fácil valorar el peso que estas propuestas tenían en esta doctrina y hasta qué punto eran defendidas por todos, pero reflejan que esta corriente, al pretender «asilvestrar» la vida, llevó muy lejos su crítica a las convenciones y valores sociales dominantes en su tiempo.

Pero, por otra parte, estas ideas no les llevan a defender lo que muchos entenderían como libertinaje, sino que están en el contexto de una propuesta de vida natural, extremadamente dura y austera: «cínicos y estoicos introducen la libertad y la autarquía, que es evidentemente individualista. Pero el individualismo cínico-estoico se opone al hago lo que quiero; muy al contrario, sería más bien un camino hacia la perfección suprema mediante la abrupta vía de la ascesis, que ahora se les propone a los griegos como la nueva forma de heroicidad» (Daraki y Romeyer-Dhebey (2008, p. 15).

Este esfuerzo por prescindir de todos los logros humanos y volver a la naturaleza les hace llevar una vida «de perros», denominación que también adoptaron, a veces, los propios cínicos.

Vida austera y arrogante frente a los poderosos, a los que criticaban y despreciaban sin piedad. Cuando Alejandro Magno fue a ver a Diógenes y le dijo que le pidiera lo que quisiera, éste le respondió: «que te quites de delante y dejes que me dé el sol». Por ello fueron con frecuencia castigados, perseguidos, desterrados y hasta matados, mientras algunos, por el contrario, consiguieron aprecio social por su coherencia y ascetismo.

Se sabían y sentían cosmopolitas, sin patria y poderes que hubiera que reconocer, defendiendo la abolición de la familia y la propiedad privada.

Afrontaban con entereza este tipo de vida, gozando de su autonomía y libertad, incluso para quitarse la vida si dejaban de ser autónomos o libres; porque para ellos era más valorada la muerte decidida en libertad que la sobrevenida por enfermedades, una decisión racional, una vez que la vida dejaba de tener sentido para ellos.

Tal tipo de vida y valores ha hecho que se haya dado una visión negativa y deformada de esta corriente, especialmente por su falta de moral sexual convencional, pero en su tiempo gozaron también de influencia y admiradores, especialmente algunos de ellos, como demuestran estos textos:

> «Diógenes Laercio fue más excelso que Licurgo, Solón, Artajerjes y Alejandro, y más libre que el propio Sócrates» (Máximo de Tiro, cit. por Martín, 2008, p. 299).
>
> «¿Y es posible que sin poseer nada, desnudo, flaco, sin casa, sin hogar, sin criados ni patria se pueda vivir felizmente? ¿Quien viéndole no cree ver a su propio rey y señor?» (Arriano, cit. por Martín, 2009, p. 300).

Centrándonos en la finalidad de la vida ética, ¿qué es la felicidad para Diógenes Laercio? Estos son algunos de sus textos:

> «Afirmamos que la felicidad verdadera consiste en que la mente y el alma estén siempre en estado de serenidad y alegría»...«No temer la muerte»... (Ídem, p. 303).
>
> ¿Y cómo conseguir la felicidad? Con mucha práctica, regida «por la razón y la regulación de la vida...» (Ídem, 301).

Esta doctrina, tan denostada por nuestros moralistas, sí fue valorada por muchos ciudadanos, de forma que, cuando Diógenes murió, le honraron con una inscripción que decía:

> «También envejece el bronce con el tiempo, pero tu gloria, Diógenes, jamás la destruirán los siglos sempiternos, porque fuiste el único en mostrar a los mortales la gloria de una autárquica existencia y el brevísimo sendero de la vida» (cit. por Martín, 2008, p. 266).

Es evidente que nuestro concepto de la sexualidad humana nos aleja de estas teorías, justo porque nos reconocemos como cualitativamente distintos de los animales, pero su atrevimiento escandaloso nos hace entender cómo estos autores se sentían libres frente a las convenciones sociales.

Loe epicúreos. Epicuro (341-270) o la sabiduría del placer. Es otra de las corrientes maltratadas por el pensamiento judeocristiano por su discurso sobre la bondad del placer. Por eso sus propuestas han sido deformadas y criticadas sin piedad.

En el contexto de crisis de la ciudad de Atenas y Grecia, Epicuro y sus discípulos se refugian en una vida personal y de relaciones basadas en la amistad, en un jardín donde convivían hombres y mujeres. No eran tiempos para ocuparse de la política, sino para vivir lo mejor posible.

Para poder seguir su doctrina, Epicuro defiende que no se debe temer a los dioses, los cuales, si existen, es claro que no se ocupan de los hombres. Por ello, sólo nos queda seguir el camino de analizar lo que nos hace felices, tomar decisiones razonables y obrar en consecuencia. Sus reflexiones son convertidas en «máximas» o consejos para vivir bien sobre la tierra, sabiendo que nos las tenemos que arreglar solos, sin los dioses.

¿Cuál es su criterio para la buena vida? El eje placer-dolor, las sensaciones como fuente de análisis de lo que conviene y la razón como criterio lúcido. Lo bueno es el placer y lo malo el dolor, esto es lo que nos enseña la naturaleza. Por eso, la virtud está subordinada al placer como valor de referencia. Pero los placeres conviene vivirlos de forma sabia, para lo que debemos usar la razón y aprender a no dejarnos dominar por caprichos para conseguir la imperturbabilidad del alma.

> «El placer es el principio y el fin de una vida feliz, porque lo hemos reconocido como un bien primero y congénito, a partir del cual iniciamos cualquier elección y aversión, y a él nos referimos al juzgar los bienes según la norma del placer y el dolor. Y puesto que éste es el bien primero y connatural, por este motivo no elegimos todos los placeres, sino que en ocasiones renunciamos a muchos cuando de ellos se sigue un trastorno aún mayor... Cada placer por su propia naturaleza es un bien...
>
> La autarquía la tenemos por un gran bien, no porque debamos siempre conformarnos con poco, sino para que si no tenemos mucho nos conformemos con poco»... (Por ejemplo) los alimentos frugales proporcionan el mismo placer que los exquisitos... una comida frugal y sin complicaciones es saludable... Cuando decimos que el placer es la única finalidad, no nos referimos a los placeres de los disolutos y crápulas, como afirman algunos que desconocen nuestra doctrina o no están de acuerdo con ella o la interpretan mal, sino al hecho de no sentir dolor en el cuerpo ni turbación en el alma. Pues ni los banquetes ni los festejos continuados, ni el gozar con jovencitos y mujeres, ni los pescados ni otros manjares que ofrecen las mesas bien servidas nos hacen la vida agradable, sino el juicio certero que examina las causas de cada acto de elección o aversión y sabe guiar nuestras opiniones lejos de aquellas que llenan el alma de inquietud» (Bilbeny, 2012, pp. 80-82).

Usar como referencia el eje placer-dolor y la felicidad no le hace olvidar que somos seres amigables, sociales y solidarios, por lo que no sólo vive en un grupo solidario, dentro de su jardín, sino que defiende la necesidad y bondad de la amistad, como recoge de manera excelente la monografía de Emilio Lledó (2003): «Quizá uno de los fragmentos más impresionantes por su belleza y originalidad de su proyecto ecuménico es aquel de la solidaridad universal: La amistad hace una ronda alrededor del mundo, y como un heraldo, nos convoca a todos a que nos despertemos para colaborar en la mutua felicidad»... esta necesidad de comunicación es la que hace plenos la vida y el placer» (pp. 125-126).

Como se ve se trata de un autor que conserva, creemos nosotros, lo mejor de los cínicos y del pensamiento griego, defendiendo la bondad del placer, pero no desde la compulsión propuesta por la sociedad de mercado y los modelos prescriptivos de algunos, sino reconociendo que para ser sabios no podemos dejar de usar la razón como guía, el esfuerzo para acertar con la justa medida y la vinculación con los demás para no sufrir de soledad. Esta es la condición humana, y saber vivir lo mejor que nos ofrece es la sabiduría.

Los estoicos: griegos y latinos. Conectando con los cínicos, oponen naturaleza a ley y convenciones de los hombres. Sólo la vuelta a la naturaleza nos hará libres: «La falta aparece en el momento en que sobrepasando el *metrón,* la medida, el hombre se interna más allá del umbral fijado por la naturaleza, que establece como norma que lo necesario es suficiente... este principio de sobriedad salvaguarda la armonía social, pues al no haber nada por qué disputar, los hombres primitivos evitaban los conflictos... (hay) dos tipos de hombres, el sabio (predispuesto a la virtud y las buenas relaciones) y el vulgar (predispuesto al vicio y a relaciones conflictivas)» (Daraki y Romeyer-Dhebey, 2008, pp. 18-21).

Para ser sabio es necesario que el «logos» contenga y oriente la pasión para conseguir la satisfacción comedida, frente a las cuatro locuras: la comida, el vino, las mujeres y la gloria. «La vida afectiva del Sabio se mueve entre dos polos apetito-satisfacción; cualquier satisfacción de las necesidades simples es, a la vez, cumplimiento de los fines de la naturaleza. No hay distancia entre el apetito y la razón del Sabio» (Daraki y Romeyer-Dhebey, 2008, p. 25). Esta forma de vivir el placer es precisamente lo que le acerca a la felicidad. Frente al deseo sin límites, consideran que el rico es el que es pobre en deseos y pobre en necesidades.

Dueño de las pasiones e impasible ante todo lo que pueda suceder, el hombre sabio no teme la muerte y valora más la muerte elegida que la sobrevenida, demostrando con ello su capacidad para ser dueño de su propia vida.

Valoración

A pesar de las diferencias, Sócrates y sus discípulos tienen mucho en común, destacando para nuestro tema los siguientes aspectos.

En primer lugar, todo parece indicar que fueron los primeros que hicieron un giro ético en la filosofía, al pasar de hacerse preguntas sobre el conocimiento del universo, como los presocráticos, a centrarse en analizar, discutir y argumentar cómo vale la pena vivir, cómo alcanzar la felicidad mientras vivimos.

Para ello constatan que estamos solos, sin dioses que temer o escuchar, por lo que, a partir de esa toma de conciencia, el «hombre es la medida de todas las cosas».

¿Y qué podemos hacer? Usar la razón, el pensamiento, la palabra, la argumentación compartida, no para anularnos o perseguir los deseos o pasiones, sino para guiarnos y tomar decisiones inteligentes. La razón es el recurso humano fundamental y la argumentación compartida el mejor procedimiento. Muchos siglos antes encontramos la ética de la comunicación, tan esencial para el tema que nos ocupa en este libro.

Pero son muy conscientes que este camino no es fácil, porque la razón comprende que las convenciones y valores dominantes no tienen consistencia, son discutibles y, con frecuencia, equivocados e injustos. De esta forma, sin Dios y sin unas creaciones sociales de referencia, dudando de todo, se agarran a la razón para equivocarse lo menos posible. Pero no son tan optimistas como los ilustrados, resultando muy conscientes de que la verdad puede no existir o puede que no sea alcanzable.

¿Qué hacer, pues? Volver a la Naturaleza, empezar de nuevo, pensar, compartir dudas y argumentos, aceptar que nos vemos obligados a vivir y que hacerlo de la forma más inteligente es lo más adecuado, pero siempre reconociendo que, en el fondo, no sabemos nada. Obligados a tomar decisiones vitales, en la duda, con el mejor de los instrumentos humanos, la razón.

Unos creyeron que lo mejor era olvidar todo lo humano y llevar una vida asilvestrada, lo más natural posible, en la mayor radicalidad (los cínicos). Otros ponen el énfasis en un estilo de vida de autodominio frente a cualquier adversidad, procurando dominar las pasiones y deseos y siendo impasibles ante lo que no se puede cambiar (los estoicos), y otros, tal vez los más sabios, llevando una vida de placer ordenada y comedida, junto a los amigos y amigas, en un jardín (los epicúreos).

Todos reconocen la bondad del placer y la maldad del dolor, pero, a vez, nos dicen que la felicidad no está sin más en el placer, sino en ser inteligentes y dueños, en necesitar poco y gozar mucho, pero siempre con medida, nada en demasía. Unos tienen menos en cuenta a los demás (los cínicos), otros se siguen sintiendo ciudadanos responsables (los estoicos) y otros se aferran a los afectos, a la amistad, como lo humanamente más valioso (los epicúreos).

Todos ubican la ética en aquellos aspectos de la vida sobre los que podemos tomar decisiones voluntarias, sobre los que tenemos algún control, el cual debemos usar con la máxima inteligencia posible, mientras aprenden a sentirse impasibles ante todo lo que no podemos cambiar, lo que no depende de nuestra voluntad porque está fuera de nuestro control. Este planteamiento, según el cual lo inteligente es saberse responsables de lo que podemos gestionar o cambiar de la vida, está muy cerca de la psicología actual, como veremos, y muy lejos de la sociedad de mercado, que crea necesidades para que el hombre consuma sin límites, haciéndole esclavo del deseo y de las necesidades creadas por la publicidad y otros productos culturales. Todos ellos están muy lejos del proyecto de ser humano que hace la sociedad de mercado: trabajar y consumir. Los nuevos mitos sobre la sexualidad, los propios del modelo prescriptivo (López, 2005, 2012), habrían parecido muy poco inteligentes a estos griegos.

Para nuestro tema, además del valor histórico de las aportaciones de estos filósofos griegos destacamos:

a) Su defensa de la bondad del placer. En esta vida terrena y temporal los placeres son un bien, también los placeres sexuales.

   Pero el placer no es lo mismo que la felicidad; ésta requiere un largo aprendizaje que exige conocimientos, autocontrol, reflexión, disciplina, etc. En concreto, el placer debe ser vivido con responsabilidad en relación con uno mismo. Por un lado, la responsabilidad que tiene dos aspectos: la necesidad de «mesura», que supone ser dueño de las decisiones que se toman y la vida que se hace.

   La felicidad no es definida con precisión, pero tiene que ver con la capacidad de aceptar con serenidad lo que no podemos cambiar y decidir, y obrar con inteligencia sobre todo lo que depende de nosotros.

b) La puesta en duda del valor de las convenciones sociales. Todo puede ser puesto en duda, también las convenciones sociales que regulan con la ley, las costumbres o los valores dominantes, la vida sexual y amorosa de las personas.

   Con una radicalidad u otra, son muy críticos con la regulación sexual y de las relaciones amorosas que hacía su sociedad, algunos con planteamientos bien extremos que llegan a negar incluso el tabú del incesto. En este y otros aspectos (como la alimentación, el vestido o la vivienda) o algunos cínicos llevaron su punto de vista demasiado lejos, queriendo asilvestrar la vida, volviendo a una vida supuestamente natural, muy cercana a la vida animal. Los que pensaron y vivieron así es evidente que olvidaron que el ser humano es también cultural, gracias a sus capacidades, y que esto es un bien, no un mal. Otra cosa es que nos preguntemos una y otra vez si nuestra organización cultural, en este caso la regulación de la sexualidad y la vida amorosa, es la más adecuada. Por otra parte, especialmente en el caso de los cínicos, nos parece que no defienden el derecho a la diversidad, puesto que se trata de doctrinas que tienden a despreciar a quienes piensan de otra forma.

c) De una u otra forma, consideran que tenemos una naturaleza que debemos tomar en consideración (aspecto que desarrolla mucho mejor Aristóteles) y que la razón es nuestra guía más valiosa para valorar las alternativas, tomar decisiones y planificar nuestra biografía, también nuestra vida sexual y amorosa.

Más allá de las limitaciones y excesos de su pensamiento, creemos que estas tres aportaciones fueron primigenias y siguen siendo fundamentales. Pueden servir para hacer una crítica al pensamiento posmoderno, para el que todo es «líquido», relativo y cambiante, y al pensamiento conservador, que confunde las creaciones culturales con las necesidades asentadas en nuestra naturaleza, legitimando ideas y prejuicios que reprimen o limitan nuestra vida sexual y amorosa, especialmente en el caso de las minorías.

Especial clarividencia tuvieron al distinguir entre placer y felicidad, dos conceptos imprecisos, pero que nuestra sociedad actual de economía de mercado usa con toda inteligencia para imponernos dos valores dominantes: el de trabajo compulsivo, que acumula sin límites recursos, y el de consumo como fuente de felicidad. Imaginarse a Epicuro en su jardín (nos parece fuera de lugar el naturalismo extremo de algunos cínicos y estamos lejos de querer imaginarnos en un tonel, semidesnudos, etc.), rodeado de amistades, llevando una vida austera, en la que no se trabaja para acumular, sino para vivir, y se consume lo que se necesita, según nuestra naturaleza, nos trae un aire fresco, porque esta austeridad no tiene como fin sacrificarse o renunciar a los placeres, sino, todo lo contrario, hacernos más humanos, porque todo es decidido con la mesura y lucidez que la razón aconseja.

2.1.3.2. *Aristóteles (384-322 a. C.)*

Los griegos fueron muy conscientes de los límites de la razón (el «sólo sé que no sé nada», de Sócrates, y la ambivalencia de Aristóteles ante la virtud de la «sabiduría», porque siendo la más excelsa nunca la puede poseer el ser humano, son dos ejemplos bien significativos), pero supieron mirar de frente a la vida, reconocer que la vida es un hecho indudable y que lo inteligente es vivir bien. La vida es lo único que tenemos y, por tanto, hemos de preguntarnos cómo es más inteligente vivir. Por eso, de una forma u otra, de forma muy práctica, la mayoría de ellos se preguntaron: puesto que vivimos y somos individuos, pero también seres sociales, ¿cuál es la manera más inteligente de vivir?, ¿qué es, en realidad, la buena vida? Esta actitud de la mayoría del pensamiento griego les hace mucho más realistas y certeros que muchos de los pensadores posteriores. Además, les coloca muy cerca de la propia psicología (Seligman, 2012).

De todos ellos, Aristóteles es el que da una respuesta más elaborada, alejándose de su admirado maestro Platón, también muy idealista («soy amigo de Platón, pero soy más amigo de la verdad», llegó a decir).

Para entenderle, en primer lugar, es necesario tener en cuenta el concepto de ser humano de Aristóteles, puesto que la ética finalmente lo que debe es respetar lo que somos y podemos ser para conseguir una vida mejor, ser felices. El ser humano es, por un lado, un animal con logos, con capacidad para razonar y hablar con los demás, puesto que es un individuo y también un ciudadano. Por otro, es un ser orientado a la vinculación con los demás, con lazos familiares y de amistad. Un ser que se sabe y siente unido a los demás. De hecho, Aristóteles es a la amistad a la que dedica más espacio en su *Ética,* llegando a decir que «la amistad es una virtud o algo acompañado de virtud, que guarda una cierta relación con la justicia, dado que ambas son imprescindibles y consustanciales a la comunidad política. Se afirma incluso que la amistad puede ser más necesaria que la justicia, ya que cuando los hombres son amigos, ninguna necesidad hay de justicia» (Camps, 2013, pp. 53 y 72). Aunque nuestro concepto del vínculo de amistad es más restrictivo (López, 2009), lo cierto es que este reconocimiento de la solidaridad entre los seres humanos, esta tendencia al contacto y la vinculación, es una de nuestras necesidades que debe ser cumplida para ser felices y buenos ciudadanos, último fin de la ética.

En efecto, la ética de Aristóteles es teleológica. El fin es realizar bien su función, obrar bien es hacerlo conforme a su ser. Para Aristóteles, los seres humanos, igual que las cosas, las plantas y los animales, tienen una función, la propia de cada ser, y lo mejor es cumplirla bien. Ese sería el deber de la ética y también lo más conveniente para vivir bien, porque se asienta en lo que somos y lo mejor que podemos ser.

Pero en este obrar bien conforme a su ser, no son los resultados, como en el utilitarismo, lo único que cuenta. Para ello hace una distinción fundamental: hay actividades que se evalúan por el resultado, por ejemplo los trabajos manuales; pero hay otras que se evalúan por la naturaleza de la propia actividad. Este es el caso de las virtudes, que son un modo de ser y obrar, un carácter, una disposición adquirida que se hace bastante estable y se llega a expresar en hábitos, justo cuando una virtud ha sido tan practicada que no es necesario pensar ni hacer esfuerzos especiales para obrar así. De esta forma, las virtudes están entre la razón y las consecuencias de las obras, dando la mano a ambas, siendo un mediador eficaz. Son el «modo de ser por el cual el hombre se hace bueno, y por el cual realiza bien su función propia» (Camps, p. 64). Kant está cerca y lejos, según se mire, de Aristóteles, porque mientras éste pone el acento en un mediador entre la razón y las consecuencias de las obras, las virtudes, el primero se queda con la buena voluntad construida desde la razón. Las virtudes son capacidades operativas, no buenas intenciones. Kant se centra en el «juicio moral» y la buena voluntad, mientras Aristóteles en las capacidades de poner en práctica la buena voluntad.

¿Y cuál es la función del ser humano? Para Aristóteles está claro que la función propia del ser humano es alcanzar la buena vida, la felicidad, que sólo puede encontrar si adquiere las virtudes personales y ciudadanas. El medio y el fin son en realidad lo mismo.

«La ética de Aristóteles es una ética hedonista. No se construye a partir de la noción de deber o de una serie de obligaciones, sino a partir de la felicidad, porque lo que hay que conseguir es estar bien con uno mismo y con los demás... (la felicidad) eudaimonia (es) tener un buen *daimon*... (que) puede significar suerte y también carácter. Tener un buen *daimon* requiere ese ingrediente que sólo aporta la suerte, pero también el esfuerzo por forjar un carácter virtuoso. Ser feliz no está al alcance de cualquiera. La suerte debe acompañarnos, hay que haber nacido en el lugar adecuado para poder conseguirlo. Pero también hay que ganárselo (Camps, p. 58). Aristóteles, de hecho, considera que mucha gente no puede y otra mucha no sabe en qué consiste la felicidad a la que aspira y cómo conviene que sea la vida buena, confundiéndola con frecuencia con la riqueza, el placer, el éxito, etc., precisamente los valores dominantes de la sociedad de mercado.

Es decir, su concepto de felicidad está muy lejos de los planteamientos consumistas actuales, incluso del mero bienestar subjetivo del que habla la psicología; porque es verdad que el ser humano es la medida de todas las cosas, pero como ser individual y social, no hay verdadera felicidad en el ensimismamiento o delirio personal, sino en la realización de su función como persona y ciudadano.

¿Y qué aspectos de la vida atañen a la ética? No aquellos sobre los cuales no podemos tomar decisiones y actuar con libertad. La vida buena, éticamente hablando, se refiere a aquellos aspectos de la vida humana en los que podemos actuar de manera voluntaria, siendo libres en uno u otro grado. Por tanto, como en Kant, también en este autor encontramos que la libertad es un presupuesto esencial de la ética. Un hecho de experiencia que no se discute, aunque es consciente de que numerosos factores pueden poner en riesgo la libertad. Incluso cita varios tipos de factores que condicionan el uso de la libertad, indicando que cada uno de ellos incluye muchos elementos o variables concretas: la suerte (herencia biológica y social), el esfuerzo, la disciplina personal y la educación recibida.

Es decir, sobre la buena suerte (es consciente de la crueldad y limitaciones que sufren muchas personas), las virtudes son frutos del aprendizaje, de la buena educación y el esfuerzo personal, por lo que la conducta libre e inteligente no se puede improvisar. De hecho, la felicidad no es un hecho que se dé desde la infancia, sino más bien un esfuerzo de toda la vida, lo que demuestra lo lejos que está del concepto de felicidad actual y de bienestar subjetivo, que obviamente se puede alcanzar en cualquier edad, sin esperar un largo aprendizaje. Por eso identifica felicidad con virtud, un concepto que tiene elementos de la ética del deber y la ética utilitarista, reconociendo que sólo se es feliz verdaderamente cuando se respeta lo que debe hacerse, lo propio de la naturaleza humana y sus mejores posibilidades, pero también cuando se tienen buenos resultados, una conducta coherente. El inteligente deber de ser feliz, rompiendo con la dicotomía entre la ética del deber y la ética de la felicidad.

Las virtudes no vienen dadas; la única manera de adquirir las virtudes es practicándolas, ayudándose de la buena educación y del esfuerzo personal. Como criterio, un primer regulador que puede usar la inteligencia es el eje placer-dolor, reconociendo la bondad del placer. Pero este primer regulador es insuficiente, porque a veces lo que produce placer no es compatible con la virtud, y otras veces el esfuerzo personal puede resultar sacrificado y doloroso, pero necesario. Por eso se necesita la ayuda de la educación y la disciplina, justo para poder obrar de manera inteligente.

Para evitar los errores del uso del placer es necesaria la moderación, el *metron* de los griegos, el «nada en demasía» de los latinos, porque hay placeres que sin medida son dañinos para el individuo o la sociedad. Por otra parte, el dolor asociado a actividades virtuosas puede ser necesario, pero también tiene límites.

Un segundo criterio nos lo proporciona la virtud de la prudencia, que supone un análisis de las alternativas y sus consecuencias. Depende de la razón, aunque como virtud consiste en, después de mucha práctica, acabar teniendo un buen carácter, una manera de ser y actuar, propia del hombre prudente que analiza y decide lo más virtuoso, generalizando esta manera de ser y actuar a toda su vida. Nuevamente conecta con el concepto de buena voluntad kantiana, pero haciendo aterrizarla en una manera de ser y comportarse en la práctica: «en el mundo habitado por los hombres todo es contingente y precario. Por eso hay que ser prudente. Hay que ser prudente porque no sabemos con seguridad cuáles son los mejores medios para alcanzar nuestro fin o la opción elegida. Ser prudente implica deliberar, ponderar, contrastar opiniones; ya no hay ciencia del término medio» (Camps, 2013, p. 69).

En efecto, la conciencia de los límites de la razón y la libertad humana debe hacernos muy prudentes, ya que finalmente nunca podremos estar totalmente seguros, ser tan sabios, como para dejar de dudar y reconocer que podemos cometer errores.

Estas consideraciones son lo más practico que nos ofrece Aristóteles como medio para ser virtuosos y acercarnos a la felicidad. También habla de otras virtudes, pero no nos parece que sus propuestas aporten hoy día demasiado, salvo si son consideradas desde el punto de vista histórico.

Nos ha parecido también muy interesante la distinción que hace entre lo justo y lo equitativo, entre la justicia y la equidad. Por la justicia, como marcan las leyes, todos deben ser tratados iguales y darles lo que se merecen. Por la equidad se tiene en cuenta que hay personas que necesitan reparación, hoy diríamos discriminación positiva, una corrección de la justicia, conceptos que pueden ser especialmente útiles para las personas desfavorecidas, las mujeres, las víctimas de algún tipo de maltrato y las minorías, también las sexuales. Con ello, Aristóteles demuestra una vez más su inteligencia y realismo, al reconocer que la justicia no siempre es justa porque hay personas que necesitan ayudas especiales.

Valoración

Para los fines de esta publicación, creemos que Aristóteles supo ver como nadie que entre la razón y la conducta necesitamos una mediación eficaz, adquirir determinadas capacidades o características estables que él llamó virtudes: una forma de ser y actuar que requiere un largo aprendizaje y mucho esfuerzo si queremos alcanzar la felicidad propia y ser buenos ciudadanos. Incluso fue más allá al hablar de hábitos, formas de actuar que tienen cierto automatismo, de manera que, cuando se adquieren, ya no es necesario estar haciendo continuas consideraciones y esfuerzos para actuar virtuosamente, sino que esta forma de actuar se acaba convirtiendo, por así decirlo, en connatural a la persona. Este planteamiento le acerca a la psicología y a la educación modernas. No basta con razonar bien y tener buena voluntad, hay que actuar bien, y para ello necesitamos acabar siendo virtuosos, con buenos hábitos, adquirir fortalezas dirán algunos psicólogos. La importancia de estos mediadores es fundamental en la educación sexual y amorosa, por lo que ésta no puede limitarse a dar informaciones, sino basarse en una sólida educación familiar, escolar y ciudadana. Volveremos sobre ello en el capítulo de implicaciones, el séptimo.

La virtud y la felicidad son para este autor lo mismo, pues una lleva a lo otro y lo otro supone lo uno. Su visión del placer es positivo, pero Aristóteles sabe muy bien que éste debe vivirse con medida y siempre teniendo en cuenta que finalmente lo que nos hace felices es la virtud que nos lleva a ser nosotros mismos como persona individual y social, buenas personas y buenos ciudadanos.

Aristóteles, por otra parte, es muy consciente de las dificultades para alcanzar la felicidad, ya que se requiere suerte, buena educación y esfuerzo-disciplina personal. El recurso personal básico es la razón, aunque lamentablemente ésta tiene limitaciones, porque la verdadera sabiduría es inalcanzable. La sabiduría sería la virtud más excelsa, pero considera que los hombres nunca la alcanzan del todo. Por ello, hemos de ser muy prudentes, analizar mucho las alternativas, juzgar con el mayor acierto posible, decidir bien y adquirir las virtudes y hábitos que nos permitan obrar bien. Esto es la ética, el arte de decidir y obrar bien, conforme a nuestra naturaleza, a nuestra propia autenticidad, en todo aquello que tenemos un margen de libertad. La libertad es para Aristóteles un supuesto real no discutible, porque las personas, de hecho, podemos tomar decisiones. La ética es el arte de ser libres, guiados por la inteligencia y el sentido social de la amistad, porque somos seres sociales.

La propuesta de Aristóteles nos parece muy bien centrada y con muchas implicaciones prácticas, al considerar que la educación y el esfuerzo personal suponen la verdadera esperanza de que los seres humanos seamos más éticos y más felices. No es suficiente una propuesta de deberes, pues es necesario crear las condiciones sociales y personales para que se encarnen en virtudes y hábitos en las relaciones sexuales y amorosas.

3 La biología y ética sexual y amorosa

Las ciencias experimentales han avanzado de forma espectacular en los últimos siglos, hasta el punto que se atreven a plantarse problemas y a hacer investigación sobre temas que siempre se habían considerado como cuestiones religiosas o filosóficas. Este es el caso de la ética y la conducta moral.

Los descubrimientos son sorprendentes y alentadores, si los consideramos como pruebas del peso biológico en la fundamentación y explicación de la moral. Tal es así que Hastings, Zah-Waxler y McShane (2006) llegan a afirmar que «nosotros somos, por naturaleza, criaturas morales» (p. 504). Una afirmación que no sorprende a los filósofos, pero hacerla basándose en conocimientos biológicos es una gran novedad. Nos alegra semejante conclusión, aunque otra cosa es si se pretende, como hacen algunos científicos, explicar la conducta moral y las decisiones éticas únicamente a través de las características del cerebro, las hormonas u otros factores biológicos.

3.1. LA SOCIOBIOLOGÍA Y LA ÉTICA

El darwinismo, la psicología evolucionista y, más en concreto, la «sociobiología», esta última como aplicación más atrevida, intentan describir las conductas morales y fundamentar su sentido en la biología. Wilson (1980, pp. 580-581) lo afirma abiertamente: «Científicos y humanistas deberían considerar conjuntamente la posibilidad de que ha llegado el momento de retirar temporalmente la ética de las manos de los filósofos y biologizarla... Para lo que será necesaria la completa exploración de la maquinaria nerviosa del juicio ético». Planteamiento que, como veremos, está intentando fundamentar en la actualidad la neuroética.

Para este autor, y para quienes le siguen con mayor o menor radicalidad, los valores y la conducta humana no son el resultado de decisiones conscientes y libres, sino que están muy influidos o determinados por los «centros emocionales de control situados en el hipotálamo y el sistema límbico del cerebro» (Wilson, 1980, p. 3), que son fruto de la evolución.

La caída del antiguo régimen (Dios, Patria y Rey) conllevó el que numerosos pensadores y científicos pudieran preguntarse con libertad quiénes somos los seres humanos y por qué pensamos y actuamos como lo hacemos. En este contexto, también se preguntan por qué no sólo estamos motivados por nuestro propio interés individual, sino que también encontramos razones y motivaciones para cooperar, luchar por la justicia e incluso ser altruistas. Con Copérnico había caído una concepción del universo antropocéntrica, con Darwin la idea de que el ser humano había sido creado por Dios, a su imagen y semejanza (en realidad era más bien al contrario, los seres humanos habíamos inventado los dioses a nuestra imagen) y con Freud la creencia en que las motivaciones de nuestra conducta son conscientes y libres. El ser humano no sólo no es el centro del universo, sino que no sabemos, en realidad, dónde estamos; somos una especie que ha evolucionado desde las formas de vida más primitivas y no somos conscientes de las motivaciones más importantes.

Estos tres cambios, más allá de la utopía ilustrada sobre el poder de la razón (utopía sin Dios), en la que se construye un concepto «idealista del ser humano», hacen que las ciencias naturales se hayan liberado de mitos y prejuicios y lanzado a entender quiénes somos y por qué pensamos y actuamos como lo hacemos. Es así como también la utopía de la ilustración sobre el poder de la razón y la educación es puesta en cuestión, depositando la esperanza en la regulación biológica de nuestra vida. En efecto, después de décadas de ambientalismo ingenuo son las corrientes biologicistas las que hoy quieren desbordar todos los límites, seguramente no con menos ingenuidad.

Fue la corriente evolucionista la que primero intentó describir y explicar la conducta de los cuidados incondicionales de las madres o progenitores, la cooperación entre los seres humanos y el altruismo. Una vez observadas y descritas numerosas conductas de crianza, cooperación y de «altruismo», presentes también en numerosas especies, se preguntaron qué sentido y fundamento tienen estas conductas, que aparentemente contradicen la ley de la selección natural, porque las personas son generosas y altruistas sin que parezcan tener como motivación su propio interés. Llegar a dar la vida por otros no parecía, en principio, la mejor forma de defender el propio interés. Sus descripciones son, en principio, funcionales, limitándose a observar y hacer descripciones de las conductas, pero acaban levantando el vuelo y haciéndose preguntas sobre el sentido y explicación de la ética y la conducta moral. Vuelo que no se ha detenido en las preguntas, sino que, finalmente, en la investigación más reciente, han llegado a hacer afirmaciones muy atrevidas, más allá de resultados, eso sí espectaculares. Pero vayamos poco a poco siguiendo esta historia.

Para Darwin, como es sabido, el mecanismo central que explica la evolución es la selección natural: proceso a través del cual ciertos genes (los de los animales que consiguen reproducirse más) se hacen preponderantes en las generaciones siguientes. Los organismos vivos están preprogramados para conservarse durante un tiempo y expandir sus genes a generaciones posteriores. Aquellos genes de los individuos que más se reproducen son los que acaban predominando, como es lógico.

Vistas así las cosas, podríamos concluir que la vida es una lucha cruel en la que el interés de cada individuo es el que motiva todas sus conductas, y desde luego no faltan observaciones y pruebas sobre conductas egoístas.

Pero estos investigadores, grandes observadores de la realidad, se dieron cuenta que en numerosas especies hay otros comportamientos que no se pueden explicar por un egoísmo individual, en defensa de la propia vida o de la directa transmisión de los propios genes. Conducta egoísta que, por otra parte, sería instintiva, preprogramada y apoyada, en el caso humano, por la experiencia y la inteligencia planificadora de la especie humana.

La primera contradicción que observaron con está motivación egoísta universal está en la conducta de cuidados generosos e incondicionales de la madre o de ambos progenitores, frecuentemente dispuestos a trabajar sin descanso para alimentar a las crías, ofrecerles múltiples cuidados y defenderlos, exponiendo su propia vida ante los depredadores o enemigos de cualquier tipo. Pero la explicación a estas conductas les resultó relativamente fácil, puesto que los hijos tienen sus propios genes y los expanden. Aun así, si son fácilmente entendibles los cuidados generosos, ¿cómo explicar que estén dispuestos a arriesgar su propia vida? Sólo un instinto subjetivo irracional podría explicar que una madre diera la vida por los hijos, perdiendo la propia. No sería pues una decisión individual libre, sino el resultado de una programación estable en las especies. Es decir, la incondicionalidad generosa está preprogramada con la función de garantizar la expansión de los propios genes, aun a costa de la vida individual de los miembros de las especies que tienen este comportamiento.

La cooperación con los miembros de la propia tribu es más difícil de entender, porque comparten menos genes. Para resolver esta segunda contradicción, el razonamiento de estos autores sigue siendo esencialmente el mismo: la selección natural actúa, porque finalmente garantiza mejor la supervivencia individual y colectiva con la cooperación y las alianzas entre todos que si se afrontaran los problemas y peligros de forma individual. De esta forma, dicen haber observado que los genes tribales están más asegurados en los grupos organizados que colaboran en búsqueda de alimento y en la defensa del propio grupo tribal que en aquéllos en los que los individuos son, por decirlo así, egoístas de corta mira. En definitiva, los individuos egoístas a ultranza defienden mal sus propios intereses y los propios genes, porque «solos» son muy vulnerables. La cooperación es así una muestra más de la inteligencia biológica de las especies colaboradoras, como la humana.

Hasta aquí el razonamiento parece impecable, pero no es tan fácil explicar la cooperación y el altruismo únicamente por este camino: ¿por qué ayudar a aquellos individuos que por estar enfermos, ser viejos o ser discapacitados, etc., no pueden cooperar?, ¿cómo calcular la reciprocidad precisa para la cooperación sin que los individuos se sientan explotados o instrumentalizados?, ¿cómo sabiendo que no se puede esperar reciprocidad hay personas que ayudan de forma altruista, sabiendo que su conducta tiene más costes que beneficios?

En el caso concreto del altruismo sólo explican esta conducta porque está programada, sin considerar que pueda ser una decisión libre y racional, que sería la verdadera conducta ética. El altruismo supone favorecer de forma voluntaria, con ayudas de uno u otro tipo, a los otros, sin obtener, al menos conscientemente, beneficios propios o incluso asumiendo costes que pueden llegar a ser grandes. Trabajar para otros seres vivos, morir por defender a otros, consolar sin esperar nada a cambio, ayudar al débil o enfermo, etcétera, son conductas frecuentes en numerosas especies, especialmente en la humana. ¿No contradicen estas conductas el principio de la selección natural? El mismo Darwin se dio cuenta de lo difícil que era explicar estas conductas, por otra parte frecuentes.

Entre las explicaciones más recurridas está la de Hamilton, citado por Cortina (2010, p. 12), que puede formularse así: «obra con los demás según la medida que compartan tus genes». Se trataría, por tanto, de proteger los genes propios ayudando a aquellos que los comparten con nosotros.

Dar por buena esta explicación no es tan fácil, especialmente cuando nos alejamos de las relaciones de parentesco más cercanos. Y, sobre todo, ¿a través de qué mecanismo se produciría esta conducta tan aparentemente contradictoria con el egoísmo propio? Una posible explicación es que esta conducta, como la cooperación, sea beneficiosa también para los altruistas, beneficiando al grupo y facilitando finalmente que cada uno pueda expandir más sus genes; de esta forma, los genes de quienes fueron altruistas sobrevivieron más que los egoístas, acabando estabilizando en la especie los genes más generosos. Es decir, no se trataría de una conducta preprogramada a través del éxito reproductor de quienes la hicieron, sino del éxito reproductor de la familia y la tribu.

Otra posible explicación es que los animales, mucho más en el caso humano, puedan aprender los beneficios de la reciprocidad. Una reciprocidad que, si hablamos de altruismo, no podría estar presente en la motivación de estas conductas, porque dejarían de ser altruistas. Es decir, esa reciprocidad real posible tendría que asentarse en mecanismos no conscientes, por ejemplo la empatía, que podrían empujar al individuo a ayudar sin esperar nada a cambio.

Por las dos vías, la genética o la de capacidades o rasgos estables en la persona, se trataría de una forma de beneficiar al grupo propio, la selección natural a favor del grupo. Y se habría producido porque a «los buenos», por así decirlo, les iría mejor que a los malos.

En esta explicación vemos la limitación más importante para fundamentar la ética desde esta corriente, porque si de lo que se trata es de defender la expansión de los propios genes, el universalismo de la ética desaparece, a la vez que se justifica la eliminación o destrucción de los desconocidos, alejados genéticamente de cada uno de nosotros. Incluso si llegáramos a sentirnos hermanos por pertenecer a una única especie, ¿cómo fundamentaríamos el trato adecuado a otras especies, por ejemplo?

Si me permiten algo más que una broma, si fueran ciertas estas teorías deberíamos estar comprobando una mejora muy clara en la cooperación, generosidad y altruismo a lo largo de la historia de la humanidad: ¿podemos estar seguros de ello? Todo parece indicar que cada niño que nace es un reto social, porque puede acabar siendo un egoísta recalcitrante, incluso un peligro para el grupo, o un buen ciudadano. Por el contrario, todo parece indicar que son los cuidados familiares, los conocimientos escolares, los valores sociales aprendidos, etc., los que más determinan, salvo casos muy concretos (la personalidad psicopática, por ejemplo), cómo se resolverá ese reto.

En otras especies estas preprogramaciones del altruismo están bien fundamentadas, pero en el caso humano no son biológicas, ni instintivas si nos referimos al altruismo con los desconocidos o más alejados de la familia y la tribu. Por eso los militares siempre «comen el coco» a los soldados con los deberes para con la Patria, organizan juramentos ante la bandera («el de dar hasta la última gota de mi sangre»), presentan a los otros como enemigos perversos y tienen normas que aseguran el fusilamiento de los soldados que desertan.

La verdadera utilidad de la reciprocidad para la ética justa y benevolente —en la que hay altruismo y no reciprocidad de intercambio de beneficios— sólo puede asentarse en el principio kantiano (también presente en numerosos profetas religiosos) de la dignidad de todos los seres humanos, iguales con independencia de que compartan más o menos genes. Si conseguimos que la solidaridad con los propios se extienda a todos, porque todos somos hermanos, es probable que estos mecanismos genéticos, hormonales o cognitivo-emocionales nos ayuden, pasando de considerarnos parte de una tribu a parte de la especie y, aún más, del cosmos. La ética cósmica y transgeneracional (para no dejar la tierra quemada a los descendientes) sólo se puede asentar en la razón.

En definitiva, si los seres humanos estamos también programados para ser generosos, bienvenido sea, pero ahora debemos, con nuestras capacidades racionales, extender a todos la solidaridad. Se trata de reconocer nuestras mejores capacidades apoyadas en nuestros recursos ancestrales, liberados de todo racismo o nacionalismo. Un camino que seguramente tendremos que ayudar a hacer a cada niño o niña que nace, porque en todos está presente nuestro cerebro ancestral programado para el amor o el odio. El internacionalismo del movimiento obrero clásico, con ese maravilloso canto de la internacional, está entre las mejores expresiones de la humanidad, como lo son las declaraciones de Derechos humanos.

La sociobiología puede hacernos entender muchas cosas, por ejemplo el egoísmo humano y la generosidad y altruismo de las madres, e incluso reconocer las bases biológicas y patrones de conducta para que dicho egoísmo no resulte destructivo en la familia y el propio grupo tribal, pero está muy lejos de explicar lo que es la ética humana, que justo debe fundamentar el deber en la razón y en la consideración del otro como un ser con nuestro mismo valor y dignidad; es decir, sólo puede basarse en el poder de controlar con el juicio ético y la voluntad buena los intereses egoístas, familiares o tribales.

Que las bases genéticas y cerebrales sean éstas, y que los cuidados, la cooperación y altruismo hayan estado durante milenios más circunscritos a la propia familia y tribu, es muy posible, pero lo que es preciso es dar un salto cualitativo para que las cosas cambien y nos sintamos todos humanos sobre una tierra que cuidar pensando en nosotros y en nuestros hijos y los hijos de nuestros hijos.

De hecho, el mismo Wilson, tan radical en numerosos textos, da pie a que su propuesta sea considerada simplista. En efecto, reconoce que la conducta del ser humano no puede explicarse únicamente con el sistema hipotalámico y límbico, porque «parte de la actividad es probable que esté desfasada, como una reliquia del ajuste a las más primitivas formas de organización tribal. Otra parte podría estar en período de crecimiento, construyendo nuevas y rápidas adaptaciones cambiantes a la vida agraria y urbana (1980, p. 581).

Que las partes tribales siguen activas es bien evidente. Basta ver las frecuentes guerras tribales, la irracionalidad de no pocos nacionalismos o el comportamiento de algunos aficionados en las competiciones deportivas. El rechazo, el miedo o el odio a los desconocidos (a los que consideramos de otros país, otra etnia, otro equipo deportivo) está muy activo entre nosotros y es muy fácil de manipular. Pero el ser humano es más rico y complejo: en el cerebro arcaico encontramos también lo mejor, de forma que, si fomentamos esto y controlamos lo peor, estamos en el camino de conseguir una especie más solidaria y justa. Además, no sólo tenemos un cerebro arcaico, sino que el cerebro humano es mucho más rico, como este mismo autor reconoce, casi contradiciéndose, por ejemplo, al referirse en concreto al tema que nos ocupa en este libro: «El comportamiento sexual de los vertebrados difiere de los insectos en el sentido de estar controlado casi en su totalidad por el cerebro, singularmente por las regiones del neocórtex... Los primates superiores, sobre todo los chimpancés y el hombre, han prolongado y personalizado el comportamiento sexual» (Wilson, 1980, p. 163). De hecho, centrándonos en los seres humanos, su conducta sexual no está únicamente regulada por las hormonas o por determinadas características del cerebro arcaico, sino que su manera de vivir la sexualidad ha dado un salto cualitativo, como explicamos en el primer capítulo de este libro, al hablar de la capacidad de tomar decisiones y poder organizar biografías sexuales y amorosas muy diversas.

Este salto ha sido posible gracias a nuestros cambios cerebrales (nuestra conciencia reflexiva y nuestra capacidad de argumentar sobre lo justo o injusto, lo bueno y lo malo), pero está también asociado a nuestros aprendizajes sociales. Los cambios sociales han sido, con frecuencia, represivos, pero también los ha habido liberadores, como revisaremos más adelante. Por eso, querer explicar los mecanismos y contenidos de la ética sólo desde la biología, incluso incluyendo desde el hoy, con razón, revalorizado cerebro emocional, es un camino errado. Conseguir que la cooperación y altruismo tribal se generalice a una sociedad global, ese el camino a seguir, gracias a las capacidades cerebrales, pero también a pesar de algunas de sus características.

No queremos una cooperación limitada a lo tribal, mientras el rapto o la violación de las mujeres de las otras tribus sean justificadas y valoradas como conductas heroicas, sino que toda mujer sea respetada siguiendo el principio racional universal de la ética del consentimiento.

Conocer más y mejor nos hará más libres y más responsables. En la medida que conozcamos mejor las bases biológicas y patrones de conducta propios del deseo sexual, estos conocimientos no nos harán esclavos ni nos llevarán a imponer el deseo a otras personas, sino que nos harán ser más conscientes de sus mecanismos y también de nuestra libertad y obligación de seguir el principio de la ética del consentimiento frente a los abusos, el acoso, la violación, la presión o el engaño.

La ciencia nos permitirá reconocer las bases biológicas y adaptativas de nuestras conductas sexuales y amorosas, así como el salto cualitativo que supone el que nuestro comportamiento no sea sólo instintivo, sino también consciente, razonado y cada vez más libre. Porque, de hecho, somos una especie que puede y debe tomar decisiones sobre su vida sexual y amorosa. Que estas decisiones sean libres, igualitarias, justas y hasta benevolentes con los demás es el camino a seguir.

3.2. NEUROCIENCIA Y ÉTICA

Siempre que aparece un nuevo campo de investigación no son pocos los científicos que nos llenan de promesas. Después de unas décadas, dichas promesas se ven cumplidas o acaban frustrando a quienes las hicieron y, lo que es peor, a los que las creyeron. La historia de imprudencias es bien larga. No está siendo una excepción el caso de la neurociencia.

Es evidente que el cerebro es lo más específicamente humano y que no podemos explicarnos sin sus capacidades; pero no lo es menos que su funcionamiento es tan complejo que no es fácil comprender cómo se rige y hasta qué grado explica, por sí solo, nuestra conducta. Sus interacciones son tan complejas que, cuando se cree haber descubierto la sede de las funciones humanas más elaboradas, resulta que nunca se explican por una estructura concreta, sino que finalmente se hace preciso reconocer que está implicada una red de conexiones cerebrales tan amplia que, por el momento, acabamos perdiéndonos en ella. Esto no quiere decir que tales investigaciones no sean excelentes y útiles, sino que estamos aún lejos de comprender el pensamiento y la conducta humana si queremos hacerlo desde nuestros conocimientos del funcionamiento cerebral. Por otra parte, justo por las capacidades cerebrales que tenemos somos seres que aprendemos, acumulamos y compartimos el conocimiento, y eso que «construimos» como especie se convierte en un patrimonio que transmitimos, enriquecemos y enseñamos a cada generación, con lo que jamás se podrá explicar el pensamiento y la conducta humana únicamente analizando el funcionamiento del cerebro. Este hecho tan evidente es lo que no ha sido tenido en cuenta por los biologicistas más radicales. Somos seres sociales, con lenguaje y capacidad de acumular conocimiento y de transmitirlo; la historia de la especie y la biografía individual son una «construcción», resultado de interacciones tan complejas que aún estamos lejos de comprender del todo. Sabemos más de los resultados en términos de pensamientos, sentimientos y conductas que de su explicación causal. Un misterio para nosotros mismos, como lo es nuestro conocimiento del universo. Incluso es necesario tener en cuenta que los humanos podemos proponer ideales e incluso utopías y organizar nuestra vida para acercarnos a ellos. En cierto sentido podemos inventarnos, a favor de utopías o con desvaríos tan dramáticos como el nazismo, por poner un ejemplo entre tantos. Es el mundo inteligible, sólo posible por las capacidades de nuestro cerebro, pero con resultado que sobrepasa el mero funcionamiento biológico tanto a nivel individual como social. El cerebro, por ejemplo, nos permite argumentar, pero los contenidos y reglas de la argumentación no son un reflejo mecánico de la biología. Podemos hablar, pero el contenido de la comunicación es mucho más que biología.

Finalmente este maravilloso órgano nos condiciona lo que podemos ser, pero no es la única fuente que nos explica, justo gracias a su plasticidad y potencialidad.

Por último, es preciso tener en cuenta que el cerebro es fruto de la interacción con el ambiente durante milenios, de forma que no sólo es «causa» o «concausa» del pensamiento, los sentimientos y la conducta, sino que estas funciones no han dejado de modularlo. Toda visión biológica estática y parcial de la especie y de la persona concreta es errónea.

Mientras continúa la investigación, ¿qué ha aportado la neurociencia a la comprensión de la ética? Mucho y poco, según se mire, pero, eso sí, su pretensión de fundamentar una ética de valor universal se ha desinflado tal vez para siempre (Cortina, 2010, pp. 129-148).

La neurociencia es el estudio de las bases cerebrales del pensamiento, los sentimientos y la conducta humana, aspirando, en el caso de los autores más moderados, a contribuir a conocernos mejor y, en el de los más radicales a explicar, por fin, el funcionamiento general del ser humano.

Su objetivo en el campo de la ética es descubrir las bases cerebrales que nos permiten distinguir entre el bien y el mal, lo correcto y lo incorrecto, pudiendo llegar a fundamentar las bases biológicas de la moralidad e incluso a formular una ética universal.

Como señala Cortina (2010), citando a numerosos autores, «si es verdad, como defiende un buen número de neurocientíficos, que la neurociencia permite fundamentar una ética universal», entonces la neuroética podría y debería proponer cómo deberíamos vivir, convertirse en una propuesta reguladora de los valores, la política y la conducta humana. Las bases cerebrales garantizarían una especie de instinto moral, «una capacidad, producto de la evolución, que posee toda mente humana y que de manera inconsciente y automática genera juicios sobre lo que está bien y lo que está mal» (Hauser, 2008, p. 26, citado por Cortina, 2010).

Se trata de un enfoque científico muy reciente. Aunque el uso del término es anterior, pues en 1989 aparece por primera vez, fue en el 2002, en San Francisco, cuando se celebró el primer congreso científico sobre Neuroética, haciendo una presentación oficial de este campo de investigación. Las actas del congreso reflejan un gran optimismo y muchas expectativas de lo que dicho campo podría aportar a la comprensión de la ética humana, soñando incluso con la posibilidad de llegar a fundamentar una ética de valor universal, basada en la capacidad del cerebro humano para distinguir entre el bien y el mal, lo correcto y lo incorrecto. Desde entonces han aparecido numerosas publicaciones, cátedras de universidad, una nueva revista, «Neoroethic», y numerosos masters con la denominación de neurociencia como base. En psicología y las ciencias sociales hemos pasado de unas décadas de ambientalismo ingenuo a un biologicismo, expresado en las ciencias genéticas, neurológicas, bioquímicas y evolucionistas. Es en este contexto científico cuando aparece la neurociencia que investiga cómo funciona el cerebro, descubriendo que las áreas del cerebro están relacionadas con funciones concretas, aunque reconocen que éstas interactúan entre sí de forma compleja.

La metodología de investigación sigue diferentes caminos, como la presencia o ausencia de determinadas funciones en sujetos normales o con problemas concretos y, sobre todo, con las nuevas técnicas de neuroimagen que llegan a captar la actividad cerebral.

La base teórica en que se sustenta esta ciencia es una relación directa entre el funcionamiento de las bases cerebrales y la manera de pensar, sentir y actuar. Pero, y adelantamos con ello el núcleo de nuestra crítica, una cosa es reconocer el peso de las bases cerebrales en nuestras capacidades y otra los contenidos concretos que de hecho tienen el pensamiento, las emociones y la conducta humana. Una cosa es reconocer la capacidad humana para el lenguaje y otra no tener en cuenta la diversidad de lenguas y el contenido de la comunicación. Es verdad que todas las lenguas tienen elementos comunes, pero no es menos cierto que los idiomas no vienen dados por el cerebro sino transmitidos socialmente y tienen también una gran diversidad. Si nos referimos a la comunicación entre personas, la explicación biológica no es suficiente, aunque pueda aportar elementos muy interesantes. Si esto ocurre con el lenguaje, es seguro y más evidente el peso social en el mundo de los valores y las conductas, porque afectan a intereses o construcciones individuales, sociales y culturales.

Una cosa es que tengamos la capacidad y tendencia a evaluar y valorar éticamente la conducta, y otra que el pensamiento, los valores y la ética sean universales. La historia humana y la diversidad de culturas, normas, valores y conductas consideradas éticamente correctas e incorrectas demuestra más bien que la vida se ha organizado a partir de intereses individuales, familiares, tribales, estatales o culturales, y así seguimos.

De hecho, cuando los neurocientíficos se plantean cuál es el origen y el funcionamiento básico de los seres humanos, desde el punto de vista cerebral, recurren a argumentos tomados de la teoría evolucionista. Argumentos valiosos, pero que están lejos de poder fundamentar la universalidad de los contenidos éticos, más bien al contrario, como ya hemos explicado en el apartado dedicado a la sociobiología.

En efecto, es razonable pensar que nuestras capacidades cerebrales nos permitieron reconocer que era conveniente la colaboración entre los individuos, especialmente con los de la propia familia, primero (las redes de parentesco, preprogramadas en nuestra especie a partir de la relación madre-cría), y los de la tribu después. Esta colaboración es una decisión inteligente, asentada en los instintos de maternidad (sistema de cuidados) y en los vínculos entre la madre y la cría, que acabó implicando a los padres y a las tribus, como una defensa de la supervivencia objetiva de los propios genes y de la supervivencia individual, en un mundo lleno de peligros. Incluso es del todo razonable pensar que se fuera ampliando la tribu por los mismos motivos, llegando a nuestros días a formar Estados y asociaciones de Estados que establecen pactos y alianzas. Pero toda esta historia es lo contrario de una ética universal. Es más bien la legitimación de los intereses de los individuos, las familias, las tribus y los Estados frente a los enemigos. Una historia de luchas y crueldades que es seguro contribuyó a desarrollar capacidades cerebrales para la colaboración, pero mediatizadas por la defensa de lo propio y la declaración de lo ajeno como enemigo potencial o real. Incluso a nivel individual, encontramos sistemas que han acompañado este proceso: «el miedo a los desconocidos», presente en cada persona desde aproximadamente los seis u ocho meses, justo para distinguirlos de las personas que nos podemos fiar, familiares, conocidos..., y facilitar la tendencia a establecer vínculos de carácter tribal y étnico, como demuestran todo tipo de nacionalismos.

Incluso uno de los productos más elaborados de la humanidad, el monoteísmo, ha estado acompañado de la creencia en que si hay un solo Dios, el verdadero es el nuestro, de modo que los dioses de los demás son falsos y sus seguidores infieles a los que hay que convertir o derrotar. Las guerras religiosas y los mártires actuales en nombre de su único Dios son aún un reflejo de esta historia del bien y del mal, basado en nuestras tendencias más arcaicas de apoyo a los nuestros y de guerra a los infieles o a los otros, que declaramos enemigos.

La tendencia a valorar la realidad en términos de bueno y malo, bien y mal, es una buena noticia para la ética, pero sólo la Razón puede liberarnos de nuestra historia ancestral, cambiando los contenidos tribales de la ética por contenidos universales. Esta es la grandeza de la Razón, la esperanza de que utilicemos esta capacidad de usar nuestro pensamiento y nuestras bases cerebrales para fundamentar y hacer realidad la ética, descubriendo el egoísmo en cada uno de nosotros, en cada familia, en cada tribu, en cada nación, en cada religión, para dar un salto cualitativo y comprender, como anunciaron diferentes profetas, que somos hermanos, que lo más inteligente emocional y socialmente es establecer una colaboración universal basada en valores universales.

Por consiguiente, la neurociencia puede ser un gran apoyo para comprender nuestra capacidad de establecer una ética, pero únicamente la razón nos permitirá descubrir también nuestra tendencia a usar los valores como legitimación de nuestros derechos personales e incluso para justificar las guerras, el odio y el rechazo de los que no son parte de nuestro grupo. Así como tenemos manos que nos permiten abrazar o estrangular al otro, tenemos cerebro que nos permite legitimar la maldad o formular una ética universal.

No estamos, por tanto, en contra de estas investigaciones y de sus posibilidades y utilidad, pero sí creemos que es un error pensar que la ética universal pueda extraerse directamente de dichas bases. La mente humana ha dado un salto cualitativo con su capacidad de conciencia reflexiva, el uso de la razón que permite darse cuenta de la buena y mala voluntad, de la tendencia a valorar la realidad desde nuestros intereses, pero también de descubrir que no estamos solos, que estamos en familia, tribu, etnia, cultura, nación y, sobre todo, que somos una especie con unidad de características e intereses que podemos compartir y resolver en colaboración, tomando como base la ética universal.

¿A qué conclusiones concretas provisionales está llegando la neuroética? Adela Cortina las resume de esta forma:

> «Las técnicas de neuroimagen permiten apreciar que en las situaciones morales personales las imágenes cerebrales revelan una gran actividad en zonas que desempeñan un papel crucial en el procesamiento de las emociones, un circuito que va aproximadamente desde el lóbulo frontal hasta el sistema límbico... los juicios sobre dilemas morales personales implican una mayor actividad en las áreas cerebrales asociadas con la emoción y la cognición social... Según un buen número de autores, parte de la respuesta al menos podría encontrarse en los códigos de funcionamiento más primitivos de nuestro cerebro, adquiridos a lo largo de la evolución. Estos códigos, que son fundamentalmente emocionales, se establecieron en poblaciones muy pequeñas, en las que eran necesarios para la supervivencia...
>
> Al parecer, pues, hemos adquirido códigos y mecanismos para montar, sobre una primera impronta emocional, los razonamientos y juicios morales más rápidos, y con ellos una respuesta social inmediata. Esto —se dice— ha sido claramente seleccionado durante la evolución.
>
> Éste parece ser uno de los mensajes de la neuroética: que el cerebro toma decisiones influido por algún tipo de compás de moral universal que todos poseemos; las decisiones ante dilemas personales suponen más actividad cerebral en las zonas asociadas con la emoción y la cognición moral, porque, desde una perspectiva evolutiva, las estructuras neuronales que asocian los instintos con la emoción se seleccionaron, ya que resulta beneficioso ayudar a la gente de modo inmediato. Hay una capacidad, universalmente extendida, de distinguir entre el bien y el mal, que tiene una función adaptativa. La capacidad de reconocer normas de conducta en la sociedad y aplicarlas a los demás y a sí mismos —se dice— ayuda a sobrevivir y prosperar» (Cortina, 2010, pp. 11-12).

Como se ve, precisamente por la falta de suficiente conocimiento del cerebro, los neurocientíficos recurren a la teoría evolucionista para explicar la conducta humana, aportando, por su parte, qué áreas del cerebro se activan más o menos según las situaciones o dilemas morales. Pero aun dando por ciertos estos planteamientos e interpretaciones, resulta que lo que nos lleva es a una ética particular, beneficiosa con lo que tiene que ver con lo propio: los familiares, los de la tribu, los cércanos; es decir, justo lo contrario de lo pretendido por una ética universal.

Por eso estamos muy de acuerdo con la valoración que hace la profesora Adela Cortina de la neuroética:

> «A mi juicio, la interpretación adaptacionista a la que nos hemos referido puede ser de utilidad para entender por qué nos afectan de diferente forma los problemas personales y los impersonales, y ésta sería una enseñanza bien interesante para la educación. Los niños y los adultos no deberían culparse por sentirse más afectados por los problemas de los cercanos que por los de los lejanos, más seguros con los que les son familiares que con los extraños y diferentes. La cuestión no sería sentirse culpables, sino pensar si ése es el camino que quieren seguir o prefieren tratar de cultivar la razón y emociones en un sentido diferente, por ejemplo, el del aprecio también a los lejanos. Para plantearse una educación de este tipo sería muy fecundo conocer estos códigos evolutivos, si es que existen. Pero si las interpretaciones adaptacionistas a las que nos hemos referido pretenden servir de fundamento para una ética universal, las dificultades son insuperables... ese código es totalmente

contrario a contenidos como los de la Declaración Universal de Derechos Humanos de 1948» (Cortina, 2010, 13-14).

Por nuestra parte, a día de hoy podríamos concluir, con relación a la posibilidad de formular una ética universal de las relaciones sexuales amorosas, que: *a*) las capacidades cerebrales nos permiten tener comportamientos de colaboración y cuidado de los demás, que se expresan en sentimientos positivos y en comportamientos; *b*) estos sentimientos y conductas son particularmente evidentes en el caso del cuidado de las crías y en las conductas de colaboración con los miembros de la familia, de la tribu o incluso de grupos sociales más amplios, y *c*) pero por esta vía es difícil fundamentar una ética universal, porque la activación de estos recursos cerebrales puede quedar bloqueada cuando se trata de un desconocido o persona identificada como de otra familia, otra tribu, otra etnia, etc. De estos tres hechos se deduce que, finalmente, la discriminación hecha a través del conocimiento social adquirido se convierte en un factor fundamental para tener estos buenos sentimientos y conductas o sus contrarios, puesto que sólo socialmente aprendemos cuál es nuestra familia, nuestra tribu, etc. Por tanto, el uso de estas bases cerebrales, los sentimientos y las conductas que finalmente tenemos dependen de la experiencia y el aprendizaje social. Un prejuicio étnico, por ejemplo, puede dar al traste con los buenos sentimientos y las buenas conductas, por muy empáticos que seamos. Por todo ello, finalmente, aunque es maravilloso poder demostrar la existencia de estas bases cerebrales, lo cierto es que éstas pueden inclinarnos a amar u odiar, a cooperar o a hacernos la guerra, siendo finalmente la interpretación aprendida la que nos inclina en uno u otro sentido. Lo único que puede llevarnos a una ética universal es una interpretación de los seres humanos en la que todos los miembros de la especie estamos hermanados. El aprendizaje de esta interpretación requiere un proceso de socialización que, sin negar la prioridad emocional de las relaciones de parentesco, tribales, étnicas y nacionales, nos permita razonar en términos propios de un mundo globalizado. Ello es posible gracias a las capacidades cerebrales de toma de conciencia, razonamiento y de evocación de buenos sentimientos, como la empatía, así como la regulación emocional y planificación de la conducta. Sólo gracias al cerebro humano podemos hacer estas cosas; pero también podemos decir que este uso de la razón ética universal es únicamente posible si conseguimos que cada cría que nace aprenda a controlar los sentimientos antisociales, los prejuicios étnicos, etc. Es decir, la ética universal es posible gracias a los fundamentos cerebrales, pero también a pesar de ellos.

3.3. LAS HORMONAS Y EL CEREBRO COMO EXPLICACIÓN DE LA ÉTICA Y LA CONDUCTA

Primero fueron los evolucionistas, después, mucho más recientemente, los neurocientíficos y, por último, la conexión entre la neurociencia y la endocrinología, intentando cerrar el círculo de la explicación fisiológica del pensamiento ético, las emociones y la conducta humana. En este momento, éstas y otras ciencias se están unificando, intentando explicar quiénes somos, cómo pensamos, sentimos y actuamos.

Por lo que hace relación a nuestro tema, la ética de las relaciones sexuales y amorosas, una de las revisiones más recientes y atrevidas es la de Larry Young y Brian Alexander (2012), con título bien expresivo: «Química entre nosotros». El título y el contenido suponen un intento de explicar las relaciones sociales, interpersonales, sexuales y amorosas a través del funcionamiento hormonal y cerebral. El hecho de que uno de ellos sea un investigador prominente y otro un periodista refleja muy bien la intención de llegar a un público amplio, convencidos como están de que estas investigaciones van a suponer una revolución copernicana en la forma de entender al ser humano y sus relaciones sociales.

Como ocurrió con los primeros neurocientíficos, comentados en el apartado anterior, sus expectativas son muy grandes y sus logros en el laboratorio también, pero, como veremos, sus interpretaciones teóricas y generalizaciones demuestran lo que ocurre hoy con numerosos investigadores, que carecen de una visión global de lo que en realidad es la especie humana.

Partiendo de la descripción misteriosa y fenomenológica del amor, que consideran propia del pensamiento tradicional, dejan bien claro, una y otra vez, su tesis central. ¿Cuál es esta tesis? Su núcleo ya había sido presentado por otros autores hace años y ha sido divulgado por algunos sexólogos, convencidos de que el enamoramiento es «química que dura lo que dura su química» (López, 2009). Esta tesis también se aplica a la ética, faltaría más. Veamos esta tesis en diferentes formulaciones:

«El deseo, el amor y los lazos que hay entre las personas no son tan misteriosos en el fondo. La realidad es que el amor no llega ni se va volando. Las complejas conductas que rodean este tipo de emociones dependen de unas cuantas moléculas de nuestro cerebro. Son estas moléculas, al actuar en determinados circuitos neuronales, las que influyen de una forma tan poderosa en algunas de las decisiones más cruciales» (Larry Young y Brian Alexander, 2012, p. 15). Idea que repiten una y otra vez estos autores: «el cerebro se compone de numerosas estructuras que responden a una miríada de compuestos neuroquímicos... ninguna región es superior ni inferior a cualquier otra... Los circuitos cerebrales del deseo y del amor tienen una influencia tan grande que habitualmente prevalecen sobre nuestro yo racional y someten nuestra conducta a las fuerzas de los impulsos evolutivos» (p. 16). Fíjese el lector en que afirman que en las cuestiones sexuales y amorosas habitualmente (término poco científico) no es el yo racional el que toma las decisiones, sino los impulsos generados por nuestras hormonas, tesis que obviamente pone en cuestión todo el planteamiento de la ética sexual y amorosa. No afirma que las hormonas influyan, sino que son determinantes, hasta el punto de hacer desaparecer cualquier grado de libertad.

Así explican la identidad sexual y los roles sexuales, la orientación del deseo, la dinámica del deseo, el enamoramiento y la conducta sexual, emocional y social.

Citando la intuición del científico Parvizi del siglo XIX, dan por cierta su tesis, poniendo de manifiesto de forma muy clara la actitud que tienen estos investigadores: «Se consideraba que los seres humanos eran estrictamente diferentes de los animales debido a la capacidad de inhibir voluntariamente los deseos instintivos por medio de la racionalidad y la razón pura. Sin embargo, los tiempos han cambiado. Recientemente hemos empezado a reconocer en otras especies las mismas bases biológicas de nuestros valores humanos más elementales, como la empatía, la sensación de la justicia y la cultura» (p. 16).

Así se comprende, continúan escribiendo estos autores, que «en el campo de la neurociencia hay una escuela de pensamiento que sugiere que el libre albedrío es un mito, que el cerebro preconsciente condiciona la mente consciente, que posteriormente actúa como si estuviera tomando una decisión —cuando en realidad el sentido de nuestra decisión ya está decidido incluso antes de que fuéramos conscientes de ella» (pp. 351-352).

Esta tesis es, a veces, matizada, pero siempre de forma poco convincente: «La predisposición no es lo mismo que la determinación... la mujer es más complicada que el ratón de la pradera» (p. 74), porque tenemos diferentes regiones cerebrales y podemos razonar. Por otra parte, y esta es su mayor matización, «los seres humanos nos contamos historias a nosotros mismos. Eso es lo que significa ser una persona... (por lo que vamos) a seguir haciendo tonterías por amor» (p. 352). Es así como, después de haberse mostrado tan neurocientíficos, los autores dan un salto en el vacío y afirman que, a pesar de los hallazgos de la ciencia, los seres humanos seguiremos interpretando y reflexionando sobre nuestras conductas. Incluso cierran el libro poniendo toda la esperanza de la especie en la reflexión: ¿puede haber más contradicción? ¿Por qué no llegan a decir que las historias inventadas por los seres humanos están también determinadas por las hormonas? ¿Es que la razón puede inventar algo por sí misma, o es sólo una representación que legitima lo que nuestras hormonas deciden por nosotros?

«Si se acepta el concepto que Larry tiene del amor, da igual lo que ponga en marcha los mecanismos cerebrales, lo que cuenta es la activación de esos circuitos; independientemente de cómo hayamos llegado hasta allí, actuaremos como si hubiera sido una decisión nuestra» (p. 255). Las decisiones humanas, son, por tanto, «como si», una simulación que racionaliza lo ya decidido bioquímicamente, un autoengaño que nos hace sentir libres sin serlo.

El caos teórico de estos autores, por otra parte grandes investigadores experimentales, se refleja en este texto final: «La neurociencia social no sólo nos plantea un desafío que nos exige reflexionar sobre esas cuestiones, sino que también puede contribuir a aportar soluciones por el procedimiento de inspirar la creación de unos pilares nuevos, más sólidos, sobre los que poder sustentar la cultura del amor humano. Si queremos evitar las posibilidades más sombrías que podría traernos el futuro, tendremos que reflexionar seriamente sobre las historias que nos contamos a nosotros mismos. Si lo logramos, el amor nunca caerá de su pedestal» (p. 257). Curioso final en el que no se preguntan si los contenidos de las historias inventadas dependen también, antes que nada, de las hormonas y los circuitos neurológicos, o si lo que podemos elaborar son únicamente unas u otras historias de origen, parece ser, desconocido. ¿Y cómo saber qué tipo de historias nos conviene contarnos? ¿A dónde nos llevan esas bases supuestamente más sólidas sobre el amor? No entendemos, ni llegamos a comprender, qué alternativa proponen. La simplicidad es tal que, si me permite el lector una metáfora, aunque sea un poco forzada, es como si explicáramos los viajes que hacemos con la gasolina del depósito del coche; ¿predetermina ésta la dirección que tomamos, el camino elegido, las paradas y el lugar de nuestro destino?

La metodología que usan estos autores es experimental y de observación, centrada básicamente en laboratorios animales, aunque también han trabajado con personas con problemas neurológicos u hormonales. En las interpretaciones referidas a la especie humana son atrevidos, con un tono periodístico, y recurren, con frecuencia, a la psicología evolucionista, que es para ellos la teoría sobre la que se asientan sus interpretaciones, ya que el ser humano es un animal más, fruto de la evolución, siendo el cerebro y las hormonas el resultado de la adaptación de la especie y, por tanto, la clave para explicar el funcionamiento humano.

Los experimentos citados son muy numerosos, así como los laboratorios e investigadores de referencia, destacando el uso de los hallazgos con los simpáticos «ratones de la pradera», porque «algunos animales, como el ratón de la pradera, un pequeño roedor, actúan de una forma asombrosamente parecida a las personas» (p. 16). Aunque no parece que los ratones de la pradera inventen historias, se comportan de forma muy parecida, según los autores, tanto en el sexo y el amor como en la monogamia social y la infidelidad sexual.

Los hallazgos son espectaculares y, sin duda, muy útiles para comprendernos, especialmente a medida que se encuentran paralelismos con los humanos y estas investigaciones permitan generalizar los resultados a nuestra especie. Resumirlos sobrepasa los intereses de esta publicación, pero reconocer la influencia de las hormonas en la explicación de los pensamientos, las emociones y la conducta está fuera de toda duda. Hace tiempo que sabemos que se pueden manipular las emociones humanas con compuestos bioquímicos (los tratamientos farmacológicos a personas depresivas, por poner sólo un ejemplo, son una realidad desde hace años); la posible explicación del origen de la identidad sexual y determinadas conductas asociadas a los roles sexuales, así como de la orientación del deseo, parece orientarse en muchos autores hacia influencias hormonales en el proceso de desarrollo del cerebro; los cambios hormonales en la pubertad y los cambios en el ciclo de la mujer tienen influencias bien conocidas en los pensamientos, emociones, afectos sexuales y conductas; el deseo está muy influido por las hormonas; la conducta y los vínculos entre la madre y los hijos, y entre los miembros de la pareja, dependen en gran medida de la dopamina, que premia con sensaciones de placer, plenitud y bienestar, y la oxitocina, que favorece las relaciones sociales y amorosas confiadas y empáticas. Sabemos hoy que tanto en el amamantamiento como en el orgasmo se produce oxitocina, que contribuye a crear y mantener el vínculo entre madres e hijos y entre los amantes. De forma que puede decirse que, como dicen estos autores, la oxitocina «abre las puertas del amor» (p. 211).

Las diferencias entre los sexos, algunas diferencias en la personalidad y la tendencia mayor o menor a la monogamia o el «poliamor» dependen para estos autores, en definitiva, de algunos genes y hormonas, teniendo un rol especial, además de las hormonas citadas y la testosterona, la vasopresina, muy cercana químicamente a la oxitocina, que regularía más la fidelidad o infidelidad, la territorialidad y los celos, especialmente en los varones.

Vistas así las cosas, no es extraño que los autores consideren que el amor se explica fundamentalmente a través de la química y su influencia en el funcionamiento cerebral. Los mecanismos serían parecidos a los de las adicciones en las drogas: «el sistema de las recompensas... es la sede de la adicción tanto en las drogas como en el amor» (p. 255).

Incluso llegan a proponer zonas e interacciones cerebrales específicas: «Sea cual sea la vía, el núcleo accumbens actúa como un intercambiador central de la recompensa y envía las señales resultantes a la amígdala cerebral, que atribuye una valoración, normalmente algo parecido a ¡qué bien!, y al globo pálido ventral (que con más receptores a la vasopresina, influye en la conducta más fiel de los ratones monógamos)» (p. 257).

Finalmente, el concepto de ser humano que manifiestan tener estos autores es muy similar al conductismo, pero sustentado, en este caso (una vez conocida la caja negra del cerebro y el cuerpo humano), en el conocimiento de un sistema de excitación, vinculación, tendencia al apareamiento, etc., explicado por mecanismos cerebrales y hormonales cuya base es la recompensa del placer, el bienestar, etc.

El tratamiento de uno de los temas más polémicos en numerosas sociedades, la fidelidad o la infidelidad, es un buen ejemplo de cómo afrontan estos autores la explicación de la conducta humana y la ética. Su tesis básica es que hay que distinguir entre: *a*) la monogamia social (vincularse y estar juntos en un matrimonio monogámico), favorecida por algunas hormonas como la oxitocina, y *b*) la monogamia sexual (mantener relaciones sexuales únicamente con la pareja), siendo esta última una excepción en el mundo animal. En el caso humano, a pesar de la presión social, son bastantes las personas que tienen relaciones fuera de su pareja (¿entre un 25 y un 50 por 100?); y son menos porque hay un conflicto entre el deseo (base química) y la razón social (ésta actúa a través del córtex prefrontal que comunica a la amígdala cerebral, el área segmental ventral y núcleo accumbens para evitar esta conducta). La tendencia a optar por recompensas inmediatas, el consumo de alcohol u otras sustancias que silencian la actividad del córtex prefrontal, el paso del tiempo en las parejas, la incitación sexual de otra persona, la atracción por una pareja nueva, etc., hacen más improbable la fidelidad sexual, especialmente en el caso de aquellas personas cuyos genes, hormonas y funcionamiento cerebral les hace más sensibles a las recompensas de la actividad sexual. Los resortes del córtex prefrontal sólo son citados como contenido social represivo o conciencia de riesgos, por lo que los autores finalmente concluyen diciendo que «la monogamia sexual no es tanto una cuestión de lo que se supone que tienen que hacer las personas o los animales, sino más bien de lo que son proclives a hacer en función de su cerebro» (p. 322). Textos confusos porque, después de admitir el poder de control del córtex prefrontal, acaba anulando esta afirmación en la conclusión y en sus tesis centrales. ¿Y cómo explicar entonces el que tantas generaciones hayan tenido una vida sexual tan represiva. ¿De qué mecanismos se servían? ¿Por qué solo tienen en cuenta a quienes no mantienen la monogamia sexual y dejan de explicar la de tantos otros y otras que son monógamos sexualmente durante largos períodos de su vida o incluso toda la vida? Al hacer esta crítica no estamos defendiendo una moral u otra, sólo haciendo ver las contradicciones de estos investigadores que quieren interpretar toda conducta humana desde un único punto de vista, el bioquímico.

No faltan investigadores que hacen lo posible por concluir lo contrario, sustentando la bondad de la monogamia social y sexual, que aseguran deben darse juntas, pero unos y otros, creemos nosotros, cometen la misma simplificación: no tener en cuenta que aunque nuestra libertad esté condicionada, no es menos cierto que en realidad podemos decidir ser monógamos o polígamos (o poliándricos, para ser justos con las mujeres) social y sexualmente, como veíamos en el primer capítulo. Sin asignarnos un margen de libertad que nos haga responsables de nuestra conducta no hay ética posible, y el relato humano sería uno de tantos entre otras especies. Pero olvidar la función y capacidad del córtex cerebral prefrontal, la capacidad de aprendizaje social, la construcción de valores y creencias, la capacidad para establecer alianzas, planificar el futuro y mantener compromisos, etc., es no saber nada de los seres humanos.

Una especie no explica a las demás, como demuestra la diversidad evolutiva. Por más que los experimentos animales nos ayuden a conocernos y entendernos, reducir la explicación del pensamiento, los sentimientos y la conducta humana a «química» es no haber entendido nada del significado de lo que es una especie social, con lenguaje, conciencia reflexiva, razón argumental y cultura.

Estas investigaciones sí nos proporcionan argumentos nuevos sobre la posibilidad de conocer algunas bases de la ética humana, porque ésta es sólo posible gracias a la capacidad de nuestro cerebro y está sustentada también en aquella química que nos hace buscarnos y vincularnos unos a otros en familias, parejas, grupos, etc. Pero únicamente podremos fundamentar la ética si usamos nuestro mejor recurso, la razón, que nos permite conocer cada vez mejor las bases cerebrales y bioquímicas de nuestro pensamiento, valores y conductas, pero sobre todo permite que podamos ser conscientes de que somos capaces de lo peor (el odio, la autodestrucción, el asesinato, la violación, etc.) pero también de lo mejor, argumentando los valores y normas que deben regular nuestra conducta, llegando a formular una ética de valor universal que, en ningún caso, puede ser una ética hormonal, por así decirlo.

Es sorprendente que quienes tienen semejante capacidad investigadora lleguen a proponer tesis tan simplistas, seguramente porque la formación humanista es cada vez más escasa, olvidando la importancia de pensar y argumentar, con una tendencia a explicar la realidad a partir de un hallazgo valiosísimo, pero muy parcial. Nuestra capacidad de razonar, interpretar, proponer y compartir ideales y valores no nos aporta sólo «narraciones» entendidas como cuentos, alejados de la realidad, es la esencia de la realidad más humana. La verdad, no hace falta ser una lumbrera para darse cuenta que aunque compartamos muchas cosas con ellos, es mucho lo que nos separa de los simpáticos ratones de la pradera. Cervantes no podía saber mucho de bioquímica, pero sí ha sido uno de nuestros sabios, con frases tan lapidarías como ésta: «la libertad, amigo Sancho, es el don más grande que nos han dado los dioses».

En conclusión, creemos que las ciencias biológicas:

1. Han hecho y van hacer aún más aportaciones para que podamos entender las bases fisiológicas de la conducta sexual, del humor, las emociones, los sentimientos y los afectos, tanto sexuales (deseo, atracción y enamoramiento) como sociales (apego, amistad, sistema de cuidados y altruismo).
2. Los conocimientos y los avances en técnicas de diagnóstico cerebral y tratamiento hormonal nos permitirán avanzar en todo tipo de tratamientos. Por ejemplo, las aportaciones actuales a la propia terapia sexual son espectaculares.
3. Tal vez lleguemos a conocer y poder actuar con más eficacia en trastornos como los que pueden estar en la base de algunas agresiones sexuales o de la personalidad psicopática, por citar dos casos concretos.
4. También es una buena aportación el hecho de que se pueda decir que biológicamente hay elementos que conllevan una tendencia a obrar de forma más o menos empática, a cuidar mejor o peor a las crías, ser más social o más hostil, más pacíficos o más agresivos, más felices o desgraciados, etc., lo que supone que la propia biología está relacionada con una valoración pre-moral de la realidad El propio eje placer-dolor, buen humor-mal humor, etc., tan asentados en la fisiología de las personas, reflejan que hay una ley pre-moral en la naturaleza que permite valorar el funcionamiento de nuestro ser en términos de bien-mal, bueno-malo.
5. No podemos esperar que los conocimientos fisiológicos expliquen el núcleo de la ética, necesariamente asentado en la capacidad de decisión humana, a partir de argumentos que sólo puede formular la razón. Y los contenidos de la razón siempre son construidos a partir del proceso de socialización familiar, escolar y comunitario. Por ello, siendo corporales y estando unidos a la naturaleza, compartiendo buena parte del curso evolutivo de la vida con otras especies, puede decirse también que nuestra mente nos ha permito dar un salto cualitativo, ayudada por el lenguaje y la comunicación, tan centrales en las relaciones sexuales y amorosas. Por todo ello, podemos, en cierto sentido, inventarnos (con aciertos y errores bien conocidos a lo largo de la historia) cómo queremos ser, construir utopías éticas que nos ayuden a llevar una buena vida personal y social, en un campo muy especial que vale la pena mejorar con la educación familiar, escolar y comunitaria, la vida sexual y amorosa.

Las aportaciones de la psicología 4

Debemos a la filosofía las preguntas más importantes sobre el sentido de la vida y las diferentes formas de entender la ética, las cuales finalmente nos remiten a cómo debemos tomar decisiones sobre aquellos aspectos de la vida que dependen en algún grado de nuestra libertad. Hemos encontrado en la filosofía propuestas idealistas, extremadamente atractivas, porque nos hablan de las mejores posibilidades del ser humano. Propuestas que están entre el ser que somos y el que nos gustaría llegar a ser como personas y como comunidad. Hacer de las capacidades mentales el mejor medio para tomar decisiones, recurriendo a los argumentos de la razón individual lúcida (Kant) o a la razón compartida (Rawls y Habermas) es, a nuestro entender, lo mejor de sus propuestas.

Pero hemos encontrado limitaciones a estas propuestas. La mayor de ellas es que la fundamentación de los presupuestos en que se basa la ética nos deja, a la vez, emocionados y perplejos, como quien toca algo maravilloso que no acaba de alcanzar, ya que los filósofos no explican (en realidad los mejores, como Kant, ni siquiera lo intentan) las relaciones entre argumentación ética y conducta moral real de las personas.

Los planteamientos de algunos de ellos, como Aristóteles, están más cerca de la psicología, al reconocer la importancia de mediadores como las virtudes y los hábitos, aspectos éstos que en psicología son tratados como variables o factores estrechamente relacionados con la conducta real. También los socráticos nos resultan atractivos porque, en lugar de focalizar sólo el «deber», reflexionan sobre lo que es la «buena vida» y cómo hemos de gestionarla.

Nosotros creemos que la psicología, en relación con la ética deontológica, puede poner de manifiesto que tenemos otros recursos, además de la razón, sobre los que asentar la ética, los cuales, además, pueden explicar, al menos hasta cierto punto, cuáles son las relaciones entre la buena voluntad y la conducta real. En relación con las éticas teleológicas, la psicología puede ayudarnos a definir mejor qué es «la buena vida» y la «felicidad», así como a descubrir de qué factores depende. De esta forma puede ayudarnos también a hacer propuestas educativas más realistas.

4.1. FUNDAMENTACIÓN DE LA ÉTICA

4.1.1. El discurso de las necesidades humanas como la recuperación del «ser»

Un ser para el contacto y la vinculación

Nos preguntamos en este apartado qué responde la psicología cuando preguntamos: ¿qué necesita cada persona para sobrevivir y tener salud, para interpretar el mundo y su existencia de forma favorable y para resolver bien sus pulsiones y motivaciones más profundas?, ¿qué necesidades tiene que satisfacer/resolver/realizar cada niño que nace para sentirse bien, para seguir su «conatus vital», su pulsión hacia la vida y la buena vida? La respuesta podemos encontrarla si adoptamos la perspectiva del proyecto óptimo que puede y quiere llegar a ser cada persona y cada comunidad, a la vez que nos preguntamos por los medios para alcanzarlo.

Se trata de preguntarnos por el ser y el destino mejor del ser humano, su deseo de bienestar, y por lo que necesita para alcanzarlo, la «función» de cada ser de que hablaba Aristóteles. Un discurso que tiene como referencia el concepto de bienestar de los psicólogos actuales, muy similar al de la buena vida de los filósofos griegos.

Para ello, hemos de reconocer que necesitamos una brújula que nos oriente, que, aceptando grandes diversidades en el recorrido, deje claro que no todos los caminos llevan a Roma, porque los seres humanos somos como somos y no de otra manera, y por ello, así de simple, no podemos ser razonablemente felices sin resolver las aspiraciones propias de nuestra especie. Las diferentes gastronomías son una diversidad que nos enriquece, pero no toda forma de alimentarse es adecuada a nuestra naturaleza.

Estas aspiraciones están en otras especies bien definidas por sus instintos programados. Los instintos innatos en otras especies aseguran mejor la supervivencia de las especies, pero limitan mucho la diversidad, hasta el punto de que no podemos reconocer en ellas la libertad.

La especie humana tiene instintos también, pero son más flexibles, y sobre todo posee un cerebro que le permite reflexionar, concienciar y analizar diferentes alternativas y tomar decisiones con un grado u otro de libertad. Los humanos somos, en definitiva, más dueños y responsables de nuestra vida.

Además de ser una especie con poder para gestionar, en un grado importante, la propia vida, somos también una especie familiar y social, nacemos dependientes de los demás y estamos orientados al contacto y la vinculación, estableciendo lazos y formas de organización social complejas. Todo ello favorecido por nuestra capacidad cerebral y de lenguaje, de forma que creamos conocimientos, los conservamos y los transmitimos.

Este discurso sobre nuestro «ser» y «nuestra función» implica que en el ejercicio de nuestra libertad y el respeto de la libertad de los demás hay decisiones inteligentes y conductas constructivas o decisiones erróneas y conductas dañinas; es decir, hay un deber personal y social que coincide con la buena vida y las posibilidades de acercarnos a la felicidad. Por eso podemos ser personas que «cuidan el ser», como diría Heidegger, o «descuidan el ser» y que tienen una vida malograda o razonablemente satisfactoria.

Propuestas y teorías sobre las necesidades humanas

En la psicología clásica hubo autores que propusieron diferentes teorías sobre unas supuestas necesidades universales de la especie humana (Murray, 1938; Hull's, 1943), pero el dominio de las teorías conductistas, ambientalistas y contextuales llevó a la mayor parte de los psicólogos a criticar y olvidar estos planteamientos, con las excepciones de algunas corrientes marginadas, como la psicología humanista (Maslow, 1970), el psicoanálisis, la Escuela de Ginebra, la etología humana y la teoría del apego (Bowlby, 1969), entre otras.

Pero poco a poco, como no podía ser de otra manera, las posturas ambientalistas y el conductismo radical han tenido que reconocer que las características de cada especie y de cada persona imponen ciertas reglas, ciertas condiciones, fuera de las cuales la vida o el desarrollo adecuado corre graves riesgos. No somos una especie vacía, completamente plástica y dependiente del ambiente, como ingenuamente había defendido el conductismo (y también ciertas corrientes sociológicas y culturalistas).

A esta vuelta «al ser ha contribuido también el nuevo auge de las corrientes evolucionistas

(Buss y Kenrich, 1998) y los conocimientos sobre el genoma y el cerebro de la especie humana (Damasio, 2005). El genoma implica ciertas reglas o condiciones para el desarrollo y el bienestar que se asientan sobre las características de la especie. Un niño no puede desarrollarse bien en cualquier ambiente, con cualquier oferta afectiva y social; una persona no puede sentirse bien (bienestar subjetivo) y tener calidad de vida (bienestar objetivo) en cualquier circunstancia, etc. **Cada especie tiene características específicas universales y, por ello, necesidades universales, por más que su forma de satisfacción admita una gran diversidad.**

Desde los comienzos de nuestra vida universitaria nuestros planteamientos no han dejado de reconocer estas necesidades (López, 1981; López, 1995, 2006, 2009). Ahora que la psicología está de vuelta de su ingenuo ambientalismo, podemos encontrar nuevas publicaciones, en las mejores revistas, que defienden esta orientación (Deci y Ryan, 1985; 2000; Steverink y Lindenberg, 2006; Patrick, Canevello, Knee y Lonsbary, 2007).

Entre las propuestas más recientes, nos parece especialmente interesante la realizada por Deci y Ryan (1985, 2000) llamada **«self-determination theory»** (SDT) (podríamos traducirlo de forma libre por Motivación, Necesidad o Determinación de la Propia Persona para Autorrealizarse), que reconoce tres necesidades psicológicas fundamentales para el desarrollo óptimo de las personas: competencia, pertenencia/relaciones íntimas y autonomía. La **«competencia»** se refiere a la necesidad de sentir que los esfuerzos propios son efectivos y que se es capaz de conseguir lo que uno se propone. La **«pertenencia»** es la necesidad de sentirse vinculado y comprendido por los demás. La **«autonomía»** es la necesidad de sentir que uno pude tomar decisiones y llevar a cabo conductas por sí mismo. Estas necesidades psicológicas se ha demostrado que están relacionadas con la salud, la calidad de vida y el bienestar (Patrick y otros, 2007).

Según esta teoría, para alcanzar el bienestar es necesario conseguir: *a*) **una adecuada satisfacción de las necesidades básicas descritas,** y *b*) **tener un sistema de metas** congruentes y coherentes (mejor si son intrínsecas que extrínsecas, coherentes con los propios valores y necesidades, a la vez que coherentes entre sí).

Cuando no se satisfacen estas necesidades y no se tiene un sistema de metas adecuado suelen aparecer necesidades substitutivas o compensatorias que alejan a la persona del bienestar, como ocurre, por ejemplo, con la ambición de poder, admiración, acumulación de riqueza o compulsión por consumir. Como se ve, estos autores hacen un discurso muy similar al de los filósofos clásicos griegos.

Para el tema de esta publicación es importante señalar que estos autores, así como la mayor parte de teorías sobre el bienestar, diferencian claramente el placer del bienestar, como ya hicieran numerosos filósofos griegos, por lo que el consumo compulsivo de placeres debe considerarse una desviación compensatoria de necesidades básicas no resueltas.

Algunas de estas teorías, como la de Keyes y Waterman (2003), tienen también especial interés para la ética, puesto que ponen el acento en un grupo de necesidades de las que depende el «bienestar social», que evalúan con indicadores como: 1) la coherencia social o percepción del mundo como coherente y predecible; 2) la integración social o sentimiento de formar parte de la comunidad y sentirse apoyado por ella; 3) la contribución social, sabiéndose útil; 4) el desarrollo social o percepción de que la sociedad permite el adecuado desarrollo, y 5) la adaptación social, no percibiendo la sociedad como hostil, sino como protectora. Estos son diferentes aspectos de nuestra manera de estar en el mundo y en la comunidad que nos ha tocado vivir, reconociendo que el bienestar no es sólo personal sino social, de lo que se desprende la necesidad ética de responder con reciprocidad para apoyar a la comunidad y, dentro de ella, a los más necesitados.

En el caso de la vida sexual y amorosa parece fundamental que la sociedad sea una comunidad en la que podamos tomar decisiones sobre nuestra vida sexual y amorosa con libertad, a la vez que se perciba a la sociedad como una comunidad con recursos para prevenir cualquier forma de violencia y para apoyar a las víctimas, así como para hacer justicia con los agresores. También nos parece fundamental añadir la necesidad de tolerancia a la diversidad en una sociedad abierta y plural que acepte formas de vida sexual y amorosa diferentes. Las minorías sexuales deben sentirse apoyadas en la comunidad, no discriminadas o abiertamente rechazadas.

Por nuestra parte, hemos desarrollado de forma teórica e instrumental una teoría de las necesidades a partir de un esquema sencillo, pero muy operativo: somos corporales (necesidades fisiológicas), mentales (necesidad de conocimientos e interpretaciones de la realidad), afectivos (necesidades afectivas) y sociales (necesidad de participación).

Estas necesidades suponen un «ser» y una función que hay que hacer bien (deber) para satisfacerlas, convirtiéndose así en una base para la ética.

a) Necesidades en cuanto somos un organismo vivo

Nacemos dependientes de los demás para sobrevivir, formando parte de una comunidad con recursos, que la propia comunidad (a través de la familia, la escuela, los hospitales, etc.) pone a nuestra disposición. Como miembros de la familia y la comunidad tenemos derechos y obligaciones, exigidas por la reciprocidad debida, con el fin de satisfacer la necesidad de conservarnos y cuidar nuestro organismo lo mejor posible. Todas las personas que no anulan su capacidad de análisis y razonamiento comprenden que necesitamos acuerdos y contratos sociales para que la familia y la comunidad funcionen adecuadamente. La aspiración a la justicia, la igualdad y la solidaridad con los débiles alimentan los mejores acuerdos y contratos. En efecto, desde el punto de vista biológico, podemos comprender que lo inteligente es asegurar a todo ser humano la adecuada alimentación y salud, así como cuidar la tierra para que siga siendo habitable y saludable. Es así como las éticas de la alimentación, la salud y ambiental se hacen necesarias, justo para conseguir la mejor disposición o virtud de los seres humanos a favor del bienestar de nuestro organismo.

Desde el «a priori» kantiano, la situación original de Rawls o los argumentos compartidos de Habermas, se hace obvio que, puesto que dependemos de los demás y los demás de nosotros, lo inteligente es entender que la reciprocidad y la cooperación es lo que nos conviene a todos y cada uno; así como que la aspiración a la justicia, la igualdad y la solidaridad no sólo es un clamor de las víctimas o las personas vulnerables, sino de todas las que no renuncian a la razón. La ética del bienestar y la salud es, al fin y al cabo, una cuestión de lucidez, incluso de sentido común.

En el caso de la vida asexual y amorosa, ésta ética centrada en el bienestar corporal y la salud tiene aplicaciones directas, como: *a*) la prevención de riesgos asociados a la actividad sexual (enfermedades de transmisión sexual); *b*) el deber de evitar toda violencia sexual; *c*) el deber social de ayudar a quienes tienen problemas entre su figura corporal y su identidad sexual, y *d*) los deberes reproductivos (planificar los hijos, cuidar el embarazo y atender a las necesidades de las crías después del nacimiento).

Especialmente interesante es tener en cuenta que, por la naturaleza de la propia fisiología de las especies sexuadas, la sexualidad es un instinto poderoso movido por el «deseo» sexual, a la vez que la actividad sexual está premiada con un intenso placer. Por tanto, deseo y placer en la actividad sexual son inherentes a la naturaleza humana, por lo que hemos de hacer un discurso positivo de estas capacidades, reclamar el derecho de las personas a gestionar con conocimientos y libertad su vida sexual y amorosa, a la vez que el deber de hacerlo teniendo en cuenta a los demás, como veremos en nuestra propuesta de ética sexual y amorosa.

b) Necesidad de interpretar el mundo, los seres humanos y la vida de forma positiva

La **necesidad de estimulación** es hoy ampliamente reconocida por todos los especialistas. El cerebro de la especie humana tiene capacidades que pueden y deben desarrollarse, por lo que la familia (y la comunidad, si ésta no lo hiciera) tiene el deber de estimular de manera adecuada a los menores durante el período de crecimiento neurológico. Este deber se extiende a la estimulación del desarrollo corporal y psicomotriz. Esto es lo que de forma espontánea hacen las madres y cuidadores cuando interactúan adaptándose a los ritmos biológicos de los niños y llenan de espacios de estimulaciones e interacciones muy variadas y frecuentes. Esto es lo que deben hacer también, de forma más sistemática, los educadores, especialmente durante el período infantil. Sin estimulación y sin actividad de los niños y niñas no hay adecuado desarrollo.

La **necesidad de exploración** del medio físico y social completa la anterior, dándole un sentido más global. Los niños son activos y curiosos; necesitan conocer el entorno físico y social. Para explorarlo deben disponer de posibilidades ambientales de contacto con múltiples objetos: el agua, la tierra, la arena, las rocas, las plantas, los animales y las personas. Un conocimiento directo y sensorial de la naturaleza no artificial es muy importante, especialmente en los menores que se crían en grandes ciudades. Deben poder satisfacer su curiosidad en los ambientes naturales más ricos y variados posibles. Los juguetes que necesitan de la actividad del menor y el juego con los padres y los iguales son también fundamentales.

La necesidad de adquirir los aprendizajes ya presentes en su cultura. Se trata de conocer los contenidos esenciales de la cultura que nos permiten vivir en la sociedad, trabajar, etc. Estos aprendizajes se han hecho durante siglos sin escuela; pero en la actualidad, en la mayor parte de las culturas, la escolarización debe considerarse una necesidad básica, porque sin ella los menores sufren discriminación y posibles carencias de conocimientos socialmente básicos. Por ello, en cuanto seres eminentemente culturales, en todas las sociedades desarrolladas la asistencia a la escuela (o a un sistema alternativo de enseñanza sistemática) es obligatoria.

La escuela es una institución decisiva, junto con la familia. En muchos países es la institución social más universal que puede prevenir, detectar e intervenir en los casos de graves fallos familiares. También puede compensar deficiencias familiares importantes y hacer justicia ofreciendo la igualdad de oportunidades, incluso con discriminación positiva en el caso de algunas minorías.

La escuela es fundamental tanto para adquirir conocimientos como para relacionarse con personas de la misma edad y para aprender valores sociales fundamentales. Lamentablemente, la escuela suele estar más centrada en los rendimientos académicos que en los aprendizajes para la vida, en aprender a tomar decisiones para una «buena vida» y para ser un buen ciudadano.

En los países con mayores índices de pobreza, la escuela, especialmente la escuela infantil, podría compensar deficiencias familiares, asegurar una alimentación básica y cuidados sanitarios. Es decir, compensar las deficiencias en la satisfacción de las necesidades biofisiológicas, atender las mentales y colaborar en las emocionales y sociales.

Los niños necesitan también **comprender el significado** de las cosas, de las conductas, de las personas, de las relaciones, del mundo y del sentido de la vida. Es la necesidad de comprender la realidad. Nuestro cerebro tiene una serie de especificidades, entre las que están hacer y hacerse preguntas, buscar el significado de las cosas e interpretar la realidad, argumentar lo que se decide y hace, etc. Somos «filósofos», amantes del saber. Por ello exploran una y otra vez lo que parecen conocer y, por ello, cuando adquieren el lenguaje, preguntan continuamente. Escuchar estas preguntas, responderlas de forma sincera, veraz, contingente a su petición, sencilla y adaptada a las propias capacidades de los niños es fundamental. Los adultos no pueden olvidar que son unos mediadores en la comprensión de la realidad, y que el significado que los niños dan a ésta depende en buena medida de ellos. ¿Cómo interpreta un niño o niña la realidad? Mayormente, como sus padres, sus educadores, sus compañeros y los medios de comunicación. Estas preguntas son especialmente cruciales cuando se refieren a su identidad —niño o niña—, el origen de los niños, el sentido de diferentes conductas humanas (agresivas, amigables, amorosas, etc.), la enfermedad, la violencia y la muerte. Explicarles con actitud de sinceridad el significado de las cosas, transmitirles las creencias humanas, políticas y religiosas, sin dogmatismo e intolerancia, decirles con sencillez lo que sabemos sobre la sexualidad y el resto de relaciones humanas y, sobre todo, inculcarles una actitud de búsqueda de conocimientos y de tolerancia con las diferentes formas de entender las cosas, es fundamental. Los adultos hemos de transmitirles un concepto del ser humano y de la sociedad realista y positivo, de forma que aprendan que el ser humano tiene recursos afectivos y cognitivos que puede orientar de forma solidaria, que los vínculos afectivos y sociales son una posibilidad y un valor, que la vida de las personas y los grupos sociales, aun con sus conflictos, pueden valer la pena. Se trata de transmitirles un sentido positivo de la vida, ser biófilos en lugar de pesimistas y destructivos.

Este concepto positivo de las posibilidades del hombre y de la sociedad requiere el desarrollo del **juicio moral y la capacidad de asimilación crítica de valores y normas sociales** que permitan a los niños autocontrolar su conducta y llevar a cabo comportamientos prosociales; ser, en definitiva, un buen ciudadano que respeta y fomenta los valores sociales consensuados y aspira a transformar la sociedad para que sea más libre, justa, igualitaria y solidaria.

Los padres, la escuela y la sociedad debemos apostar por promocionar las mejores posibilidades del ser humano y conseguir que cada niño o niña que nace se haga amante de la vida (biófilo), a la vez que tiene una visión positiva y esperanzada de lo que podemos esperar de las relaciones humanas y del mundo futuro.

El fundamentalismo religioso, moral, político o nacionalista están entre los males mayores de nuestro tiempo. Los discursos que generan una visión negativa e intolerante de los demás y los que se consideran poseedores exclusivos de un Dios, un libro sagrado, una doctrina, una verdad, etcétera, son especialmente peligrosos. El fundamentalismo religioso e ideológico ha sido a lo largo de la historia una de las raíces de la violencia y la intolerancia. La visión pesimista del mundo, los seres humanos, las relaciones y la vida se asocia con hostilidad y dogmatismo, así como con malestar personal. Desde el punto de vista mental es importante también plantear la necesidad de encontrar respuesta y ayuda ante **temores imaginarios.** El ser humano tiene sueños y fantasías, puede inventar mentalmente una realidad virtual o interpreta la realidad de tal modo que se sienta amenazado. La necesidad de **protección de los riesgos imaginarios** tiene especial significado en la infancia, porque los niños, a medida que aumenta su capacidad de pensamiento y fantasía, son conscientes de las amenazas que puede sufrir su seguridad emocional, sus vínculos afectivos y su salud.

Vivir en una situación nacional de conflicto bélico o similar, los conflictos familiares mal resueltos, los contenidos violentos de los medios de comunicación, los sucesos graves que afectan a compañeros, las enfermedades y muertes de familiares cercanos, etc., están entre las fuentes de sus temores. El maltrato entre los padres les llena de temores y miedos, a la vez que les lleva a adquirir una visión muy negativa de las personas y de los vínculos afectivos, genera estilos de apego inseguros y una gran inestabilidad emocional. El maltrato sufrido por los menores es una fuente incontrolable de terror, inseguridad y malestar, con efectos que pueden ser demoledores y con frecuencia difíciles de superar del todo.

Si decidimos traer hijos al mundo es porque creemos que éste vale la pena, a pesar de los pasares, y justo por ello debemos enseñarles a cantar la vida, ayudarles a ser biófilos, amantes de la vida, a creer en las mejores posibilidades humanas y a luchar por una sociedad más justa y solidaria. De esta forma, la obligación de socializar bien a los menores es una obligación ética de los adultos que, a su vez, exige lo que tantos autores llaman modelos de adultos adecuados y una sociedad justa, es decir, una eticidad pública que sirva de apoyo y ejemplo para los menores y también para los adultos, porque todos los autores reconocen que no es fácil conseguir tener una conducta ética en una comunidad en la que la corrupción, la violencia u otros males sociales estén muy presentes.

Desde el punto de vista de la ética sexual y amorosa es esencial, para satisfacer esta necesidad, transmitir actitudes sexofílicas, responder con veracidad a las preguntas de los hijos y alumnos, ofrecer una visión positiva de los vínculos afectivos y las relaciones amorosas, ser ejemplos de igualdad, respeto y tolerancia, ofrecerles, en definitiva, una adecuada educación sexual en la familia y la escuela.

c) Necesidad de seguridad emocional: aceptación, estima, afecto y cuidados eficaces

La vida emocional y afectiva de cada individuo depende, en gran medida, de **las personas con las que se vinculan y de las interacciones que tienen con ellas.**

La necesidad de **seguridad emocional se resuelve con la experiencia de ser aceptado incondicionalmente, ser querido, ser valorado y ser cuidado por personas que se perciben como eficaces**. Es sentida subjetivamente como necesidad de sentirse querido, aceptado, apoyado, acompañado, valorado, protegido, etc.

Quienes pueden y deben ofrecer esta seguridad son prioritariamente los padres, ofreciendo a cada cría que nace:

— Aceptación incondicional, que significa que no se ponen condiciones a los hijos. Se los acepta como son: «Como eres te acepto, quiero, apoyo, valoro y cuido», lo cual no quiere decir que no se procure «mejorar tus conductas» si no son adecuadas.
— Estima significa que tal y como es el hijo o hija se le valora de forma positiva. Y aquello que se le critica o no se le permite es porque no es bueno para él.
— Afecto, manifestado en una relación cálida con caricias, ofrecimiento del regazo, arrullos, abrazos y relación empática.
— Cuidados prácticos referidos a la salud, la alimentación, la higiene, el vestido, etc., porque obras son amores y no sólo buenas razones: la dedicación, la disponibilidad y la eficacia están entre las características que deben tener los cuidados.

La insatisfacción de esta necesidad es vivida como abandono, soledad, marginación, rechazo, aislamiento, inseguridad, miedo, ansiedad, desamparo, etc.

El vínculo que satisface esta necesidad es fundamentalmente el del **apego.** Los menores necesitan al menos una figura de apego que le ofrezca todo eso, aunque es mejor que sean varias. Disponer, a ser posible, de varias figuras de apego adecuadas es, por consiguiente, fundamental desde este punto de vista. Tener al menos una figura de apego es una condición imprescindible para el apropiado desarrollo de la infancia.

En el caso de los adultos es más fácil construir la autonomía sin incondicionalidad de otras personas, pero no sin sufrimientos y soledades. Lo ideal es seguir disponiendo del amparo de la familia de origen, incluso poder mantenerlos en una memoria positiva después de muertos, y establecer relaciones recíprocas de apego y cuidados con la pareja. La seguridad de la relación que puede llegar a construirse en la pareja permite disfrutar la mutua dependencia, libremente elegida y sostenida en el tiempo, viviendo otra forma de incondicionalidad, construida en la seguridad de amar y ser amado. Una incondicionalidad humana, vulnerable, pero sentida como tal, gracias a los logros de la intimidad y a los compromisos confirmados con expectativa de estar siempre juntos.

Esta necesidad de apego, característica de la especie humana, implica que los padres y, si éstos fallaran, la comunidad tienen el deber ético de ofrecer a los menores todos los cuidados que necesitan para desarrollarse bien. Es un deber derivado de una característica central del ser humano, su ser vincular, que debe ser satisfecha si queremos evitar una forma muy grave de maltrato familiar y comunitario. En el caso de las parejas amorosas, el deber ético de cuidados puede acabar construyendo relaciones de apego-cuidado mutuos; deber ético que se deriva de los compromisos que ambos miembros hayan adoptado, que, a su vez, tiene que ser compatible con el derecho a la desvinculación, proceso éste que también está sujeto a deberes éticos con los hijos y con la propia pareja (López, 2010).

La ética de los cuidados a las crías, por otra parte, es fundamental, porque la historia de apego en la infancia y adolescencia es un factor crucial en cómo se viven en la vida adulta las relaciones sexuales y amorosas, como hemos expuesto en numerosos escritos y demostrado en investigaciones (López, 2009).

d) Necesidad de red de relaciones sociales

Al individuo no le es suficiente con disponer de una o varias figuras de apego y una familia. Tiene también la necesidad de ampliar su mundo de **relaciones con los iguales y con la comunidad.** El individuo y la familia nuclear no pueden vivir aislados, incluso les sería casi imposible sobrevivir en esas condiciones. Necesitan una amplia red de relaciones sociales para no sentirse marginados, aislados socialmente y aburridos. Estas relaciones satisfacen la necesidad de sentirse perteneciendo a un grupo y una comunidad, compartir proyectos, divertirse en común, etc. Se satisface a través de las relaciones con los iguales, los vínculos de amistad y el sentimiento de pertenencia a un grupo. Favorecer las relaciones de amistad, la formación de grupos y el asociacionismo es fundamental desde este punto de vista.

Los amigos y compañeros de edad nos permiten saber quiénes somos, cuál es nuestra identidad de niño, joven o adulto; comunicarnos con alguien que en ocasiones puede comprendernos y apoyarnos mejor que los propios padres; jugar y divertirnos de forma diferente, explorar la realidad más allá de la familia, ensayar conductas, cooperar en pie de igualdad, defender nuestros derechos y los de los demás, etc.

La diferencia más importante con el vínculo del apego es que estas relaciones son voluntarias y exigen reciprocidad, obligándonos a salir de nosotros mismos y tener en cuenta a los demás. Los padres nos vienen dados; los amigos y amigas nos los merecemos y cubren funciones fundamentales.

El riesgo más importante en este caso es el aislamiento social, la falta de contacto con su grupo de iguales y la carencia de grupos, asociaciones o comunidades que favorezcan el establecimiento de una amplia red de relaciones sociales.

Los padres y la comunidad tienen el deber ético de permitir y favorecer el contacto de las personas con los demás, sin someterlos a formas de aislamiento o marginación en una familia o pareja cerradas sobre sí mismas. La ética de la amistad es inherente a ésta, aunque se trata de un vínculo voluntario en la formación y en su mantenimiento. Los clásicos, como Epicuro y Aristóteles, por ejemplo, dedican páginas maravillosas a la amistad en los escritos de ética.

e) Necesidades sexuales y amorosas

La necesidad de **contacto sexual y vinculación amorosa** no sólo es evidente desde el punto de vista de la supervivencia de la especie, sino también desde el punto de vista de la necesidad de intimidad corporal y comunicación que siente cada persona, que es una necesidad de contacto, de placer y de intimidad emocional.

La satisfacción de esta necesidad puede verse enriquecida si se alcanza la amistad y el apego dentro de la pareja y, aún más, si cada uno cuida y se siente cuidado por el otro.

La vida de pareja puede proporcionar el mayor bienestar y el mayor dolor. Por un lado, las emociones más positivas: mar embravecido por el deseo, la atracción o el enamoramiento, mar de plenitud en el logro de la intimidad, y balsa segura en brazos de cuidados que se perciben como incondicionales. Por otro, las emociones más negativas: los celos, el miedo, la aversión, la hostilidad, la ira, la ansiedad, la desesperación y los sentimientos más desconsolados de abandono y soledad.

Desde el punto de vista de las carencias y sufrimientos, cuando no se satisface esta necesidad sufrimos de soledad sexual-amorosa. Esta soledad provoca un malestar reiteradamente descrito por los poetas:

> *«El cielo en mis dolores*
> *cargó la mano tanto,*
> *que a sempiterno llanto*
> *y a la triste soledad me ha condenado;*
> *y lo que siento más es verme atado*
> *a la pesada vida y enojosa,*
> *solo, desamparado,*
> *ciego, sin lumbre, en cárcel tenebrosa»*
>
> GARCILASO DE LA VEGA

Por ello, dependiendo de lo que la persona carece se pueden sufrir tres tipos de soledad:

— **La soledad emocional:** carencia real o percibida (porque al final la realidad es interpretada y sentida por la persona) de al menos un persona que nos acepta como somos, nos entiende y da afecto, nos estima y nos cuida de manera eficaz e incondicional. La superación de esta soledad sólo la podemos hacer cuando alguien activa con nosotros el **sistema de cuidados** de forma estable, eficaz e incondicional, a la vez que nosotros nos apegamos (el **sistema de apego**) a esa persona.

— **La soledad social** es la falta de una red social y de amistades con las que podamos satisfacer nuestras necesidades lúdicas, nuestra exploración más allá de la familia, nuestra participación en la comunidad, los escarceos sexuales y amorosos, etc. Es sentida como aislamiento social, marginación, aburrimiento, no tener con quien pasar el tiempo, disfrutar de la vida más allá de la familia, etc.

— La **soledad sexual/amorosa** es la falta de una relación sexual/amorosa con la que disfrutar de la excitación y placer del contacto sexual y con la que lograr una intimidad amorosa, en la que nos sentimos entendidos y con la que conseguimos una verdadera conexión emocional. Porque la intimidad amorosa es, sobre todo, conexión emocional, capacidad para expresar y entender emociones que llegan a compartirse. Es decir, esta soledad no se supera con la actividad sexual ocasional, sin intimidad y afectos.

Este es el esquema de necesidades que proponemos desde hace años (López, 1994, 2009) (figura 4.1).

El hecho de ser seres familiares (relaciones de parentesco) y comunitarios (seres sociales más allá de la familia) obliga en primer grado a los familiares, y en segundo grado a la comunidad, a ofrecer a todos los seres humanos la oportunidad de establecer vínculos y relaciones, auxiliando a aquellas que sufren de soledad, ofreciendo consuelo y la posibilidad de sentirse miembros de una familia y de la comunidad. Estas son las leyes de nuestro ser, la verdadera fuente de los contenidos de la ética.

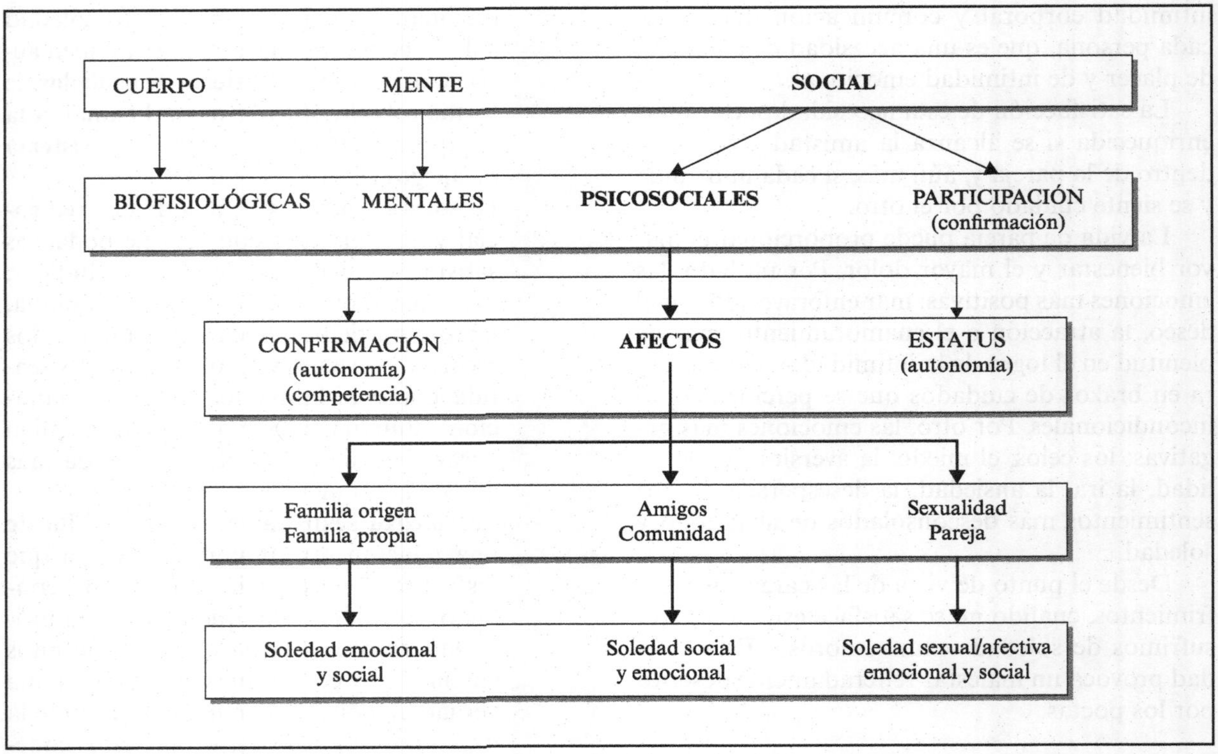

Figura 4.1.—Esquema de necesidades.

4.1.2. La aspiración a la justicia y la igualdad como hecho evolutivo

Tanto desde el punto de vista ontogenético como filogenético los seres humanos, a pesar de los numerosos atropellos y desigualdades que conocemos por la historia y por la conducta corrupta de tantos contemporáneos, aspiramos a la justicia y la igualdad.

Desde el punto de vista histórico, como es sabido, siempre que ha habido libertad de pensamiento y de expresión no han faltado personas, grupos y movimientos sociales que han clamado contra la explotación, la violencia, la pobreza, etc. Las sociedades con más libertad de pensamiento y expresión son también aquellas en las que más se denuncia la injusticia y más se defiende la igualdad.

Seguramente por eso siempre nos ha parecido que Amnistía Internacional y otras organizaciones que defienden los derechos humanos hacen muy bien en centrarse en la defensa de los mejores recursos humanos para asegurar la lucha por la justicia, la igualdad y la dignidad: libertad de pensamiento y libertad de expresión, asociación, etc. Si estas condiciones se dan, son los propios pueblos los que se levantan contra los opresores, derriban gobiernos, presionan a los parlamentos en la buena dirección, etc. El hecho de que siempre que hay libertad de pensamiento, expresión y asociación los seres humanos claman por la justicia, la igualdad y la fraternidad es una buena fundamentación de la ética, demostrando que somos una especie ética, con las mejores aspiraciones.

Desde el punto de vista individual, como profesor de psicología evolutiva, en este caso, cuando he estudiado y explicado el desarrollo cognitivo y social me ha maravillado esta base ética del ser humano. En efecto, la aspiración a la justicia es tan evidente que en las primeras edades incluso reviste formas que nos resultan sorprendentes, por lo rígidas y centradas que están en un único punto de vista. Por ejemplo, los más pequeños llegan a pensar que los comerciantes venden los productos por el mismo precio o menos de lo que les ha costado y se escandalizan cuando les decimos que el señor del «kiosco» vende los caramelos por más de lo que a él le han costado. Igualmente, desde muy pequeños hacer daño a los demás lo juzgan como malo, y no sólo por miedo al castigo, como pensaba Piaget, sino porque está mal. Entre los cinco y siete años son muchos los que consideran que robar cuando no se tiene necesidad está mal, pero puede estar justificado si se tiene necesidad y la persona no es auxiliada por los demás.

Llegada la pubertad-adolescencia, cuando el pensamiento hipotético les permite distinguir con claridad cómo está organizada la sociedad y cómo debería estarlo, los adolescentes se escandalizan con las injusticias sociales, la corrupción y tantas cosas más, a la vez que se sienten motivados por aspiraciones idealistas de justicia e igualdad. Incluso cuando son víctimas de la influencias propias de esta sociedad de mercado, distinguen claramente cómo es y cómo debería ser nuestra sociedad. Es decir, su idea del «deber ser» les lleva a las mejores consideraciones sobre cómo tendría que ser la organización social.

En cuanto a las relaciones sexuales y amorosas, también diferencian entre lo que sucede y lo que sería mejor, lo que debería ser el comportamiento, lo que es más justo o más igualitario. Es decir, la razón individual, como demostró la Escuela de Ginebra, acaba descubriendo valores más elevados, más justos. Cuando, refiriéndonos a asuntos concretos, les pedimos que nos indiquen qué hacen y qué deberían hacer, que sería mejor hacer en materia de sexualidad y relaciones amorosas, nos sorprende el alto sentido de la justicia e igualdad que demuestran la inmensa mayoría.

Por tanto, aunque no es el lugar para extendernos más en esta línea de argumentación, creemos que las personas individuales y los grupos sociales tienen un sentido del bien y el mal que se refleja en la defensa de sus derechos, la denuncia de las injusticias y la aspiración a una vida personal y social mejor, aunque haya discrepancias sobre cómo conseguirlo. Estos valores universales están presentes tanto cuando argumentan sobre contenidos sociales generales como cuando lo hacen con contenidos referidos a las relaciones sexuales y amorosas. Por eso, cada generación que nace es una esperanza para la humanidad, no sólo porque perpetúan la especie, sino porque una y otra vez toman como referencia los valores de justicia, igualdad y fraternidad para criticar la sociedad que les ofrecemos los adultos.

4.2. CRITERIOS DE REFERENCIA EN PSICOLOGÍA COMO ÉTICA TELEOLÓGICA

En psicología hemos recuperado un discurso moderno sobre la naturaleza humana, fruto de la evolución, pero con características estables durante milenios, lo que nos permite conocer mejor lo que «debemos hacer» para cumplir nuestra función, en el sentido propuesto por Aristóteles. Y hemos llegado mucho más lejos al definir, como hacemos a continuación, cómo debe entenderse eso que de forma difusa definían los griegos como buena vida y felicidad. De forma que nos conocemos mejor y también podemos evaluar mejor si alcanzamos lo que podríamos llamar finalidad o destino más deseable de la vida humana, fundamentando así de forma más funcional la ética teleológica.

4.2.1. ¿Qué es la buena vida o la felicidad? El bienestar subjetivo y el bienestar objetivo

Los conceptos de bienestar y calidad de vida han estado presentes de diferentes formas a lo largo de la historia, en filosofía y en medicina, especialmente, pero ha sido después de la Segunda Guerra Mundial cuando se han hecho verdaderamente centrales en las ciencias de la salud y la psicología. Estos conceptos, con la creación de centros de estudio y evaluación nacionales e internacionales, han cambiado o enriquecido la forma en que entendemos la vida las personas y han mejorado las prácticas profesionales. Por ejemplo, desde el punto de vista de la salud, ya no solamente se piensa en términos de enfermedad/curación, problemas/soluciones, carencias/recursos, sino también en términos de salud/bienestar, calidad de vida, etc. Incluso hemos dado el salto desde la prevención de riesgos y tratamiento de problemas al de la promoción del bienestar, el buen vivir, la calidad de vida. Estos planteamientos son por el momento un lujo de occidente y de las clases ricas de los países pobres, pero impregnan todo el pensamiento mundial globalizado. Este nuevo enfoque se expresa a través de otros muchos términos y conceptos: psicología positiva, inteligencia emocional, estudios sobre la felicidad, propuestas de autoayuda. No se trata únicamente de vivir y de sobrevivir, sino de vivir bien, sentirse bien, disfrutar de la vida, tener un sentimiento subjetivo de bienestar, conceptos con los que hemos recuperado las preocupaciones de los socráticos y Aristóteles.

En efecto, la psicología no se preocupa únicamente de los problemas de conducta, las patologías y el sufrimiento humano, sino también de intervenir para que las personas estén satisfechas, tengan un alto grado de bienestar subjetivo, sean expertas en el buen vivir, etc.

¿Por qué valorando las personas tanto el propio bienestar, los profesionales y la ciencia lo han tenido tan olvidado? ¿Por qué de cada 20 trabajos en psicología, casi 19 se han dedicado a problemas y dificultades y sólo uno focalizaba la promoción del bienestar? Dos explicaciones hacen comprensible este olvido. Por un lado, nuestras raíces culturales judeocristianas tendían a poner el énfasis en los aspectos dolorosos de esta vida («un valle de lágrimas» en el que cada uno tenía que cargar con su cruz, haciendo méritos para la otra vida), desplazando toda la esperanza a un paraíso posterior en el que la contemplación de Dios nos haría felices. El deseo de Santa Teresa, «que muero, porque no muero», es uno de los productos poéticos más logrados de este sentimiento de espera desesperada. En este contexto cultural se llega a entender la ética fundamentalmente como deber, como exigencias y obligaciones, más que como el intento de vivir mejor, tener calidad de vida desde el punto de vista personal y social.

Por otro lado, los profesionales de la salud entendían ésta como «ausencia de enfermedad», dedicando toda su lucha a evitar los problemas de salud.

La recuperación de un sentido secular de la vida, planteado por los griegos, reiniciado con el Renacimiento y recuperado en el siglo XX, nos ha permitido pensar, sentir y actuar tomando como referencia el derecho al buen vivir y el bienestar.

Las implicaciones de este cambio son importantes para la ética:

a) Todas las personas deben tener los recursos necesarios para desarrollarse y satisfacer sus necesidades básicas. Desde este punto de vista, hablamos hoy de calidad de vida de una determinada sociedad, comunidad o ciudad. Estas condiciones externas, junto a la salud física y mental de la persona, es lo que llamamos bienestar objetivo, concepto que numerosas investigaciones han operacionalizado en indicadores evaluables aplicables a las personas, a la comunidad y a los Estados.
b) Cada persona puede gestionar su vida con libertad para vivir de la forma que considere más oportuno, con dos limita-

ciones: no es aceptable que lleve una vida de autodestrucción o que haga daño a los demás. Como resultado de la gestión personal de la propia vida, cada uno de nosotros hacemos una valoración individual del grado de malestar o bienestar; es el concepto de bienestar subjetivo, que admite una gran de diversidad en las formas de vida y valores.

Es verdad que algunos filósofos tuvieron claro que la búsqueda del bienestar personal y social no sólo era un valor, sino una obligación, el verdadero contenido de la ética, y que algunas corrientes psicológicas, la humanista, por ejemplo, propusieron la «autorrealización» como meta (Maslow, Fromm, Horney, etc.), pero estos planteamientos no tuvieron verdadero eco entre la población, los profesionales y la psicología dominante, muy positivista (en la que no cabía el concepto de subjetividad y, por tanto, de bienestar subjetivo) y centrada en las conductas problemáticas y en las patologías.

Las cosas han cambiado, y ahora también se publican muchos libros y artículos sobre bienestar, felicidad, inteligencia emocional, psicología positiva, autoayuda, etc., conceptos y términos no necesariamente coincidentes, pero que nos hablan de algo común: el reconocimiento y hasta el deber de buscar el bienestar personal y social, y la necesidad de que la ciencia no se ocupe únicamente de solucionar problemas, sino de promover el bienestar.

Esto nos lleva a otra pregunta, mucho más difícil de responder: ¿qué es el bienestar? Las respuestas radicales parecen inadecuadas. En efecto, el criterio de bienestar no puede estar, sin más, en el sentimiento subjetivo de la persona, porque ésta puede llegar a «delirar»; pero tampoco puede ser la aplicación de una serie de criterios objetivos que por sí mismos no aseguran el «sentimiento subjetivo de bienestar». Es decir, no hay bienestar sin el sujeto, pero tampoco el sujeto tiene todo el poder sobre la interpretación de la realidad y de sí mismo, es decir, la persona puede estar «desquiciada», carecer de «quicio», de «juicio» razonable.

Por otra parte, **la manera de sentirse bien de las personas admite una gran variabilidad entre culturas, entre personas y en cada persona a lo largo del ciclo vital.** Por ello, no hay un acuerdo universal entre las ciencias, ni dentro de cada una de ellas, sobre lo que debe entenderse como «calidad de vida», «bienestar» y «bienestar subjetivo». Pero es que, a nuestro entender, no puede haberlo, si nos centramos en los contenidos, porque la vida humana es también «creencias y dudas», «significado», que finalmente se refieren a una biografía pasada, presente y proyectada que se interpreta y «siente» de manera personal.

Por eso, tenemos que aceptar que la calidad de vida y el bienestar siempre serán **conceptos personales y cambiantes,** por lo que los investigadores y profesionales nos veremos obligados a manejar dos tipos de criterios: los llamados **criterios o indicadores objetivos** (terminología siempre inapropiada, porque la objetividad no existe en términos absolutos), que se basan en lo que se requiere para el buen funcionamiento de la fisiología corporal (salud) y mental (salud mental), los recursos necesarios para estar bien cuidados, bien protegidos de los riesgos, bien vinculados a personas y bien relacionados socialmente, etc. Y los llamados **criterios o indicadores subjetivos,** muy dependientes de la forma de interpretar el mundo y el sentido de la vida; la forma en que cada persona valora y experimenta la propia biografía pasada, presente y proyectada, las metas y expectativas, el grado de autonomía y competencia que se atribuye, etc.

Esta bipolaridad inevitable entre lo subjetivo y lo «más objetivo» la expresa muy bien Ortega y Gasset (1940) en su libro sobre «ideas y creencias». Las creencias y las dudas son subjetivas en el sentido más fuerte del término, constituyen el continente de la vida, son algo que somos, estamos en ellas... «la creencia es quien nos tiene y sostiene... en ellas vivimos, nos movemos y somos» (pp. 30-31). Éstas condicionan de manera existencial y personal nuestro sentimiento de bienestar o malestar.

En definitiva, es muy probable que la inteligencia humana se haya desarrollado para sobrevivir y vivir lo mejor posible, más que para poder comprender la realidad, por lo que tendremos que navegar en un mar proceloso, en un mar de dudas, en el que nos ayudamos teniendo en cuenta **lo que cada cual** espera, desea, cree y siente (que define el bienestar subjetivo) y **lo que vayamos sabiendo** sobre lo que favorece la supervivencia y el buen vivir de las personas y los pueblos (bienestar objetivo).

A pesar de las dificultades conceptuales y la variabilidad de estos conceptos, suponen una renovación en los trabajos de psicología, que sin dejar de hacer lo que ha hecho, curar y prevenir, debe también ocuparse de promover el bienestar o la calidad de vida de las personas y los pueblos. Es decir, tener también un enfoque positivo que permita ocuparse a la vez, por poner sólo un ejemplo, del maltrato y del bienestar infantil, de los abusos sexuales a menores y de la sexualidad infantil saludable, de la violencia y de la paz, del amor y del desamor, de la vinculación y la desvinculación, de quienes maltratan o sufren de soledad y de quienes saben cuidar y amar. Hace años me atreví a decir, no sin escándalo, en un centro internacional sobre Violencia Familiar (en la Universidad de Durham, en USA): «Nada comprenderéis de la violencia y de la familia si sólo os ocupáis de la violencia, olvidando las vinculaciones, los cuidados y el bienestar».

Este nuevo planteamiento no está exento de riesgos y excesos, entre los que destacaría los siguientes:

— «Dar todo el poder» al sujeto, aceptando la versión de sí mismo que se considera incuestionable por la evaluación profesional. En sexualidad se expresa en ideas y prácticas muy simplistas: «haz lo que tú quieras, busca tu propio placer y ya está, las denominadas parafilias o desviaciones no son tales, son una opción personal legítima», etc.

— «Imponer a las personas» un concepto de calidad de vida/bienestar, desde supuestos criterios objetivos. Los nuevos mitos sobre la sexualidad pueden convertirse así en nuevas obligaciones, como ocurre con la confusión, tan extendida, entre lo que es saludable y lo que es obligatorio.

— Convertir el discurso del bienestar en una obligación de las personas, la obligación de sentirse felices, negando la realidad o delirando sobre ella.

— No reconocer la utilidad de todas las emociones, también de las llamadas negativas, como el miedo, la rabia, la angustia, los celos, etc., según las circunstancias.

— Considerar que es más humano o más inteligente sentirse bien, sea cual sea la realidad que vivimos, que reconocer existencialmente el dolor de la vida y las dudas sobre su sentido. Del «buenos días tristeza» del existencialismo del absurdo, no podemos pasar al «buenos días alegría» de quien cierra los ojos a la temporalidad, la vulnerabilidad y el sufrimiento de la vida. Reconocerse y reconcialiarse con la vida no es negar el sufrimiento y el dolor, sino saber «sobrevivir» a las dificultades, resistir en la adversidad, aceptar de forma vitalmente sabia la lucidez del posible «sin sentido», si éste fuera el caso.

— Olvidar que la mayor parte de la humanidad está muy lejos de los criterios de calidad de vida objetivos y que es una injusticia intolerable esta situación, que no se puede solucionar con discursos globalizadores que pretendan centrarse sólo en el «sentimiento subjetivo» de las personas, olvidando un discurso sobre la especie humana, sus características, sus necesidades y sus posibilidades. Es la necesidad de la ética de la justicia.

— El discurso del bienestar no puede ser el disco rayado de quienes adoctrinan religiosamente de forma fundamentalista a los demás, asegurándoles paraísos presentes o cercanos, no reconociendo el derecho a dudar, a sentir que no se sabe e incluso a sufrir existencialmente, si éste fuera le caso y, a pesar de ello, a saberse y sentirse vivo y con ganas de vivir. Reconciliarse con la propia conciencia, la más auténtica, sobre el mundo, la vida y el sí mismo, es seguramente el secreto de la sabiduría humana. Y no creemos que los conceptos de sabiduría y bienestar deban ser irreconciliables, porque sería tanto como proponer desde las ciencias que lo mejor es «sentirse bien» pase lo que pase y sea como sea la realidad. Más bien creemos que lo mejor para el ser humano es ser humano, en todas sus posibilidades, también en la de sentirse incómodo, en un «mar de dudas» sobre la propia existencia, pero siendo capaz de luchar por la vida en el naufragio, buscar el bienestar, reconocer los gozos de la vida y vivirla en las mejores condiciones posibles, personales y sociales.

La misma Organización Mundial de la Salud plantea un tema ético importante al señalar que la salud no es un objetivo de la vida, sino un recurso deseable. Por ello, el acceso a los servicios de salud debe considerarse un derecho de cada persona, aunque sean muchas las preguntas difíciles de responder: ¿todas las personas deben por razones éticas cuidar su salud?, ¿es una falta de ética consigo mismo y con los demás (por los gastos producidos o cuidados requeridos del sistema de salud social) no cuidar la propia salud?, ¿tiene uno el derecho a no cuidarse e incluso a tener conductas autodestructivas, o tenemos la obligación de vivir de la forma más saludable posible?, ¿dónde están los límites?

Más difícil aún es responder hasta qué punto es una obligación ética la búsqueda del bienestar subjetivo o la felicidad, porque éste admite referencias personales y culturales muy diversas, incluso posturas filosóficas o religiosas distintas. Por ejemplo, entre «el cuidado del ser» del que habla Heidegger y el concepto de la psicología del bienestar o la felicidad (muy relacionado, entre los autores de Estados Unidos, con la necesidad de tener propósitos vitales y éxito) no creo que haya fácil entendimiento. Y eso sin necesidad de salir de la cultura occidental. Por ello, tal vez convenga quedarse en principios generales, como el derecho a disponer de los factores «objetivos» de bienestar y libertad (ética de la justicia) para que cada persona organice su vida desde sus valores y creencias, con la obligación de evitar la autodestrucción y el daño a los demás, además, claro está, de compartir las obligaciones con la comunidad y ser tolerante con la diversidad de formas de vida de otras personas.

4.2.2. Nuestro margen de responsabilidad ética: factores que escapan o dependen de nuestro control

La aspiración a la felicidad es connatural a los seres humanos, pero no lo es menos la vulnerabilidad humana, el sufrimiento y los condicionamientos que dificultan o impiden alcanzar esta aspiración.

Los límites incluso parecen estar inscritos en la naturaleza del bienestar subjetivo o felicidad, porque si bien nos parece que la alcanzaremos cuando consigamos lo deseado, finalmente, una vez lograda la consumación del deseo, la felicidad siempre se nos escapa de las manos. Es decir, aspiramos a la felicidad, pero jamás encontramos el reposo de la felicidad cumplida. Nunca seremos sabios, como ya señalara Aristóteles, y nunca seremos felices. Ni existe la libertad plena para juzgar y obrar de manera adecuada, ni la felicidad plena como consumación. Estamos así condenados a sentir activado el deseo de felicidad, pero siempre alcanzando únicamente grados relativos de bienestar. Esta naturaleza humana tiene la ventaja de aspirar siempre a mejorar y el inconveniente de no encontrar nunca el Paraíso y tener que seguir soñando y aspirando a él.

El propio concepto de felicidad no sólo es impreciso y variable de unas personas a otras, también entre los científicos, sino que siempre que lo definimos nos habla de un estado que poco tiene que ver con la existencia humana. El diccionario de la Real Academia lo define como «estado de ánimo que se complace en la posesión de un bien» y, en segunda acepción «satisfacción, gusto, contento». Como se ve, se trata de un lenguaje muy impreciso que podría confundir su significado con otras muchas palabras. El lector puede revisar en el diccionario de sinónimos todos los términos cercanos al de felicidad y se dará cuenta de lo escurridizo que es este concepto.

Los filósofos dieron versiones distintas, unas más cercanas al placer y otras a la virtud, como fuentes de la felicidad. Algunos, como vimos, hablaron del buen *daimon,* un concepto muy cercano al que ahora vamos a exponer.

Los psicólogos han mejorado este concepto al hablar de bienestar subjetivo y objetivo o calidad de vida subjetiva y objetiva, pero el problema está lejos de ser resulto, como señalábamos en este mismo capítulo. Entre ambos conceptos hay relaciones estrechas, pero también diferencias esenciales, porque el bienestar objetivo debería entenderse como condiciones objetivas que suelen facilitar la felicidad, mientras el bienestar subjetivo depende también, sobre todo, de características, valores y expectativas muy personales.

Los psicólogos acercan más el concepto de felicidad al de bienestar subjetivo y, por ello, cuando pretenden medir la felicidad hacen preguntas muy generales, imprecisas y muy centradas en lo que podríamos entender como estados emocionales, estado de humor o estado de ánimo, lo que está muy lejos de la idea de los griegos y otros muchos filósofos. Por ejemplo, proponen ítems como:

«En general, me considero:

1 2 3 4 5 6 7

No muy feliz Muy feliz».

Esta pregunta deja en manos del propio sujeto lo que entiende personalmente por felicidad, cosa que, como sabe el lector, depende de características, expectativas y valores muy diversos. Por ejemplo, hay enfermos crónicos que se adaptan bastante bien a sus achaques, mientras otros con la misma enfermedad se deprimen.

Algunos psicólogos (Seligman, 2011, p. 16) explicitan un poco más el concepto de felicidad dando la puntuación máxima cuando el sujeto puede decir de sí mismo: «Me siento sumamente feliz (me siento eufórico, jubiloso, fantástico)». Pero está lejos de resolver el problema.

La primera forma de preguntar citada deja a la persona que responde interpretar qué es para ella la felicidad y la segunda la confunde como un estado emocional, que, por cierto, podría tener una persona bipolar durante ciertos períodos de tiempo.

Otros psicólogos prefieren centrarse en los logros percibidos por la persona en la vida, olvidando que es compatible considerar que le ha ido bien en la vida y que ha logrado éxitos en muchos campos, y a la vez pensar que no se siente «feliz» o incluso que sufre de angustia existencial, como dirían algunos filósofos.

Un amigo mío, al que le va bien la vida, según su propia versión, suele decirlo de otra manera menos pretenciosa: «yo creo que la vida me está dando lo que puede dar», aspecto éste que, como se ve, depende también mucho de las expectativas y la valoración de lo vivido. En efecto, si se tiene una conciencia de las limitaciones de la propia condición humana es más fácil sentirse satisfecho con la vida, una buena manera de reconocer que la felicidad es sólo un deseo inalcanzable.

Por ello, como señalábamos, no creemos que sea posible definir fácilmente la felicidad y ni siquiera el «bienestar subjetivo», aunque al menos este concepto tiene en cuenta que el sujeto es el que interpreta su vida.

En relación a la dificultad referida a la falta de libertad para decidir y obrar, por los condicionantes que la persona puede tener, los psicólogos no se pone de acuerdo: unos consideran que las limitaciones son tan grandes que en realidad no podemos cambiar el estado de ánimo o felicidad, salvo durante períodos de tiempo corto, mientras otros son más optimistas y defienden que tenemos un margen importante, que nos permite cambiar nuestro grado de felicidad o bienestar subjetivo. Los primeros ponen el énfasis en la tendencia a la estabilidad en el estado de ánimo, humor básico o temperamento. Entre ellos están los que defienden la teoría de la adaptación hedónica, señalando que aunque determinados sucesos vitales o programas de intervención logren cambiar el «grado de bienestar subjetivo» durante un tiempo, finalmente, pasadas unas semanas o meses, volvemos a nuestra forma personal de sentirnos más o menos felices o infelices. Esta postura no carece de pruebas porque, en efecto, buenas noticias o sucesos vitales positivos, así como malas noticias o sucesos vitales negativos, pueden provocar cambios temporales, pero éstos suelen durar poco. Si estas teorías tuvieran razón, no cabría considerar una obligación ética o una ética inteligente esforzarse en mejorar el propio bienestar, porque sería un propósito y un esfuerzo frustrante.

Por contra, otros psicólogos (Seligman, 2011), aunque reconocen la tendencia a la estabilidad del ánimo propio de cada persona, consideran que hay muchas pruebas de lo contrario; es decir, que determinadas circunstancias pueden cambiar nuestro grado de bienestar subjetivo (por ejemplo, cambios evolutivos o vitales de gran significado) y que nosotros mismos, con intervenciones adecuadas, podemos conseguir mejorar nuestro grado de bienestar. Postura esta última que creemos justificada, porque el bienestar subjetivo depende no sólo, pero también, de cómo nos interpretamos, por lo que cambios en las expectativas, referencias, valores o formas de razonar sobre la vida pueden modificar cómo interpretamos nuestra vida. Incluso cambios en el estilo de vida pueden tener efectos muy importantes sobre la salud y el mundo emocional. Por ejemplo, las relaciones entre ejercicio físico y posible disminución de la ansiedad son muy claras.

Desde este segundo punto de vista, especialmente si tenemos un concepto más rico de bienestar, entendiéndolo no tanto como estado de ánimo sino como interpretación de la vida lograda frente a la vida malograda, concepto propuesto por algunos filósofos, o el concepto de autorrealización frente al de la vida frustrada, defendido por la corriente humanista en psicología, sí tendría sentido plantear que es propio de la especie procurar el bienestar, la buena vida, y que este grato esfuerzo forma parte del núcleo de la ética, al ser considerada como la opción vital más acorde con las aspiraciones naturales de nuestro ser.

Una aportación de la psicología puede ayudarnos en esta discusión: la variable bipolar denominada **«Locus of Control»: lugar de control con dos extremos, lugar de control interno y lugar de control externo.**

Estamos más cerca del extremo negativo (lugar de control externo) cuando tenemos un sentimiento fatalista de la vida porque creemos que nada podemos hacer para cambiar lo que nos sucede («el día de la muerte ya está señalado, da igual como conduzca, coma o beba», «haga lo que haga me suspenderán», «nunca podré entenderme con los demás», etc.), no podemos cambiar el curso de nuestra vida, todo depende de factores externos que no puedo controlar, estamos en manos de la rueda de la fortuna, etc. Quienes participan de estas creencias no se sienten obligados a cambiar, porque consideran que, en realidad, no pueden cambiar su vida.

Estamos más cerca del polo positivo (lugar de control interno) cuando consideramos que tenemos poder para gestionar nuestra vida, nuestra mala o buena vida, y que lo inteligente es asumir la responsabilidad de actuar de forma que podamos alcanzar los logros que nos proponemos cuidándonos y esforzándonos, tomando decisiones apropiadas y siendo coherentes y disciplinados. Esta capacidad, que la persona se atribuye a sí misma, le permite construir su propia biografía en numerosos aspectos que tienen que ver con la salud, el trabajo, las relaciones sexuales y amorosas, la vida social, etc. Desde este punto de vista, lo inteligente es responsabilizarse de todo lo que podemos cambiar, para hacerlo de la forma más favorable. Lo ético, en este caso, sería que si puedo vivir mejor, desde el punto de vista del bienestar personal y social, debo esforzarme en conseguirlo.

Pues bien, hay pocas dudas de que esta dimensión de la personalidad (lugar de control interno) es susceptible de ser modificada a través del conocimiento y reinterpretación de la vida pasada, los factores que actuaron sobre ella y su posible cambio, etc. Intervenciones psicológicas y educativas pueden llegar a ser muy eficaces para conseguir que las personas se responsabilicen de su vida y tiendan a alcanzar sus mejores posibilidades. Se trata de un buen fundamento para la ética, entendida como bienestar personal y social, porque también tenemos capacidad para ayudar o modificar favorablemente la vida de los demás.

Este planteamiento es compatible con el hecho de reconocer que no somos dioses, que efectivamente hay características humanas, sucesos vitales y limitaciones que condicionan nuestra capacidad de gestión, por lo que es seguro que no existe la libertad absoluta, ni estamos libres de la incertidumbre en los juicios y decisiones, ni de las incoherencias en la conducta. Saberse limitado es esencial para tomarse a uno mismo, de manera realista, en serio.

En efecto, si quisiéramos citar algunas limitaciones bien conocidas, sin pretender ser exhaustivos, no podríamos olvidar que:

— No decidimos numerosas circunstancias de nuestra vida: el haber nacido, el pertenecer a un tiempo histórico, ser de una raza, criarse en una cultura, pertenecer a un país, la lengua vernácula, los padres, hermanos y familia que tenemos, la escuela a la que vamos, la religión en que nos socializan, los roles que nos asignan, los cuidados sanitarios o la alimentación que nos dan en la infancia.
— Las capacidades y limitaciones de nuestra inteligencia y habilidades son, en buena medida, heredadas, explicando una parte importante de nuestros éxitos y fracasos.
— Los rasgos de personalidad más estables también tienen una carga hereditaria o están influidos por sucesos que no controlamos durante la infancia.
— Numerosos sucesos vitales nos son sobrevenidos, como las enfermedades, daños que nos producen los demás, carencias esenciales que podamos sufrir, etc.

Las teorías de la neurociencia y la «química» cerebral, ya expuestas, llevan, en el caso de algunos autores, hasta el extremo de poner en cuestión la capacidad de decisión y la libertad de la persona. Para dichos autores no sólo no existe la libertad en un sentido absoluto, cosa que admitimos todos, sino que no hay, en realidad, decisiones libres, únicamente el sentimiento subjetivo de ser libres. Si esto fuera así, la responsabilidad ética de gestionar nuestra vida dejaría de tener sentido, porque la gestión de ella no dependería de nuestras decisiones.

Nosotros admitimos los condicionantes de la libertad, y no sólo los neurológicos y bioquímicos, sino también los de personalidad, los aprendizajes negativos, como las experiencias traumáticas o los fundamentalismos sectarios, por citar algunos de ellos. Pero creemos que la razón nos puede permitir, por un lado, concienciar estos condicionantes y, por otro, hacer juicios éticos que nos sintamos obligados a cumplir, deberes que pueden contradecir tendencias y aprendizajes que consideremos inadecuados. Por ejemplo, la tendencia a rechazar a los desconocidos puede ser concienciada y superada con la educación y la interiorización de una visión de todos los seres humanos como iguales en dignidad, etc. Y una vez orientados por la razón, el esfuerzo y la disciplina, una vez conformada la buena voluntad, pueden generar hábitos y conductas que provoquen cambios espectaculares en la vida de las personas.

Por ello, consideramos que, aunque hay factores que escapan a nuestro control, no es menos cierto que tenemos un margen de control sobre lo que nos sucede y sobre nuestra conducta, margen de maniobra del que debemos sentirnos conscientes y responsables, justo para alcanzar el bienestar personal y social. La ventaja de este concepto es que reconoce las posibilidades de libertad de las personas inevitablemente condicionadas. De hecho, algunas investigaciones demuestran que incluso el momento de la muerte y su causa concreta dependen, en numerosos casos, de las decisiones que hemos tomado y el estilo de vida que hemos llevado. Usa bien tu margen de libertad, tu margen de maniobra, contigo mismo y con los demás; éste sería el deber ético que se desprende de las investigaciones de esta variable psicológica, convirtiéndola en una buena fundamentación de la ética.

4.3. FACTORES O VARIABLES QUE PREDICEN O MEDIATIZAN EL BIENESTAR

La psicología no sólo ha aportado una fundamentación de los contenidos de la ética, unos criterios de referencia de la finalidad última del deber (bienestar subjetivo y objetivo) y un marco de los límites y posibilidades de la libertad (aspectos de la vida que podemos controlar), sino que han hecho numerosas investigaciones sobre factores concretos que influyen o se asocian con el bienestar personal y social y, por tanto, con el logro de la finalidad de la ética. Éstos son tantos que nos vemos obligados a reducir la exposición a aquellos que nos parecen más significativos.

El conocimiento de estos factores tiene una gran utilidad, porque nos señalan algunos contenidos concretos de la ética, como los cuidados a las crías o a la pareja. Por ejemplo: *a*) los padres tienen el deber de cuidar adecuadamente a los hijos para que éstos establezcan una relación de apego seguro, y *b*) los hijos, gracias a este estilo de apego, tienen mayor margen de libertad para tomar decisiones que contribuyan al bienestar personal y social y a ser, a su vez, buenos padres si deciden tener hijos.

Somos seres que estamos equipados con una base genética y cerebral extremadamente compleja para amar u odiar, ser egoístas o cooperativos, actuar por motivaciones hostiles o solidarias, de forma que podría decirse, desde el punto de vista de la herencia propia de la especie, que el ser humano está preparado para adaptarse a relaciones muy diferentes según valore las situaciones que le toca vivir. No es lo mismo manejarse en una familia y sociedad segura que pasar la infancia en un contexto de hostilidad bélica, como ocurre en algunos países, en los que aprender a odiar al enemigo forma parte esencial de la socialización.

Estas capacidades tan complejas y contradictorias no están programadas para actuaciones automáticas, fijas o instintivas, sino que dependen de las valoraciones de la persona concreta o de aquellas aprendidas de su grupo. Pero lo característico humano es que podemos analizar las situaciones, tener en cuenta las diferentes alternativas, juzgar cuál es la más conveniente y tomar decisiones. Es decir, somos seres muy plásticos que podemos, en un grado u otro, reflexionar, analizar, interpretar, valorar emocionalmente y finalmente tomar decisiones para gestionar nuestra conducta.

¿De qué depende que cada ser humano que nace desarrolle sus mejores posibilidades, y en relación con nuestro tema tienda a sentirse responsable de su bienestar y del bienestar de los demás?

4.3.1. El temperamento y la personalidad

De todas las variables psicosociales, la más cercana a la fisiología es el temperamento. Los rasgos, dimensiones o factores de la personalidad son las características de personalidad más estables y globales, aunque en este caso depende también mucho de la socialización.

Los estudios ponen de manifiesto que las personas somos muy diferentes en nuestro grado de sociabilidad o tendencia a sentirnos concernidos, ocupados, preocupados y dispuestos a cooperar y ayudar a los demás. Salvo los casos con rasgos patológicos muy acentuados, como es el caso de la personalidad psicopática, todos estamos predispuestos a relacionarnos también positivamente con los demás, pero es indudable que, como ocurre en todos los aspectos de la vida, hay características personales que favorecen la capacidad de tener conductas morales adecuadas, solidarias y altruistas. Hay personas que tienen una tendencia mayor a ser autodestructivas o hacer daño a los demás (por factores heredados o aprendizajes sociales), mientras otras están mejor dotadas para llevar una vida saludable y cuidar de los otros.

El temperamento es una característica disposicional, muy enraizada en la fisiología, con un gran peso de la herencia, aunque podamos aprender a controlarlo y gestionarlo. Suele ser definido como «las diferencias individuales en la reactividad y autorregulación supuestamente constitucionalmente heredado, pero también influido a lo largo del tiempo por la maduración y la experiencia» (Hastings, Zahn-Waxler y Mcshane, 2006, p. 501). Estas características temperamentales vienen a ser substratos o fundamentos muy relacionados con los rasgos de personalidad, como puede comprobarse fácilmente analizando los cuestionarios que evalúan ambas cosas.

Entre las dimensiones de temperamento mejor descritas están las tendencias: *a*) a reaccionar de forma «inhibida», con ansiedad, malestar, vergüenza y evitación cuando se encuentran con personas o situaciones desconocidas, así como el tener dificultades para calmarse una vez activadas estas emociones; *b*) ser «sociable», atento a los demás, con interés positivo por interactuar con los demás, estar normalmente sereno y tener facilidad para recobrar la calma, y *c*) «reactividad negativa», con tendencia a tener reacciones emocionales negativas, dificultades para soportar la frustración, manifestaciones fuertes de angustia, hiperactividad, etc.

Estas características son factores que influyen, con seguridad, en la conducta prosocial y en la conducta moral. Las personas sociables es más probable que cooperen, ayuden y consuelen que los otros dos tipos temperamentales: las personas de reactividad negativa, que tienen más dificultades para sentir empatía, y las personas inhibidas, que es más probable que reaccionen con autopreocupación ante los problemas de los demás. Es decir, el temperamento sociable puede ser facilitador de la empatía cognitiva y afectiva, mientras los otros dos tipos pueden hacer más difícil el interés por los demás, crear dificultades mentales para ponerse en el lugar del otro y para compartir sus sentimientos, características que dificultan las relaciones sociales. Todo ello hace más improbable la conducta prosocial y la conducta moral, aunque las relaciones con el juicio moral no sean tan claras, porque éste depende mucho más de la razón.

Lo importante es comprender que el temperamento es una prueba más de la naturaleza moral del ser humano (dado que tendemos a reaccionar de forma positiva o negativa ante los demás), a la vez que demuestra que tenemos patrones bastante estables de relación con los demás, los cuales pueden facilitarnos o crear dificultades para sentirnos concernidos emocional, social y éticamente. Pero, a la vez, como ocurre con otras tendencias asentadas en la fisiología, no pueden confundirse estas características con el núcleo de la ética, asentada, como hemos visto, en el juicio moral. Influir en los hijos, a través de la socialización, para que conformen en lo posible un temperamento más sociable, ayudarles a conocerse y manejar con responsabilidad sus características temperamentales es una parte importante de la socialización. Esforzarse en conocerse a uno mismo y en aprender a usar el propio temperamento es la responsabilidad personal que nos obliga a todos.

Algunas características temperamentales pueden ser especialmente peligrosas para las relaciones sexuales y amorosas, bien porque dificulten la comunicación y la empatía, bien porque, como es el caso de la impulsividad, se asocien a faltas de respeto, conflictos y discusiones frecuentes o incluso maltrato verbal o físico Las personas impulsivas, en efecto, pueden acabar diciendo lo que no quieren, provocando situaciones conflictivas y llevando a cabo conductas que ellas mismas consideran inadecuadas, pero que no logran evitar.

El mismo razonamiento podemos aplicar a las **dimensiones o rasgos de personalidad.** En todas las teorías sobre la personalidad han sido descritos y evaluados determinados rasgos que facilitan o dificultan la sociabilidad, la regulación emocional, la tendencia a la extraversión o introversión, etc. Por citar algunas características, la personalidad esquizoide o la psicopática, por diferentes razones, pueden tener dificultades graves para compartir emociones, ponerse en el lugar del otro y comportarse prosocial y moralmente. En el caso extremo, pueden darse patologías emocionales y sociales que hacen imposible las conductas prosociales y morales. Incluso el juicio moral puede estar total o parcialmente diezmado.

Siguiendo el conocido modelo de cinco factores de personalidad (neuroticismo, extraversión, apertura a experiencias, amabilidad y responsabilidad) parece probado que los dos últimos favorecen el comportamiento ético, mientras que la inestabilidad emocional, la extraversión, si ponemos el acento en la apertura a experiencias se asocian más con la tendencia a vulnerar las normas.

Y cuando se han usado modelos con rasgos más específicos (López y López, 2003) se ha podido probar que la conducta antisocial se asocia con los rasgos de psicotismo, impulsividad, falta de autocontrol, despreocupación, poca conciencia de las normas y atrevimiento.

Pero nuevamente hemos de decir que se trata de factores que condicionan, a veces gravemente, el juicio moral y la conducta moral, pero poco tienen que ver con el núcleo de lo que es el juicio moral. Es decir, explican mejor la conducta que el juicio moral propiamente dicho, porque son factores que dificultan la capacidad de ser coherentes con lo que los propios sujetos consideran justo o injusto. En los casos extremos no consideramos, desde el punto penal, imputable su conducta, y desde el punto de vista ético decimos que no son responsables. En efecto, para que haya responsabilidad ética tiene que haber un margen de libertad, que en algunos casos puede llegar a no existir. Sin llegar a situaciones tan limitadoras, tal vez pueda decirse que hay personas que, por razones temperamentales o de personalidad, tienen más fácil juzgar bien y comportarse moralmente bien que otras, pero no podemos confundir el juicio moral, la argumentación en que se basan los principios éticos universales con estas características personales. Kant lo tuvo muy claro, como hemos visto, y por ello dejó para otras ciencias experimentales el estudio de estos factores que facilitan y dificultan la conducta moral y, tal vez también, el juicio moral, porque pueden enturbiar o hacer perder, por así decir, la razón. De hecho, popularmente usamos expresiones como «perdió la razón», «estaba como ciego», «se calentó tanto que no pudo evitar...».

Allí donde no llegue la responsabilidad de la persona con graves limitaciones, son la familia, la escuela y las instituciones sociales las que tienen que hacerse cargo y asumir la responsabilidad de que estos individuos no hagan daño a los demás, a la vez que se les intenta rehabilitar.

En todo caso, el conocimiento de estos y otros factores es muy importante, porque se puede influir educativamente para que se desarrollen los factores protectores o favorecedores de la conducta ética y se reduzca el peso o se controle el efecto de los factores de riesgo de conductas antisociales.

4.3.2. La experiencia de la incondicionalidad de los cuidadores. El sistema de cuidados como base de la ética de los padres y el apego seguro como facilitador de la ética

El psicoanálisis y el conductismo coincidieron durante décadas en considerar que los vínculos afectivos de los niños hacia sus cuidadores eran secundarios a los cuidados recibidos. Según estas teorías, los niños acaban aprendiendo que dependen de los cuidados de sus progenitores y, por ello, finalmente, se vinculaban afectivamente a ellos por interés (López, 1981, para un análisis detallado de estas posturas y el cambio que significó la teoría del apego). Pero la etología y aquellos psicólogos y psicoanalistas que trabajaron con niños sin familia llegaron a la conclusión de que este planteamiento era erróneo. En realidad, los niños nacen necesitados y preorientados a vincularse con los miembros de su especie y, una vez que diferencian bien entre cuidadores y no cuidadores, se vinculan a sus cuidadores específicos. En definitiva, los niños y niñas necesitan vincularse afectivamente, apegarse a quienes les cuidan; esta necesidad es tan primaria como la alimentación. Los cuidadores están también preprogramados para ofrecer estos cuidados asentados en bases fisiológicas heredadas y en aprendizajes sociales, algunos de los cuales se han convertido en patrones de conducta estables, especialmente en las madres. Estos patrones de las crías (la impronta o el apego) y de los progenitores (el sistema de cuidados) se ven de forma muy evidente en especies de aves y mamíferos y también en las personas, especialmente en las madres humanas, aunque en este caso, a diferencia de otras especies, se trata de programas que éstas pueden decidir no poner en marcha, como ocurre cuando abandonan a los hijos. Por eso, en los humanos es más necesaria la ética, justo porque somos más libres para cumplir o no estas preprogramaciones y, por tanto, hay que asegurar el cumplimiento de la responsabilidad ética de cuidar las crías. La ética y el derecho son necesarios a la especie humana, menos regulada biológicamente, más social y más libre que el resto de los animales.

Pues bien, el sistema afectivo que mejor fundamenta las conductas de ayuda a los demás, especialmente en la familia y la pareja, es el «sistema de cuidados». Si logramos extenderlo, más allá de la familia, nuestra tribu y nuestra nación, tendremos en él una base heredada para ayudar, consolar y cuidar, sintiéndonos éticamente responsables de los demás. Es decir, el sistema de cuidados es el patrón que mejor fundamenta nuestra capacidad de conducta prosocial y moral, pero para conseguirlo, universalizando algunos principios éticos, necesitamos recurrir a la razón (que puede descubrir, entre otras cosas, la irracionalidad del egoísmo personal, familiar, tribal o nacional). Por otra parte, en el caso humano, por ser una especie tan social, es seguro que para ser consecuentes con estos principios necesitamos de la instrucción, la educación y los avances culturales de nuestra especie.

Veamos con algún detalle el sistema de cuidados, el que mejor refleja las bases biológicas y de patrones estables de la conducta moral.

El sistema de cuidados, por antonomasia, es el conjunto de conductas que las madres y/o cuidadores ponen en juego para hacer posible la vida y el adecuado desarrollo de las crías, todo lo que hacen los cuidadores para satisfacer sus necesidades fisiológicas, mentales, afectivas y sociales. Este sistema supone pensamientos sobre el deber de cuidar a las crías, afectos positivos hacia ellas y conductas concretas de cuidados. Además, en la especie humana cuidar resulta ser una conducta que nos proporciona bienestar. Cuidar es saludable para el cuidador, salvo que sea en un contexto inadecuado por unas u otras razones, como ha ocurrido con frecuencia en el caso de las mujeres a las que se les ha pedido que cuiden a todos, sin la colaboración de los hombres, mientras ellas no eran cuidadas.

Estas conductas de protección y ayudas de las crías se dan en las hembras (a veces también en los machos, como suele ocurrir entre las aves) de numerosas especies no humanas. Por poner algunos ejemplos, en numerosas especies de aves el sistema de cuidados está claramente programado en las hembras y los machos, de forma que ambos comparten la construcción del nido, la incubación de los huevos, la protección, la alimentación de las crías y el acompañamiento de las crías durante un tiempo. En la mayor parte de mamíferos, el sistema de cuidados con las crías, en sentido estricto, sólo se observa en las hembras: lamen a la cría nada más nacer, se mantienen próximas, le ofrecen las mamas para la alimentación, la siguen o llaman si la cría se aleja, la buscan si se pierde, la defienden de los predadores y de otros animales que perciben como agresivos, la acarician buscando el contacto, especialmente con la lengua, y aceptan las caricias de la propia cría. Este patrón de cuidados dura al menos hasta la madurez de las crías. Los machos de los mamíferos no suelen cuidar directamente a las crías, aunque puedan apreciarse escenas concretas en algunas situaciones, sino que lo que hacen, en el mejor de los casos, es ocuparse de la defensa del grupo o manada. Es decir, los machos de la mayor parte de los mamíferos no tienen una vinculación específica con «sus crías».

En efecto, en los mamíferos, son las hembras las que están preprogramadas para vincularse a sus crías y cuidarlas incondicionalmente, mientras los machos no reconocen a sus crías ni las cuidan directamente.

Las **madres de la especie humana** están claramente **programadas** para activar su sistema de cuidados con sus crías. Otra cosa es que, como ocurre con otros programas en el caso humano, estas programaciones no determinen ni aseguren las conductas de cuidado. Es decir, las madres humanas, aunque se sienten motivadas para cuidar, tienen la **capacidad de tomar decisiones** en relación con sus crías, desde abandonarlas hasta ser incondicionalmente responsables. En definitiva, estos programas son menos instintivos en las madres humanas que en otras especies, menos determinantes, más abiertos y flexibles, menos naturales y más culturales. Por eso se da una paradoja entre los humanos: **los cuidados de la maternidad están menos asegurados** que en otras muchas especies (las madres pueden desentenderse de las crías o cometer fallos con más facilidad); pero, a la vez, en los humanos los **cuidados pueden mejorarse** de manera sustancial, con aprendizajes de prácticas de crianza y con la incorporación de los logros sanitarios y de todo tipo que ha hecho la humanidad. Los logros y aprendizajes sobre la higiene, condiciones de vivienda, alimentación, estimulación, etc., hacen que la especie humana haya dado un salto cualitativo en relación al resto de las especies, teniendo mucha mejor capacidad de cuidar a sus crías. En definitiva, los humanos somos mucho más culturales, por lo que podemos aprender y decidir mejor, con más libertad, para bien y, en el caso de falta de ética, para mal. Por eso, por ejemplo, hemos desarrollado los derechos de la infancia y hemos penalizado con leyes el maltrato infantil, reflejo de lo que los seres humanos podemos hacer.

Pero no debemos olvidar que, en el caso de las madres humanas, la **unión con la naturaleza** o programación para criar se expresa de mil formas. Las mujeres de todas las edades, pero especialmente después de la pubertad, se sienten especialmente motivadas para cuidar a las crías. Esta motivación **se activa de forma espectacular cuando paren a su hijo o a su hija,** como señalan muchas madres y como saben muy bien los que, en los casos de adopción por donación pactada antes del parto, separan cuanto antes a la cría de la madre, hasta el punto de no dejársela ver ni tocar, para que no se arrepientan. La neurociencia y el estudio de las hormonas, como hemos visto, demuestran también las bases neurológicas y hormonales de estas conductas.

Sobre estas bases, la cultura, el derecho y la ética, teniendo en cuenta los conocimientos de las ciencias, proponemos los siguientes **deberes con las crías:**

— Planificar el momento del embarazo, para que la cría sea deseada. Es evidente que esta capacidad es totalmente aprendida, no preprogramada, pero hoy debe considerarse parte de un adecuado sistema de cuidados, porque los padres «saben» la importancia que esto tiene para la cría. Es, además, la mejor manera de no poner en contradicción su motivación para criar con posibles razones personales o sociales para abortar, abandonar o donar a su hijo o hija.
— La madre debe cuidarse y ser cuidada durante el embarazo, por el bienestar de ella y de la cría.
— Evaluar y supervisar el estado de la cría durante el embarazo.
— Prepararse para el parto.
— Buscar ayuda en el parto.
— Dejarse llevar por las manifestaciones espontáneas de su sistema de cuidados después del parto, enriqueciéndolo con las mejores prácticas aprendidas y las ayudas sanitarias y sociales más adecuadas. Algunas de estas manifestaciones y prácticas son:

  - Buscar desde el primer momento el contacto piel a piel.
  - Acariciar suavemente a la cría por todo el cuerpo.
  - Abrazar con ternura a la cría.
  - Acercarla a su regazo y ofrecerle el pecho, respetando los ritmos de succión.
  - Hablar, mirar, tocar, estimular, interactuar íntimamente con la cría, de forma que se ponga en práctica una y otra vez el código de la intimidad y se compartan emociones.
  - Responder a los lloros de la cría, atendiendo sus demandas.
  - Mantenerse próxima a la cría, hablándole en la distancia, acercándose con frecuencia al rostro, etc.
  - Disfrutar de la interacción y de la relación lúdica (no sólo para satisfacer necesidades físicas) y afectiva (con intercambios emocionales).
  - Adaptarse a los ritmos biológicos de los hijos, en la succión, el sueño, la alimentación, etc.

— Aceptar incondicionalmente a la cría, niño o niña, con unas u otras características.
— Evaluar y supervisar su desarrollo.
— Incorporar los mejores cuidados que hoy conocemos desde el punto de vista sanitario, psicológico, social y escolar.

A explicar estos cuidados y deberes hemos dedicado un amplio libro (López, 2008), en parte resumido en la descripción de necesidades descritas en este mismo capítulo. Esta es la mejor forma de humanizar, con todo el progreso de la ciencia y la cultura, la motivación para cuidar y las buenas prácticas de los progenitores que el sistema de cuidados, en cuanto programado, tiende a ofrecer espontáneamente. De forma que esta combinación entre «dejarse llevar» por los pensamientos, sentimientos y conductas que espontáneamente le salen a la madre y lo que aprenden de otros seres humanos (las mejores prácticas de cuidado, crianza y educación) es lo mejor para cada niño o niña que nace. Todo ello conviene contextualizarlo en la racionalidad del compromiso ético con las crías, que, por nacer dependientes, nos obliga a sentirnos cuidadores incondicionales y a evitar cualquier forma de maltrato. Por eso el sistema de cuidados es una base sobre la que se asienta la ética de la crianza y de la que emergen, casi de forma natural, numerosos contenidos morales concretos, como los citados más arriba. El sistema de cuidados, por tanto, necesita de la ética (también del derecho para evitar abusos sociales reconocidos, como el maltrato) para que los cuidadores se sientan obligados y en ningún caso abandonen, maltraten o sean negligentes con sus crías.

Lo mejor, en definitiva, es una combinación entre **tendencia natural del sistema de cuidados y responsabilidad ética, social y penal** para ofrecer a cada cría las mejores condiciones de vida, que le permitan desarrollarse y alcanzar el bienestar.

Para el tema que nos ocupa, es aún más revelador tener en cuenta el peso del **sistema de cuidados en las relaciones de pareja**, porque es la mejor base para una ética que algunos han llamado «ética de los cuidados» aplicada a las relaciones sexuales y amorosas.

Las parejas pueden formarse por muchos motivos y tener características y contenidos muy diferentes. Por eso, hay parejas en las que el sistema de cuidados no se activa o lo hace únicamente por parte de uno de los miembros. Hay personas que no tienen motivaciones para cuidar al otro y personas que no saben cuidar adecuadamente a nadie y, por tanto, tampoco a su pareja. Incluso hay personas que funcionan como si únicamente ellas mismas debieran ser cuidadas; personas que demandan cuidados, pero jamás los dan o lo hacen de forma muy defectuosa.

Pero para fundamentar la ética, lo más esclarecedor es describir la realidad positiva de muchas parejas, en las que ambos son cuidadores y cuidados. Esta visión positiva de la realidad de las parejas es tanto más necesaria cuanto más se pone en cuestión por los medios de comunicación y por numerosos productos culturales, que no dejan de transmitir la idea de que las parejas son muy conflictivas e inestables. No es verdad que la mayoría de las parejas funcionen mal, que no se quieran, etc. La verdad es que la familia y la pareja son las dos instituciones que más valoran la mayor parte de las personas, justo porque muchas de ellas han tenido y tienen una experiencia positiva de ellas.

El sistema de cuidados en la pareja supone un salto cualitativo sobre lo que podríamos llamar reparto justo de tareas, relaciones equitativas, justicia en la relación, etc. La igualdad y la equidad son muy importantes en las parejas, un derecho y una obligación de ambos, sobre todo porque evitan la explotación. Pero conseguida la igualdad, como condición básica «sine qua non», el sistema de cuidados da un salto cualitativo:

a) Porque su **motivación** se centra en el bienestar y desarrollo del otro. Se llega a querer y desear el bienestar del otro, a veces incluso con grandes sacrificios: «Para mí sería mejor o más cómodo que... pero para ti es muy importante que... y me parece muy bien que decidas o hagas...»; «quiero que te salgan bien las cosas, deseo tu bienestar, favorecer tu bienestar es mi mayor motivación».

b) Las conductas de cuidado, cuando se pone en juego un verdadero sistema de cuidados, **no están pendientes de la reciprocidad** del otro, de medir lo que se recibe del otro, de exigir lo mismo, etc., sino que son generosas no sólo en la motivación, sino en su contenido. Únicamente así se puede entender cómo normalmente la pareja se siente «motivada y responsable» de cuidar al otro, incluso cuando no puede recibir de él esos mismos cuidados, como ocurre, por ejemplo, en caso de enfermedad prolongada o fatal.

Estas dos características pueden acercar los cuidados en la pareja a lo que hemos llamado **incondicionalidad de los padres,** aunque en este caso se da en un contexto de libertad con derecho a la desvinculación, una incondicionalidad condicionada a que se hayan construido relaciones de apego seguras y compromisos estables de los que no se duda.

c) **Multidimensional:** los cuidados en la pareja son también multifuncionales, pues se cuida al otro en todo lo que sea posible: cuidados biofisiológicos, atenciones de la vida cotidiana, cuidados sociales, afectivos y sexuales. Es el otro, todo entero, en todas las facetas de la vida, por el que se apuesta y al que se cuida.

d) **Disponibilidad y accesibilidad**: el acceso al otro y el apoyo del otro siempre debe ser posible; se trata de dos personas que viven juntas, comparten la vida y hacen proyectos comunes. Esta es una de las diferencias más importantes con otro tipo de relaciones, las ocasionales, caracterizadas por la falta de compromiso y disponibilidad.

La accesibilidad al otro no necesita «permiso», no hay aguas territoriales que franquear, el cuerpo y la intimidad del otro están siempre disponibles y accesibles. Tu cuerpo y tu territorio es el mío; mi cuerpo y mi territorio es el tuyo. Claro que entre la pareja disponible y accesible y las relaciones ocasionales hay hoy muchas alternativas intermedias, propias de la libertad que tenemos para construir nuestra biografía sexual y amorosa. No estamos criticando estas variantes, casi infinitas, sino describiendo las mejores condiciones a que puede dar lugar un sistema de cuidados en la pareja.

e) El sistema de cuidados **cambia evolutivamente** también entre adultos y en la vejez, puesto que cambian muchas de las cosas de las que depende. En las parejas hay una evolución del sistema de cuidados que puede seguir dos direcciones básicas: irse deteriorando por unos u otros motivos o ir enriqueciéndose, siendo cada vez más seguro y eficaz en la salud y en la enfermedad, en el bienestar y en la aflicción. En este camino, las fluctuaciones y conflictos pueden acabar con la pareja o resultar ésta fortalecida.

Por ejemplo, los roles de género hacen que con frecuencia los hombres estén demasiado ocupados mental, emocional y físicamente con su profesión (también les sucede cada vez a mayor número de mujeres), siendo peores cuidadores en la primera parte de la vida, mientras, pasados los cincuenta o sesenta años, suelen prestar más atención a la vida de pareja, valorar más los sentimientos y tomar conciencia del tesoro que es una relación de cuidados mutuos.

La **vejez y la enfermedad** física o mental pueden plantear especiales exigencias al sistema de cuidados, porque no es infrecuente que uno u otro miembro de la pareja acaben siendo durante años dependientes de los cuidados del otro: una prueba de la que ambos pueden salir fortalecidos o naufragar como pareja.

f) La **equidad** en la oferta de cuidados es uno de los aspectos peor resueltos en la pareja. La igualdad entre el hombre y la mujer ha avanzado mucho, pero sigue lejos de haberse conseguido, especialmente en el interior de la familia y la pareja. Esta es hoy una de las causas más frecuentes de conflicto o frustración por la frecuente explotación de las mujeres. Son muchas las mujeres que cuidan, pero no se sienten cuidadas; por ello, aunque el sistema de cuidados no exija reciprocidad estricta, es frecuente que las mujeres se sientan explotadas, frustradas o desilusionadas con lo que esperaban de la pareja. La asimetría en los cuidados, si es demasiado evidente y sistemática, puede acabar desactivando la motivación para cuidar de la persona que se siente «descuidada por el otro», «desatendida», etc., convirtiéndose en una de las causas de la posible desvinculación.

Este problema, paradójicamente, puede ser mayor en bastantes mujeres actuales que en mujeres de hace varias décadas, porque, por numerosas razones (los cambios referidos al trabajo de la mujer fuera de casa, el derecho de la mujer a tener vida social, etc.), las mujeres de hoy tienen una conciencia más aguda de su posible discriminación y menos motivos para soportarla. El tipo de mujer que cuidaba a toda la familia y era poco cuidada por los demás sigue siendo frecuente, pero no lo será por mucho tiempo, al menos en occidente. Las cosas pueden evolucionar en dos direcciones: que los hombres se conviertan también en cuidadores, o que ambos, hombres y mujeres, prioricen su curriculum y su supuesto bienestar personal (más bien suele ser comodidad o estilo de vida en el que buscar la diversión y donde placer inmediato se convierte en el objetivo prioritario), es decir, que ambos dejen de cuidar. La segunda opción parece estar extendiéndose en parejas jóvenes que se «igualan» en lo peor: en no estar dispuestos a cuidar, haciendo inviable la familia, la pareja y la amistad. Con ello se acabaría el bienestar personal y de las parejas, como se acaba la buena cocina cuando nadie está dispuesto a cocinar, ambos víctimas de la comida rápida.

g) **La intimidad emocional, afectiva y sexual** es uno de los contenidos y posibles logros del sistema de cuidados en la pareja. Lo más específico de una relación de pareja es que se comparte casi todo y muy especialmente las emociones, la vida afectiva y la sexualidad. Por ello, cuidar al otro y ser cuidado es el núcleo de la relación, aquello de lo que más depende el bienestar de la pareja y de cada miembro.

h) El sistema de cuidados en la pareja debe también ser muy **lúdico.** No debe estar orientado únicamente a satisfacer las necesidades perentorias del otro, sino también a gozar en común, divertirse en común, jugar en común. Divertirse y divertir al otro aumenta el deseo, la atracción y el enamoramiento; ayuda a sentirse bien, a sentirse satisfecho con la vida, lo que acaba siendo, como vimos, uno de los reforzadores mayores de las relaciones de pareja.

Este factor es hoy aún más importante, porque hombres y mujeres tienen un sentido menos sacrificado de la vida, se asignan el derecho a disfrutar de la vida.

i) **Cuidar a la familia y los amigos del otro.** Los vínculos familiares y de amistad son muy importantes en la vida, por lo que es necesario hacer lo posible (cuidar) para que cada miembro de la pareja mantenga las relaciones con su familia y con los amigos. Lo ideal seguramente es que estas relaciones se compartan; pero lo más importante es que ninguno de los dos tenga que prescindir de sus mejores relaciones familiares y de amistad. Dicho eso, cada pareja debe encontrar la fórmula más adecuada, porque los patrones de relaciones familiares son muy distintos, e imponer los de unas familias a otras puede ser conflictivo.

j) Cuidar la **identidad, la diversidad y la privacidad** del otro. Las relaciones de pareja no deben absorber a sus miembros hasta el punto de que pierdan su identidad, su diversidad y anulen toda privacidad. La lealtad y el compromiso tienen que ser compatibles con el que cada uno pueda mantener su privacidad y conseguir mantener la autonomía, ser naranja entera, en el sentido de poseer un proyecto de vida propio, en el que se toman decisiones sobre la propia vida, no sintiéndose anulado, explotado o instrumentalizado por el otro. Anular al otro, ponerle al servicio propio, atosigar su privacidad, someterle de una u otra forma no es cuidar adecuadamente a la pareja. El equilibrio entre autonomía y dependencia es muy variable de unas parejas a otras, pero es necesario que se sepan, sientan y se comporten, cada uno, consiguiendo un alto grado de libre dependencia y un alto grado de autonomía personal, aspectos éstos en los que es casi imposible no caer, poco o mucho, de un lado o del otro, provocando malestar o amenazando la propia relación de pareja.

k) Cuidar a otra persona es aceptar y **apoyar sus creencias y su visión del mundo, contribuyendo a que ésta sea positiva, a que encuentre el sentido de la vida y la ame, sea biofílico, amante de la vida, y tenga confianza en el ser humano y en los vínculos amorosos.** Cuidar a una persona es la mejor manera de contribuir a que crea en la humanidad y en la vida. Que cada uno sea un buen motivo para experimentar que la vida vale la pena vivirse, que los seres humanos merecen confianza y que los vínculos amorosos son una realidad maravillosa.

l) Cuidar es mantener con el otro, lo que hemos llamado **«ética de las relaciones amorosas»,** que a nivel de principios definimos (el lector encontrará más desarrollado este punto en el capítulo siete) como la ética del consentimiento (que promociona y respeta la libertad del otro, no abusando, no violando, no ejerciendo coerción sino fomentando su libertad); la ética del placer compartido (que hace que cada uno se sienta concernido, responsable del placer y el bienestar del otro); la ética de la igualdad (concediéndose los mismos derechos y obligaciones), la ética del compromiso leal (de forma que el otro u otra sabe cuáles son los verdaderos sentimientos, las intenciones y las decisiones de ambos) y la ética de la salud.

Cuidar el **bienestar del otro.** Cuidar, en definitiva, es promover el bienestar del otro, apoyarle en su autorrealización. Hacer lo posible para que el otro u otra desarrolle sus potencialidades y encuentre su sitio en la vida. Si ambos lo hacen, se encontrarán enriquecidos como personas y como pareja.

Una forma práctica de conocer cuáles son los contenidos concretos del sistema de cuidados es revisar los indicadores que usan diversos autores para evaluar las relaciones de pareja. Por ejemplo, Kunce y Shaver (1994) evalúan cuatro aspectos o dimensiones del cuidado:

— La disponibilidad y accesibilidad física y psicológica («siempre que me necesita, me encuentra a su lado y dispuesto a ayudarle») o distancia y falta de disposición para la ayuda («estoy demasiado ocupado o distante de mi pareja»).
— Sensibilidad para darse cuenta de lo que quiere o necesita («me resulta fácil darme cuenta de lo que necesita», «sé consolarle», etc.) o insensibilidad («con frecuencia no me entero o no sé lo que quiere o necesita»).
— Cooperación en la ayuda («consigo ayudarle como él quiere y necesita, cooperando a la solución) o dominio («le ayudo como yo creo que hay que hacerlo, siempre a mi manera»).
— Cuidado ajustado a sus necesidades («le ayudo cuando lo necesita, respetando sus propias decisiones») o cuidado compulsivo («la verdad es que le suplanto o dirijo muchas veces en la solución de sus problemas»).

En definitiva, para estos autores, estar cerca y dispuesto a ayudar, tener la capacidad de darse cuenta de lo que el otro necesita, cooperar en la solución de los problemas y dejar que sea el otro el que tome las decisiones, respetando su autonomía, serían las características de un buen cuidador.

Estos contenidos del sistema de cuidados, preprogramados y aprendidos, demuestran también que el ser humano es ético, tiene en cuenta a los demás, especialmente a los que tienen relaciones de parentesco, y que existe un sistema de relaciones mutuas deseable, que tiene contenidos comunes en todo tipo de familias y de parejas. Es decir, **cuidar a las crías, cuidarse entre los miembros de la familia y cuidarse recíprocamente en la pareja es un deber fundamentado en la naturaleza de las cosas, en la función del «ser» (padres, familiares, pareja),** que diría Aristóteles. La familia y las relaciones de parentesco son muy significativas en todas las sociedades, más allá de la variabilidad propia de cada cultura. Los antropólogos lo han tenido siempre muy claro, reconociendo que estas relaciones son fuente de deberes que, en algunas sociedades, también se regulan con leyes, como ocurre entre nosotros.

Estas relaciones familiares tienen, por así decirlo, una ética aplicada más exigente, propia de los compromisos y las relaciones de parentesco, vitales para la supervivencia y el bienestar personal, de la familia y la pareja. Por ello, educar en la capacidad para cuidar y fomentar el valor del sistema de cuidados es esencial en toda sociedad.

Es una pena que el pensamiento socialista, en todas sus variantes, al que tanto debemos en la lucha por la justicia y la igualdad, haya tenido una visión negativa de la familia, porque, se decía, reproducía el sistema de opresión. El lector recordará los tres enemigos señalados por Engels en el libro *La Familia, la Propiedad y el Estado*. Corregir esta visión sobre la familia y las relaciones de parentesco es fundamental si queremos entender a una especie tan social como la nuestra.

4.3.3. Las emociones y la empatía como base de la ética y mediador de la conducta moral

Las emociones son respuestas fugaces que nos preparan para la acción. Unos autores tienden a considerarlas respuestas fugaces, sin una intervención fuerte de las capacidades cognitivas, mientras otros reconocen que pueden alargarse en el tiempo con un peso mayor de la memoria, la reelaboración mental y las expectativas de futuro (Solomon, 2007). Para otros, si se alargan en el tiempo se convierten en sentimientos más estables, en el sentido propuesto por Damasio (López, 2009).

Tienen una clara base de reactividad fisiológica, son percibidas subjetivamente, se expresan corporalmente en numerosas manifestaciones (tasa cardíaca, reactividad de la piel, respiración, expresiones faciales y posturales, etc.) y hay una asignación verbal y significado social. Suponen en sí mismas una valoración positiva o negativa afectiva y mental, de forma que, en cierto sentido, contienen una valoración que nos inclina a actuar de una manera o de otra. Las emociones tienen tanta importancia que, como señalan algunos autores, «constituyen la realidad» de tal manera que, por ejemplo, la persona que odiamos se convierta en odiosa o enemiga y la que amamos en buena y amiga. Son, por ello, una capacidad de conceptualizar y evaluar, un juicio de valoración moral subjetivo que conlleva estrategias para afrontar las diferentes situaciones de la vida. Este componente intelectual y moral de las emociones, junto a la capacidad de expresarlas, comprenderlas, compartirlas, regularlas y usarlas socialmente bien es lo que llamamos inteligencia emocional. Pero, al ser las emociones muy influenciables por numerosos factores, como veremos enseguida en el caso de la empatía, están muy amenazadas por ese carácter subjetivo constituyente de la realidad de cada persona en sus relaciones con los demás, por lo que no garantizan el principio de una ética universal si no recurrimos a la argumentación racional. El cerebro emocional, por así decirlo, se ha construido en un mundo familiar y tribal, por lo que sus juicios necesitan ser filtrados y reelaborados con argumentos racionales.

De todas las emociones, la empatía es la que más se ha relacionado con la ética y la conducta moral.

4.3.3.1. *La empatía, la ética y la conducta moral*

La empatía es la emoción social y ética por excelencia. Como toda emoción, es una repuesta fisiológica, mental y emocional que nos prepara para la acción. En concreto, se trata de la **capacidad de darse cuenta de lo que las otras personas están sintiendo y compartir estos sentimientos en algún grado.** Nos damos cuenta, por ejemplo, que una persona está triste y nos sentimos nosotros también tristes «con ella». El núcleo de la empatía es la experiencia vicaria de las emociones que está sintiendo el otro, pero presupone un componente cognitivo que nos permite reconocer las emociones del otro.

La empatía juega un rol decisivo en las relaciones interpersonales, profesionales y sociales, especialmente en aquellas relaciones que requieren interacción muy personalizada, como en las relaciones dentro de la familia, la amistad, la pareja, etc. También es fundamental en el ejercicio profesional cuando hay que escuchar, entender, apoyar y ayudar a otras personas como, por ejemplo, en el trabajo que realizan los terapeutas, los sanitarios, los trabajadores sociales y los educadores.

Por lo que hace relación al tema que nos ocupa, la empatía debe considerarse una base fisiológica y emocional de la ética y la conducta moral, (muy especialmente en el caso de las relaciones sexuales y amorosas), aunque únicamente con una regulación racional puede tener un sentido universal, como veremos.

La empatía **supone dos capacidades:**

— **Capacidad mental o cognitiva:** la capacidad de ponerse en el punto de vista del otro, el reconocimiento de sus emociones, sus motivaciones, sus argumentos, sus sentimientos, etc. Supone, por tanto, ser una persona abierta que tiene capacidad de salir de sí misma, que deja de ver el mundo por un agujero (que es su propio punto de vista) y abre su mente a la compresión de otras ideas, otras formas de vivir, etc. Esto no significa olvidar el propio punto de vista, ni dar siempre la razón a los demás, ni mucho menos renunciar a los propios derechos e intereses, sino tener una visión más compleja y realista, incluyendo la consideración del punto de vista motivacional, emocional, argumental y vital de los demás.

Implica también estar abierto a cambiar de ideas, sentimientos, argumentos y conductas, si la consideración del punto de vista de los demás finalmente nos convence total o parcialmente. Esto ayuda a las personas en los conflictos y en la forma de resolverlos y, por supuesto, ayuda en las relaciones cotidianas íntimas (¡qué suerte comprender y ser comprendido!) y en toda la actividad profesional.

Por cierto, defender bien, con buenas formas, buenos argumentos y en el momento más adecuado el propio punto de vista es una forma de favorecer que los demás nos tomen en consideración. Por ello, esta capacidad es muy necesaria para que sea viable la propuesta de Habermas de ética dialógica.

Pero en la respuesta empática emocional no siempre es necesaria tanta sofisticación, porque en la vida cotidiana muchas veces somos capaces de movilizar nuestro buen corazón sin grandes análisis mentales. Eso es lo que hacen especialmente bien las personas con algunas discapacidades psíquicas, los niños (especialmente con sus padres) y las personas sencillas e intuitivas o con mucho sentido común. Esto es así porque uno puede **darse cuenta** de los sentimientos, situación o puntos de vista del otro por medios muy diferentes: la voz o el tono muscular, su manera de mirar, sus gestos, su expresión emocional, sus palabras, sus conductas, etc. Lo importante es comprender que para que haya empatía tenemos que darnos cuenta, como primera condición, de lo que el otro siente.

— **Capacidad de compartir emociones y sentimientos** tanto positivos como negativos.

La persona empática se contagia del gozo o la aflicción del otro, sabe sentir como si formara emocionalmente con la otra persona unos vasos comunicantes. Esto es fundamental en el amor, la intimidad sexual, la amistad, las relaciones familiares, etc. También lo es en la actividad profesional; pero en este caso no es necesario, ni siquiera conveniente, «sentir como el otro», tener los mismos sentimientos, sino «tener sentimientos congruentes», sentimientos que compaginen bien con los del usuario o cliente, que le hagan sentirse comprendido y apoyado. Esto es especialmente necesario cuando uno tiene actividades profesionales con personas que sufren mucho, porque compartir ese sufrimiento y, por decirlo así, morir todos los días, es difícilmente soportable. Los demás, desde un punto de vista profesional, no necesitan que estemos tan ansiosos o angustiados como ellos, sino que les comprendamos, apoyemos y seamos profesionalmente eficaces. La serenidad compasiva con el cliente es lo más adecuado, entendiendo por compasión que comprendemos perfectamente lo que le está pasando y conectamos (con congruencia emocional) bien con sus sentimientos; en suma, que lo que le está pasando nos importa cognitiva y emocionalmente.

En las relaciones de intimidad sexual y amorosa es diferente. En ellas es fundamental compartir las emociones: tus emociones me conciernen, me conmocionan, me hacen sentir como tú y me empujan a ayudarte o a gozar contigo. Por cierto, es bueno decir que la empatía no es cosa de personas tristes que van buscando compartir desgracias, sino también de personas que disfrutan gozando con los demás, desean el bienestar propio y ajeno, pero, eso sí, son sensibles al dolor y a las necesidades de los demás. Es lo que llamaremos la ética del placer y el bienestar compartidos.

Tipos de empatía

Podemos distinguir diferentes tipos de empatía, en función de su componente predominante y en función de su carácter disposicional o situacional.

En cuanto al factor o componente predominante

Con lo que acabamos de comentar es fácil comprender que, desde el punto de vista del componente o factor predominante, pueda hablarse de dos tipos de empatía:

a) *Empatía predominantemente cognitiva:* cuando las personas entienden, conocen, analizan, se dan cuenta de lo que el otro siente, piensa, etc. Supone inteligencia social, en el sentido de que se tiene la capacidad de ponerse en el punto de vista de los demás, resulta fácil escucharlos, entenderlos, saber lo que piensan y quieren.

Este componente facilita que se desencadene el otro, el emocional, pero no lo asegura. Hay personas que tienen una gran capacidad de ponerse en el punto de vista del otro y saben perfectamente cómo lo está pasando, pero no se conmocionan, no se conmueven, no movilizan sus propios sentimientos o lo hacen en un grado muy bajo. En términos populares, podríamos decir que son inteligentes socialmente, pero no se implican emocionalmente en la relación.

Es un componente muy positivo, como lo es ser inteligente, pero conviene que combine con el otro factor empático —el emocional— y con valores éticos, para que la persona no tenga la tentación de utilizar esta capacidad para manipular a los demás, usarlos en su propio provecho, etc. Ser inteligente —en este caso, desde el punto de vista social— es muy positivo, pero si esta característica se da en combinación con la maldad y la falta de ética podría llegar a usarse en contra de los demás. Precisamente el estilo manipulativo de comunicación —que aparentemente es muy asertivo, pero que en el fondo instrumentaliza a los demás en provecho propio—, tiene mucho que ver con cuanto acabamos de decir.

b) *Empatía propiamente dicha, empatía emocional o empatía de concernimiento.* Se trata del factor emocional, de la empatía propiamente dicha (puesto que el factor mental o cognitivo puede verse como una precondición para la verdadera empatía). Se caracterizaría por compartir sentimientos en un grado u otro, desde la congruencia emocional hasta la experiencia vicaria.

Las personas que tienen esta capacidad de forma sobresaliente se sienten concernidas, afectadas, conmovidas por cómo la otra persona lo está pasando: «tu tristeza me afecta, me concierne, me conmueve, me entristece»; «tu alegría me llena de gozo, me contagia, me contenta».

Este factor es muy positivo, especialmente en las relaciones interpersonales que requieren intimidad, por varias razones:

— Es esencial para apoyar emocionalmente a la otra persona (consolar o gozar con los demás). Es lo que muchos autores consideran el núcleo de la intimidad.
— Motiva para la ayuda, puesto que se caracteriza por sentirse afectado, concernido por lo que le pasa a la otra persona.
— Es una fuente de moralidad y conducta ética, ya que inhibe las conductas que producen daño a los demás, hace sentir culpa si se produce dolor innecesario en otras personas, etc.

Puntuar muy alto en este factor de la empatía requiere que vaya acompañado de otras dos características, para poder ser eficaces en las conductas de ayuda:

— El autocontrol o la capacidad de regulación emocional, para no sentirse sobrepasado, demasiado conmocionado en determinadas situaciones. Por ejemplo, si una persona ayuda a enfermos terminales o trabaja en situaciones de emergencia, es muy importante que no pierda el control sobre sus sentimientos empáticos para poder ser eficaz y no quemarse. Nadie puede morir todos los días con quien muere, por poner un ejemplo límite. Lo más deseable en estos casos es no dar curso a respuestas emocionales vicarias, sino mantener el control y la respuesta empática a nivel de congruencia emocional.
— Puntuar alto en el componente cognitivo, para saber ayudar con eficacia. Las personas que se sienten muy concernidas con los problemas ajenos, pero tienen poca inteligencia social, pueden intentar ayudar cuando la otra persona lo rechaza, ser inoportunos, cometer errores, etc.

Por tanto, lo ideal es que las personas puntúen alto en ambos factores de la empatía y tengan capacidad de regular el uso adecuado de sus emociones. De esta forma tenderán a tener sentimientos congruentes en las situaciones profesionales y a compartir en grado e intensidad apropiada los sentimientos de los demás en las relaciones íntimas.

Estas dos formas de empatía deben diferenciarse de otra forma falsa de empatía llamada **autopreocupación ansiosa.** En efecto, algunas personas se conmocionan mucho ante las desgracias ajenas, pero no reaccionan apoyando y ayudando a los demás, sino cargándose de autopreocupación o ansiedad. Observan una desgracia y su reacción podría resumirse en la expresión: «anda, que si me hubiera pasado a mí». Estas personas no ayudan a los demás, sino que tienden a realizar acciones egocéntricas y a huir de las situaciones en las que los demás las necesitan.

En cuanto a su carácter disposicional o situacional

Para la intervención educativa hay otra distinción fundamental: empatía disposicional y empatía situacional.

a) La empatía disposicional

Es la capacidad empática que las personas tenemos en relación con los factores de los que hemos hablado anteriormente. Cada persona tiene una determinada capacidad, que puede ser considerada una característica estable, un rasgo de su personalidad, una forma relativamente estable de ser o funcionar en relación con la empatía. Es verdad que se trata de una característica que no está nunca cerrada a nuevos cambios, como ocurre con casi todas las características de personalidad, pero no es menos cierto que las personas acaban conformando a lo largo de la infancia y adolescencia una determinada capacidad empática que permanece relativamente estable a lo largo del tiempo, salvo experiencias muy significativas, positivas o negativas. Por eso, podemos decir con propiedad que hay personas muy empáticas y personas poco empáticas, refiriéndonos a su manera habitual de ser y comportarse en relación con esta emoción. Pero, en principio, salvo patologías muy específicas, todas las personas tenemos un grado u otro de empatía disposicional, porque esta emoción «ejemplifica la solidaridad implícita en la naturaleza humana... un retrato mucho más amable y admirable... que presenta la naturaleza humana como una comunidad compasiva definida por sentimientos compartidos y la aversión hacia la visión del dolor o el sufrimiento en nuestros congéneres» (Solomón, 2007, p. 105).

b) *La empatía situacional*

La empatía es muy sensible, pues puede afectarse fácilmente por muchos factores situacionales, de forma que una persona muy empática puede ser muy distante y fría en determinadas situaciones, y una persona poco empática puede tener una buena respuesta empática si se dan determinadas circunstancias. Por ejemplo, un palestino puede ser una persona muy empática, pero no serlo ante un judío y a la inversa. Una persona puede ser poco empática en general, pero muy empática con su madre, como pasa con frecuencia con agresores y asesinos.

Por eso la empatía situacional es la respuesta empática concreta que se da en una situación concreta. La situación implica muchas cosas que afectan a la respuesta empática: actividades, lugares, tiempos, personas, antecedentes, roles, etc.

Como la empatía es una emoción, es muy sensible a influencias que la pueden potenciar (por ejemplo, es «mi madre» la que está sufriendo) o debilitar (es «mi enemigo» el que sufre). Los factores son tantos y tan diversos que no podemos explicarlos todos. El siguiente esquema resume algunos de ellos, haciendo ver que la empatía disposicional puede verse afectada por factores del propio sujeto, las características de la otra persona o las características de la situación. Precisamente lo que debemos hacer en la intervención educativa es conseguir el grado óptimo de respuesta que puede dar cada persona, generalizándola al mayor número de situaciones posibles, de forma que, finalmente, demostremos tener todo el buen corazón que realmente tenemos (véase figura 4.2).

En general, puede decirse que si el **sujeto** tiene las características indicadas es más probable que dé una buena respuesta empática en muchas situaciones, mientras que si tiene baja autoestima, no se considera capaz de ayudar, cree que nada se puede hacer, tiene una consideración negativa del ser humano, es racista o intolerante, etc., es más improbable que no se sienta afectado por los problemas de los demás.

Las características de **la otra persona** son también muy importantes: si es un familiar o amigo, expresa bien sus emociones o sabe pedir ayuda, es de su edad, su etnia, etc., es más probable la respuesta empática, y a la inversa. Podría precisarse que en general los niños y las mujeres desencadenan mejor la empatía. Las personas que tienen enemistad, están muy alejadas en sus características o no saben pedir ayuda provocan menos la empatía.

En relación con la **situación**, si nos sentimos responsables, estamos solos con la persona que necesita ayuda, no compromete nuestros planes, etcétera, es más fácil la respuesta empática y a la inversa.

Así se comprende que la intervención educativa consista básicamente en eliminar los factores negativos y promocionar los positivos para que no haya impedimentos y las personas den lo mejor de sí mismas. Cuando afirmamos que en una situación de conflicto sale lo peor de las personas

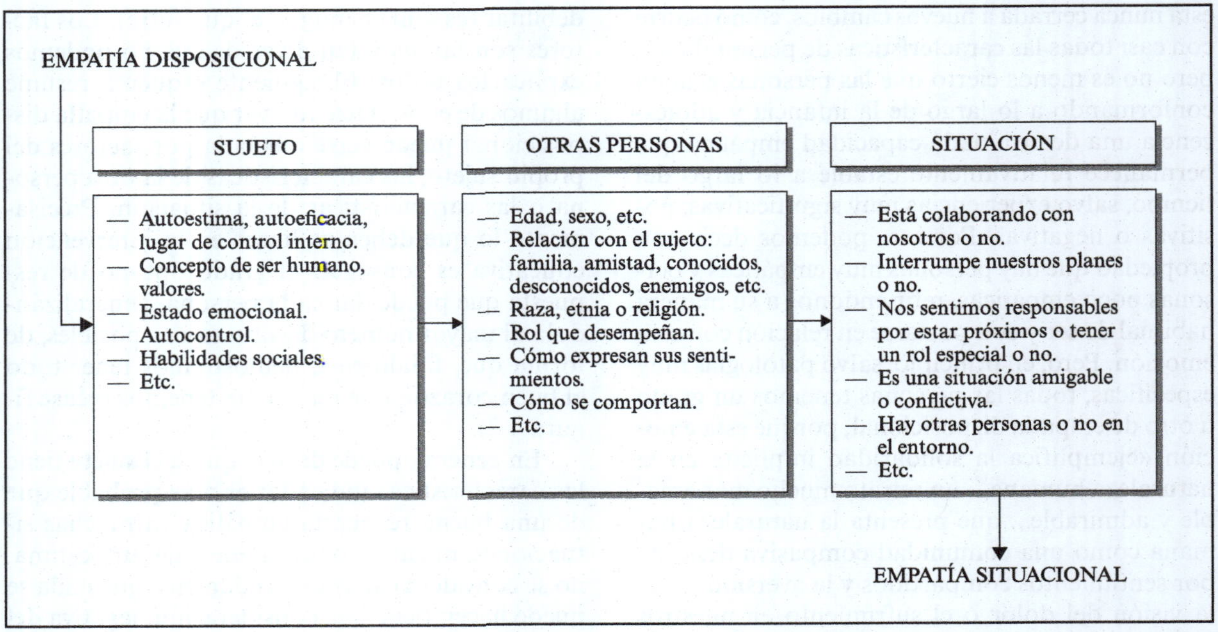

Figura 4.2.—Empatía disposicional y empatía situacional.

y en una relación amigable lo mejor, nos estamos refiriendo a cuanto acabamos de decir.

El hecho de que la respuesta empática sea tan influenciable demuestra que filogenéticamente ha evolucionando, favoreciendo las relaciones de consuelo, ayuda y cooperación con los propios (familiares y miembros de la tribu), mientras se inhibe con los desconocidos y muy especialmente con los considerados enemigos. Por eso, como en el caso de otras bases fisiológicas de la ética y la conducta moral, no puede fundamentar por sí misma una moral universal si no regulamos la empatía con una razón universal. Pero la empatía es una base fisiológica, mental y emocional que da valoraciones éticas a cada situación social e interpersonal, favoreciendo la ayuda e inhibiendo la agresión o el daño al otro.

Promocionar la empatía cognitiva y afectiva en la familia, la escuela y la sociedad, universalizando la tendencia a comprender, escuchar ponernos en el punto de vista del otro y a reaccionar con movimientos de ayuda es fundamental. Algo para lo que ya tenemos programas didácticos concretos (López y otros, 2006).

Para el tema de la ética de las relaciones sexuales y amorosas, la capacidad empática es fundamental para: *a*) inhibir cualquier tipo de agresión o daño evitable; *b*) saber escuchar y tener en cuenta el punto de vista del otro; *c*) estar seguros de su consentimiento libre; *d*) fomentar la igualdad; *f*) compartir el placer, sintiéndose concernidos por el bienestar del otro; *g*) ser honestos con el otro; *h*) colaborar en no asumir riesgos y, lo que es aún más importante; *i*) abrirse a la ética favorecida por el sistema de cuidados, y *j*) favorecer el logro de la conexión emocional entre los miembros de la pareja, factor éste fundamental en la satisfacción, bienestar y estabilidad de la vinculación sexual y amorosa. Debe considerarse, por tanto, un recurso fundamental de la ética sexual y amorosa que apoya los principios ya propuestos en el apartado de la ética deontológica y desarrollados en el último capítulo de este libro.

4.3.3.2. *Otras emociones y la ética*

Todas las emociones conllevan significados valorativos que nos impulsan a la acción, por lo que cuando se refieren a contenidos y conductas que implican la buena o mala vida personal o social están directamente relacionadas con la ética y la conducta moral. Algunas de las emociones están especialmente relacionadas con la ética y la moral, como acabamos de ver con la empatía. Pero no es la única.

La culpa y emociones cercanas

La **culpa** es sin duda uno de los sentimientos asociados a la ética, puesto que es un reconocimiento emocional de una responsabilidad que se considera no haber cumplido. Claro que sólo tiene sentido moral cuando se podía (libertad) y debía (deber) hacer algo que no se ha hecho (culpa por omisión o negligencia) o se es responsable de daños causados intencionalmente a los demás (culpa por acción). Es, por tanto, una emoción que supone una valoración de lo que se debía hacer o dejar de hacer.

Reconocimiento de la culpa, arrepentimiento y reparación conforman un proceso presente en muchas situaciones morales y también penales. De hecho, las religiones han abusado con frecuencia de este sentimiento.

En psicología se ha estudiado la culpa desde el punto de vista del desarrollo moral en la Escuela de Ginebra (como interiorización de las normas externas que generan culpa si no se cumplen), o como interiorización del «super-yo» en el psicoanálisis (que nos hace sentir responsables y, si no lo somos, culpables) y en terapia. Por ejemplo, los agresores sexuales deben hacer el proceso de reconocer su culpa, arrepentirse y, si es posible, reparar a las víctimas.

La culpa como sentimiento o emoción elaborada por quien sabe y reconoce que no ha hecho lo que debía, es de hecho un apoyo psicológico para que las personas decidan bien y sean coherentes en su conducta en el futuro.

En la educación y, por supuesto en la confesión religiosa, se usa con frecuencia el sentimiento de culpa, incluso induciéndolo el aumento del sentimiento de culpa, la petición de perdón y reparación, si ésta es posible.

Hay también un concepto de culpa legal, referida a la vulneración de una ley, que puede coincidir o no con la culpa moral, según los casos.

A la misma familia de la culpa pertenecen **el remordimiento, el arrepentimiento, la autoaversión (el orgullo sería su opuesto), la vergüenza y el apuro.** Se trata de emociones críticas con uno mismo, aunque con significados y matices diferentes.

La culpa, el arrepentimiento, el remordimiento y la autoaversión, y con alguna frecuencia la vergüenza, suponen la valoración de que se ha hecho algo que no se debía, que es malo, autocensurando al propio sujeto de la acción.

El apuro, y con frecuencia la vergüenza, puede tener su origen en una situación que nos resulta embarazosa, en la que nuestro crédito social puede estar amenazado, no implicando, por tanto, necesariamente una culpa moral. De forma que uno puede avergonzase o sentir un gran apuro social porque los demás se han enterado de que hemos obrado mal, o simplemente porque, por ejemplo, porque nos piden hablar en público.

La vergüenza y el apuro son emociones sociales, referidas a lo que sentimos frente a los demás, estando con frecuencia la vergüenza más asociada a la culpa (por ejemplo, la vergüenza que deberían sentir los corruptos), mientras el apuro (en lenguaje popular también se denomina «tener vergüenza») es una emoción claramente inocente.

En el extremo opuesto se encuentra el **orgullo** como autovaloración positiva, emoción que no debe confundirse con la arrogancia, sino, desde el punto de vista moral, con la valoración positiva de la propia conducta, porque el bien obrar genera una valoración positiva de la persona; es, en efecto, un reforzador de la conducta ética. Sentirse orgulloso o tener la conciencia tranquila son expresiones frecuentes de quien considera que ha obrado bien.

La ira, la indignación y otras emociones cercanas

Las emociones llamadas negativas tienen muy mala prensa. La ira, en concreto, es considerada por los católicos como un pecado capital; algo raro, porque el Dios de la biblia y el mismo Jesús (con los mercaderes, por ejemplo) aparecen también airados. Por otra parte, se la relaciona, en este caso con razón, con la impulsividad, porque efectivamente hay una forma inadecuada de expresar la ira (por la causa, el momento, la forma o la persona a la que se dirige) y peligrosa (cuando fomenta las agresiones verbales y físicas o la toma de decisiones que ni siquiera se desean).

Pero la ira, como todas las emociones, es muy útil y necesaria. La ira puede estar justificada cuando alguien nos maltrata, insulta, amenaza, no respeta nuestra dignidad, etc. En este sentido, puede ser una respuesta adaptativa y ajustada a la realidad. Hay personas y situaciones que merecen que movilicemos esta emoción, y el hacerlo puede ser también bueno para nosotros, desde el punto de vista emocional, y ser, además, efectivo. Todo depende de que evaluemos bien la situación y demos una respuesta inteligente.

De hecho, la ira puede llenarnos de energía y ayudarnos a defendernos o encontrar motivaciones para hacer esfuerzos sobrehumanos. Es decir, puede favorecer estrategias de acción ventajosas o destructivas, según los casos.

Por suerte, es también una de las emociones básicas más estudiadas y mejor conocida, desde sus bases fisiológicas hasta las manifestaciones corporales y posturales, como seguro conoce el lector. Por eso se suele usar para explicar los componentes fisiológicos, gestuales y corporales, psicológicos y sociales, de las emociones.

La duración de la ira es muy variable, iniciándose con una respuesta frecuentemente fulminante de tipo neurológico, hormonal y muscular que puede ir seguida de pensamientos repetitivos que la alimenten en el tiempo durante horas, días o años, según lo sucedido y la personalidad del airado.

Desde el punto de vista moral, la ira siempre se refiere a alguien o algo y supone un juicio negativo respecto a lo sucedido. Puede referirse a una persona o a otros asuntos que no nos salen bien, por ejemplo cuando intentamos arreglar algo y no lo conseguimos. Puede ser hija de la frustración o la ofensa, implicar un juicio moral de culpabilidad del otro o ser más bien un fuerte enfado o «cabreo intenso» por algún motivo, que incluso puede referirse a uno mismo.

Cuando la ira es provocada por otras personas porque nos ofenden de una u otra manera, especialmente si les consideramos culpables, la ira tiende a provocar juicios muy negativos y rotundos del otro, con frecuencia exagerados, que no admiten apelación. Por eso es fundamental regular y usar bien esta emoción, aprendiendo a hacerlo, como ya aconsejara Aristóteles, en el momento oportuno, de la forma adecuada y centrada en la persona causa real de nuestro enfado. La **furia y el enfado** son dos formas de esta emoción.

Emparentada con la ira está una de las emociones más morales, **la indignación**. Supone en su núcleo un juicio argumentado de forma más o menos explícita de conductas que se consideran indignas, inapropiadas, inaceptables, censurables. Va pues, desde el punto de vista moral, mucho más allá que la ira, porque se basa en razones argumentadas. Por ejemplo, como ha ocurrido en España, el movimiento de los indignados daba mil razones para justificar su indignación con la corrupción y las injusticias sociales. Es por ello una emoción moral fundamental, aunque, como toda emoción, no se basa en razones con pretensión de universalidad.

Estas emociones son especialmente útiles en el caso de las víctimas, en nuestro caso, de las víctimas de abusos, acosos, violaciones o cualquier forma de coerción sexual. En estos casos, desde el punto de vista de las víctimas, hay emociones muy poderosas que expresan contenidos morales, atribuciones de responsabilidad a los agresores y exigencias de reparación. **La ira, la furia, el enfado, la hostilidad hacia el agresor o la indignación por lo sucedido** son emociones que señalan al responsable. De ellas, la **indignación** es probablemente la emoción o sentimiento más elaborado, denunciando las injusticias, atropellos o daños, exigiendo derechos y haciendo reclamaciones.

Este clamor emocional de las víctimas es un reconocimiento del derecho a la libertad, la dignidad, la igualdad, etc., que desde su reverso nos habla de los grandes principios éticos.

Por cierto, la indignación la pueden sentir también personas que no son víctimas, justo porque reconocen los derechos violados de las víctimas y el deber no cumplido de los culpables. El mismo uso penal de la palabra «culpable» tiene en su fundamento un sentido ético profundo, porque denuncia y castiga a quien no ha hecho lo que debía.

El **miedo** puede regular la conducta, pero lo hace, por decirlo así desde el exterior, centrándose en las consecuencias, como ocurriría en los primeros estadios del desarrollo moral según Piaget y Freud. Son estadios premorales, puesto que se hacen cosas no porque se perciban como un deber, sino porque si no se hacen se teme alguna consecuencia. La construcción de la idea de Infierno por las religiones es uno de los usos más abusivos del miedo.

También hay emociones y sentimientos positivos que nos hacen reconocer como éticos, en este caso evocados por comportamientos acordes con el deber y, más aún, con el sistema de cuidados. Nos referimos, por ejemplo, a la **gratitud o alabanza por el buen comportamiento de otras persona o al sentimiento de satisfacción o coherencia por el deber cumplido.**

En definitiva, las emociones son esenciales para la supervivencia y son una manera de estar en el mundo que implica juicios de valor con contenido moral. Unas fomentan la conducta moral, como la empatía, mientras que otras suponen juicios referidos a conductas irresponsables, como la indignación, o responsables, como la gratitud o la alabanza.

Todas estas emociones y sentimientos demuestran que somos éticos, pero no aseguran su buen uso sin la guía de la razón, como hemos repetido tantas veces.

En el campo de las relaciones sexuales y amorosas la importancia de las emociones y los sentimientos es muy grande, porque en ellas nos jugamos el placer o el dolor, el bienestar o la frustración, la soledad o la compañía; en definitiva, aspectos esenciales de la buena vida o la felicidad.

Por eso debemos respetar la libertad aplicando la ética del consentimiento, porque los abusos, acosos, violaciones, etc., generan grandes sufrimientos emocionales, al vulnerar la libertad y dignidad de las víctimas, justo lo que en ningún caso desearíamos para nosotros.

La ética de la igualdad y del placer compartido exigen ser sensibles a como viven y sienten las relaciones las personas implicadas, sentirse concernido para evitar el dolor emocional y apoyar el placer y el bienestar, el flujo de las emociones y sentimientos positivos, incluyendo el consuelo y la ayuda cuando sea preciso.

La ética de la lealtad evita engaños y frustraciones dolorosas que hacen sufrir emocionalmente al otro, favorece la seguridad emocional en el otro y el logro de la intimidad, aspectos centrales de la relación amorosa.

Por eso algunos autores hablan de la ética de las emociones o de los sentimientos, expresión que aceptamos si se trata de usarlos como las mejores energías y como indicadores para guiarnos en las relaciones sexuales y amorosas, pero sólo puede aceptarse esta posición si los enmarcamos y nos orientamos por la lucidez de la razón.

Más sentir y menos pensar, oímos con frecuencia, una frase bonita y bien intencionada, pero creemos que el mayor enemigo de las emociones y los sentimientos es la irracionalidad.

4.3.4. La ética de la felicidad como ética de la buena vida

La psicología, con excepciones, se ha dedicado fundamentalmente durante décadas a paliar el sufrimiento humano, investigando y haciendo intervenciones terapéuticas y educativas para superar las enfermedades mentales, los problemas de conducta, las disfunciones sexuales y de relaciones de pareja, los problemas de aprendizaje, etc. Solamente algunas corrientes, como la humanista, el psicoanálisis y más recientemente los teóricos del apego, se han preocupado de la autorrealización personal, el placer, el bienestar emocional, etcétera. Es decir, la psicología ha estado más orientada a evitar el sufrimiento que a ayudar a ser felices o vivir bien. En el caso de la psicología evolutiva y educativa, el objetivo que se proponía era intervenir para optimizar el desarrollo, entendido básicamente como la potenciación de las mejores capacidades humanas.

Sólo a finales del siglo pasado ha habido una reacción entre los investigadores, clínicos y educadores para reorientar la psicología a la promoción del bienestar y la felicidad. Esta orientación, llamada finalmente «psicología positiva», se ha acercado mucho a la idea aristotélica de «buena vida», aunque comercialmente también ha acabado recurriendo al término «felicidad», para expresar que la psicología debe ayudar a las personas a vivir mejor o ser más felices. Para ello intervienen en el fomento de las emociones positivas, las «fortalezas» personales, las virtudes y el entrenamiento en habilidades. Desde el punto de vista social, estos autores se definen defensores y partidarios de la democracia, las libertades y los derechos reconocidos en el mundo occidental.

En este planteamiento de la psicología positiva, sostienen que la cooperación y la solidaridad con los demás están asociadas a las emociones positivas y al sentimiento de bienestar personal y la felicidad. «Cuando somos más felices nos centramos menos en nosotros mismos, nos caen mejor los demás y deseamos compartir nuestra fortuna incluso con desconocidos. Sin embargo, cuando estamos deprimidos nos tornamos desconfiados e introvertidos, y nos centramos en nuestras propias necesidades de modo defensivo. Intentar ser el número uno es más propio de la tristeza que del bienestar» (Seligman, 2011, p. 75).

Como los griegos, diferencian el placer de la felicidad, por lo que para alcanzar ésta es necesario desarrollar las fortalezas personales (terminología que tiene un sentido similar al de las virtudes aristotélicas), de manera que «la buena vida consiste en emplear las fortalezas personales todos los días para lograr la felicidad auténtica y abundante gratificación» (Seligman, 2011, p. 34). Idea en la que insiste este autor una y otra vez. Para este autor, la sociedad de consumo ofrece «fórmulas rápidas de acceso al placer... entre las que cita el sexo sin amor...; (pero) este tipo de vida predispone a la depresión. Las fortalezas y virtudes pueden marchitarse durante una existencia en la que opta por fórmulas rápidas en vez de escoger una vida plena a través de la búsqueda de gratificaciones... esforzarse por encontrar más gratificaciones al tiempo que se modera la búsqueda del placer» (Seligman, 182-183).

Por tanto, la autenticidad, autorrealización, felicidad, basada en las fortalezas y virtudes necesita de «algo superior... una meta en la vida... una vida significativa... que consiste en algo más elevado... cuanto más elevada sea la entidad a la que se apega, más significado tendrá la propia existencia... de forma que la Psicología Positiva señala el camino hacia un enfoque secular del objetivo notable y significado trascendente y, lo que es más sorprendente, hacia un Dios que no es sobrenatural» (Seligman, pp. 34-35).

Nosotros, por un lado, no creemos que haya que condenar el sexo sin amor, si es ético; por ello estamos más cerca de los griegos. Por otro, sí consideramos cierto que el sexo como consumo compulsivo y el sexo sin amor no pueden resolver los problemas de soledad del ser humano.

Tampoco somos partidarios de proponer desde la psicología la necesidad implícita o explícita de Dios, porque es una huida religiosa legítima para los creyentes, pero inaceptable desde un planteamiento profesional que no fuerza al usuario a ser creyente.

¿Qué hacer, por tanto, para conseguir, en la práctica, la felicidad? La respuesta de estos psicólogos es muy aristotélica, aunque con menos profundidad filosófica.

En primer lugar, conseguir tener una actitud positiva ante la vida, ser optimista favoreciendo las emociones positivas frente a las negativas. Este trabajo con uno mismo influye positivamente en la salud física y mental, hace que las personas sean más creativas, tolerantes, constructivas, generosas y relajadas, sean más productivas y hasta tengan mejores ingresos económicos, nos aseguran.

La fórmula de la felicidad es, según Seligman (2011), la siguiente: F = R + C + V, en la que F es la Felicidad, R aquello más estable que depende de la herencia, C las circunstancias de la vida, y V las variables sobre las que podemos operar porque dependen de nuestro control. Estas variables son, en términos del concepto ya presentado de *lugar de control,* aquellos aspectos de nosotros mismos o de las situaciones sobre los que tenemos un margen de libertad para operar. Precisamente esto es lo que propiamente estaría sujeto a nuestra responsabilidad ética.

Cada uno de nosotros tiene una tendencia natural, heredada, a tener un nivel de humor o temperamento, así como características de personalidad y capacidades heredadas, que nos hacen más fácil o difícil tener emociones positivas y alcanzar la felicidad.

Sobre esta base heredada hay circunstancias de la vida que favorecen o dificultan las emociones positivas y la felicidad. Entre éstas, han sido investigadas con éxito: *a*) el nivel de salud frente a la enfermedad; *b*) tener un nivel de ingresos que permita con comodidad satisfacer las necesidades básicas, no necesariamente ser rico; *c*) vivir en una democracia frente a la dictadura; *d*) estar casado de forma satisfactoria frente a solteros; *e*) tener una red social rica frente a la soledad, y *f*) ser religioso frente al descreimiento.

Una propuesta que nos parece demasiado occidental, convencional y religiosa, mezclando la psicología con el tipo de vida ideal norteamericano. Por ello creemos que, aun basándose en asociaciones estadísticas entre estas variables y la felicidad, no debe llevarse tan lejos, por dos motivos: porque hacen una propuesta de estilo de vida muy convencional y, lo que es más importante, olvida que el bienestar subjetivo depende de factores personales no necesariamente convencionales.

Por ello, criticamos este planteamiento por varios motivos:

a) Por entender la felicidad como un estado en el que predominan las emociones positivas. Todas las emociones son útiles, y lo adecuado es que den una repuesta realista a la situación. Sentirse obligado a tener emociones positivas puede ser una falta de autenticidad y realismo, además de una pretensión de uniformar el estado anímico de las personas.

    Ser consciente de la realidad personal, social y existencial puede generarnos preocupación y angustia. Cuando esto sucede, la respuesta no es hacer un canto bobalicón al optimismo, sino preguntarnos si podemos cambiar la realidad y, si no es así, aprender a regular las emociones, no a negar aquellas que son negativas. El estoicismo de los discípulos de Sócrates nos parece más realista e inteligente. Y seguramente nos permite sentir una solidaridad más profunda con la condición humana y motivar mejor nuestra ética.

b) Por proponer una manera de vivir personal y socialmente convencional en los valores y en la organización social y política. Vivir en una democracia es mejor que vivir en una dictadura, pero la democracia puede ser un engaño manipulador, cuando la participación de los ciudadanos se limita a votar a propagandistas, más que a políticos. Estar casados es una alternativa magnifica, pero hay muchos tipos de familia y de relaciones sin «casamiento». Ser creyente es muy respetable, pero ¿podemos convertirlo en algo que hay que considerar psicológicamente conveniente? Estas legitimaciones de lo convencional carecen de sentido y son una nueva forma de dominación y renuncia a la libertad de pensamiento y al derecho a la diversidad.

c) Creemos, además, que la felicidad no puede ser una obligación, ni un deber. Es una aspiración difusa inalcanzable, salvo si construimos un sentido místico-religioso superficial de la existencia, muy lejos, por cierto, de los mejores textos místicos, como *La noche oscura del alma* de San Juan de la Cruz. Este maravilloso poeta sí que sabía mucho de la condición humana y los sufrimientos que conlleva.

Por eso Aristóteles no se toma muy en serio el concepto de felicidad, ni siquiera el de sabiduría, por indefinibles e inalcanzables, consistiendo esta última, precisamente, en «saber que no sabemos nada», como decía Sócrates.

La sociedad consumista nos dice «no pienses, diviértete, consume, etc.» y reconocemos que es un camino errado; pero la psicología no puede simplificar las cosas y decirnos: «esfuérzate en tener emociones positivas y sé feliz». Ambas opciones, en términos de Heidegger, son «un descuido del ser» que nos aleja de la verdadera condición humana.

«Cuidar el ser», con alegrías y sufrimientos, reconociendo lo poco que sabemos y lo mucho que ignoramos, con un sentido profundo de la existencia humana, nos parece menos superficial y engañoso, nos acerca a nuestra autenticidad y puede ayudarnos a sentir una solidaridad profunda con quienes compartimos la existencia en este universo que no sabemos muy bien como es; en esta tierra en la que ha aparecido la vida en tantas formas vegetales y animales, con las que compartimos durante un breve período de tiempo la existencia, vulnerable y amenazada, pero también maravillosa.

Pero más allá de estas críticas de fondo, desde el punto de vista positivo esta corriente, autodenominada precisamente psicología positiva, está haciendo aportaciones interesantes tanto en investigación como en las propuestas de intervenciones concretas que pueden servir para varias cosas fundamentales en relación con nuestra propuesta ética (Vázquez y Hervás, 2008).

La primera, para reconocer que los seres humanos tenemos una naturaleza empática, somos seres emocionales, sociales y especialmente empáticos. Y la empatía, como hemos visto también en otros autores, implica la capacidad de ponerse en el punto de vista del otro, compartir sus emociones y sentimientos y estar inclinado a ayudarle, si lo necesita. La tendencia a compadecerse ante el dolor ajeno y a evitarlo, si es posible, es también, de forma complementaria, una buena fundamentación de la ética. Esta es una base fundamental para lo que podríamos llamar energía emocional de la ética y la conducta moral; aunque, como hemos reiterado, no asegura la universalidad, puesto que la empatía es muy influenciable por numerosos factores, como ya hemos señalado en este mismo capítulo.

La segunda aportación son las numerosas investigaciones sobre las variables o factores asociados con el bienestar o la felicidad y también con la motivación para ayudar, la cooperación y las conductas solidarias. En efecto, han demostrado que determinadas variables personales y familiares favorecen o dificultan el bienestar, por un lado, y la conducta moral, por otro. Entre ellas destacan el rol de las adecuadas relaciones de apego, al fortalecer la seguridad, estabilidad, bienestar y conducta moral de las personas. De este hecho se desprenden a su vez dos cosas fundamentales para el tema de este libro: las relaciones estrechas entre conducta moral y bienestar, porque ambas cosas se apoyan circularmente, y la obligación ética de los progenitores de ofrecer esta experiencia amorosa, el encuentro entre el sistema de cuidados de los padres y el sistema de apego de las crías. Es la ética de los cuidados.

La tercera aportación de esta corriente son sus críticas a los placeres rápidos y a las limitaciones del peso de la riqueza, el poder, el prestigio, etc., como fuentes de bienestar. Estos resultados fundamentan una crítica a esta sociedad de mercado en la que el ser humano es convertido en un trabajador sumiso y un consumidor, manipulando nuestras necesidades más profundas y alejándonos de la búsqueda de nuestro bienestar personal. En efecto, como los clásicos griegos, diferencian claramente entre el placer y sus formas compulsivas de consumo y la felicidad.

La cuarta es su apuesta por la responsabilidad personal y la disciplina. El esfuerzo para acabar formando un «buen carácter», expresado en fortalezas y virtudes que nos permiten ser críticos, hacer valoraciones morales más atinadas y, sobre todo, ser más coherentes en la práctica con los valores adquiridos. Este planteamiento presupone que tenemos un margen de libertad, más allá de nuestra herencia, que podemos gestionar gracias a los buenos cuidados recibidos en la infancia y a los aprendizajes sociales, que nos ayudan a valorar las alternativas, tomar decisiones y ser coherentes con nuestra conducta. De esta forma, no sólo conformaremos una buena voluntad, sino las virtudes y los hábitos de obrar bien. Una propuesta muy cercana a la de Aristóteles.

Pero estos autores han ido más lejos al señalar cuáles son las fortalezas que debemos poner en juego, justo para conformar virtudes o formas de actuación que finalmente lleguemos, a base de práctica, a convertir en hábitos, en maneras de actuar que acaban siendo connaturales a nuestra manera de estar en el mundo y de relacionarnos con los demás. Este proceso completa la propuesta de la ética deontológica, ayudándonos a educar en la familia, la escuela y la comunidad, por un lado, y orientándonos en la dirección de nuestros esfuerzos, por otro, en relación a las virtudes y hábitos que deben conformar nuestro carácter de personas que juzgan y obran bien, a favor del bienestar personal y social.

Este es el esquema que proponemos:

RAZÓN (análisis y argumentos)
EMOCIONES (conocimiento emocional y motivación para la acción)
BUENA VOLUNTAD (conformación de juicios y afectos benevolentes)
DECISIONES (toma de decisiones a favor del bienestar)
FORTALEZAS/VIRTUDES (tendencia y capacidad de actuar conforme a la buena voluntad)
CARÁCTER (conjunto de fortalezas y virtudes que forman una manera ética de ser y estar en el mundo)
HABITOS (formas de actuar bien establecidas que no necesitan grandes reflexiones y decisiones, fruto de la práctica reiterada)
CONDUCTAS MORALES (conductas concretas conforme a decisiones éticas)

Las fortalezas o virtudes, según estos autores, son rasgos personales bastante estables que adquirimos, se hacen hasta cierto punto independientes de los beneficios a los que se puedan asociar, su ejercicio va acompañado de emociones positivas que nos refuerzan y generan bienestar subjetivo, llegando a formar un carácter bueno, que nos acerca más al bienestar personal y nos responsabiliza del bienestar o malestar ajeno.

Planteamiento que enriqueceríamos con lo expuesto en relación con las emociones consideradas negativas, porque, como hemos visto, la indignación, por poner un solo ejemplo, es un juicio moral y una fuente de energía que ayuda a sustentar la ética y encontrar energía para la acción.

¿Cuáles son esas fortalezas y virtudes que conforman el carácter ético? Seligman nos hace una propuesta ambiciosa (2011), basada en diferentes fuentes filosóficas, religiosas, culturales y científicas, que puede servir como base de discusión para definir los contenidos de la educación y la orientación de los esfuerzos de cada persona para ser, a la vez, más virtuosa y feliz: la definición de cada una de estas fortalezas y virtudes es muy amplia, incluyendo subtipos de cada una de ellas y, con frecuencia, difusa, aunque se ha esforzado en crear un cuestionario de evaluación, que entendemos, como toda su propuesta, como provisional.

1. **La sabiduría y conocimiento:** expresada en curiosidad e interés por el mundo, amor por el conocimiento, juicio/pensamiento crítico/mentalidad abierta, ingenio/inteligencia práctica/originalidad/perspicacia, inteligencia social, personal y emocional, y capacidad para analizar la realidad desde una perspectiva amplia.
2. **Valor:** expresado en valentía frente a las amenazas, los retos, el dolor y la enfermedad, perseverancia/laboriosidad/diligencia e integridad/autenticidad/honestidad.
3. **Humanidad y amor:** bondad y generosidad, amar y dejarse amar.
4. **Justicia:** civismo/deber/trabajo en equipo/lealtad, imparcialidad y equidad; liderazgo.
5. **Templanza:** autocontrol, prudencia/discreción/cautela, humildad/modestia.
6. **Trascendencia:** disfrute de la belleza y excelencia, gratitud, esperanza/optimismo/previsión, espiritualidad/propósito/fe/religiosidad, perdón y clemencia, picardía y sentido del humor, brío/pasión/entusiasmo.

Con independencia de los acuerdos y desacuerdos que esta terminología de las fortalezas y virtudes nos provoque y lo discutible que pueda parecernos la clasificación, para el objetivo de este libro lo importante es que: *a*) concreta en términos psicológicos una propuesta de variables que se pueden evaluar y promocionar con la educación familiar, escolar y social; *b*) estas variables están llenas de contenidos éticos que pueden ser aprendidos con ayuda social y con esfuerzo personal, y *c*) considera que este esfuerzo familiar, escolar, social y personal nos acerca a la felicidad, es decir, no se trata de un deber ontológico, sino de la forma más inteligente de vivir:

«He aquí mi forma personal para garantizar la buena vida: utilice sus fortalezas características cada día en los principales ámbitos de su vida para conseguir gratificaciones abundantes y alcance la verdadera felicidad» (Seligman, 2011, p. 240).

Es así como la psicología positiva actual y el pensamiento de numerosos pensadores griegos se dan la mano, aunque la propuesta de aquéllos fuera menos convencional y menos ingenua. En breve, la mayor crítica que podemos hacer a esta propuesta es que el fundamento nuclear de la ética no puede ser conseguir gratificaciones abundantes, sino basarse en argumentaciones, sentir el deber de decidir y obrar de una determinada manera, sea con gratificación o con sacrificio, aunque éste revierta, tal vez, si somos coherentes, en la mayor recompensa.

Pero sí nos parece necesario comprender que la buena voluntad, orientada por el deber, y la buena vida, tomando como criterio la felicidad, no necesariamente deberían estar en contradicción, especialmente si nos sabemos temporales y mortales, como todas las formas de vida; si no nos situamos en la creencia de una temporalidad inmortal que considera que aquí, en la tierra, estamos de paso, haciendo méritos para la otra vida.

En todo caso, lo fundamental debiera unirnos a creyentes y no creyentes, como le ocurre a los dos personajes, sacerdote creyente y médico no creyente, en *La peste* de Camus: sentirnos con el deber de solidaridad con los demás y encontrar en esta decisión de la buena voluntad ética la mejor manera de vivir, la más digna, la más humana, la más amorosa emocionalmente y la más razonable.

5 Los luchadores por la libertad, la dignidad, la igualdad y la diversidad

No podemos ni siquiera citar todos los movimientos sociales que se han rebelado contra las injusticias, la opresión y tantas desgracias como han asolado a la humanidad. No todas las luchas tuvieron buen final; incluso en algunos casos las consecuencias fueron peores que los males contra los que luchaban: errores que casi siempre tuvieron que ver con no darse cuenta de que el fin está en los medios, como ha ocurrido no pocas veces con algunas revoluciones sociales. La Revolución Rusa es uno de los ejemplos más desoladores, al justificar la dictadura del proletariado (que, además, fue todo menos eso) como paso intermedio al logro del paraíso terrenal.

Pero el hecho de que siempre que ha habido opresión, explotación o discriminación hayan emergido grupos que luchan contra estas miserias humanas es una gran esperanza de la humanidad y un clamor a favor de ideales éticos. Por eso, no nos extraña que Kant se sintiera tan interesado y emocionado con la ilustración y la Revolución Francesa.

Estas luchas son una fundamentación histórica de la ética, puesto que suponen siempre que las cosas deberían ser de manera más justa, más libre e incluso más fraterna.

En estas luchas han estado involucrados grupos políticos y sociales muy diferentes, pero lo que nos interesa destacar en este caso es que históricamente siempre han aparecido movimientos, asociaciones y grupos que toman como referencia un «deber ser» frente a la organización social real.

Las constituciones de los Estados, reclamadas de forma clara desde que aparecieron los movimientos liberales, expresan el reconocimiento social de que son necesarias referencias éticas y declaraciones de derechos y normas para que la sociedad sea más justa, más libre y más fraternal.

Las declaraciones de derechos humanos, derechos de la infancia, derechos de la mujer, derechos de las personas con discapacidad, etc., son precisamente documentos consensuados por los poderes públicos nacionales e internacionales que reflejan ideales de organización y funcionamiento social que implícita y explícitamente reconocen un «deber ser», unos derechos que deben ser respetados en razón de la dignidad del ser humano, la igualdad del hombre y las mujeres, etc.

Por tanto, el hecho de que los oprimidos de uno u otro signo reclamen en nombre de la justicia la necesidad de cambios nos parece inherente a la especie humana y, por tanto, un fundamento histórico de la ética.

Especial atracción tienen para nosotros personajes como Espartaco, Gandhi, Luther King, Mandela y tantos otros, hasta el punto que puede decirse que no ha habido período histórico sin luchadores por los derechos civiles; personas que, de forma individual, o arrastrando tras de sí masas de población, han luchado, a veces hasta perder su vida en el intento, por derechos y valores que reflejan las mejores aspiraciones humanas; un ideal de sociedad («tengo un sueño», decía Luther

King) que supone unos principios éticos que, en este caso, se quieren convertir en constituciones, leyes y formas de funcionamiento social que preserven la libertad, la dignidad, la justicia, la igualdad y la fraternidad, etc.

La vida sexual y amorosa de los pueblos ha estado sometida también a leyes y prácticas represivas no menos viles que las que han ocurrido en otros campos. Sin irnos muy lejos en la historia, aún en el siglo XX hemos tenido en España décadas de un nacional-catolicismo muy represivo, con una alianza político-religiosa que era una dictadora militar, ideológica, cultural, política y social.

Pues bien, también frente a la represión sexual y la persecución de minorías sexuales, por su orientación o su identidad sexual, así como ante la discriminación de la mujer, se han levantado grupos y personas clamando justicia, reclamando derechos y luchando para que cambiaran la legislación, las prácticas educativas y tantas cosas más. Esta lucha sigue estando activa, puesto que aún hay entre nosotros causas justas por las que luchar, y se hace especialmente necesaria cuando constatamos la desastrosa situación del mundo desde este punto de vista.

No es éste el lugar para hacer una análisis de todos estos movimientos liberadores, pero sí para decir que, como en otros aspectos de las luchas sociales, son el reflejo de lo mejor que podemos esperar de la humanidad, la expresión de un ideal ético y social por principios éticos de valor universal.

Mención especial merece el movimiento feminista, que tuvo que hacerse específico, porque incluso dentro de los movimientos sociales más liberadores los hombres seguían discriminando a la mujer. La denuncia de la doble moral sexual (permisiva con los hombres y muy represiva con las mujeres) y la propuesta y defensa de derechos de la mujer son uno de los mejores haberes de la humanidad, un reflejo más de que los seres humanos aspiramos a la justicia, la libertad y la dignidad.

Movimientos como el de los homosexuales, bisexuales y transexuales son también una manifestación de la lucha por el derecho a la diversidad sexual y amorosa, por la aplicación del principio de igualdad en este campo. El que hayan optado por autodenominarse grupos o asociaciones de «iguales» refleja de forma magnífica esta idea, nuclear en la fundamentación de la ética. Si el lector me lo permite, confieso que el haber apoyado estas minorías desde los años de la transición, tanto en la docencia como en el apoyo clínico y social, es una de mis satisfacciones personales más fuertes. Que en la Universidad de Salamanca, una de las más antiguas del mundo, sea este grupo de iguales una asociación reconocida desde hace años es un gran logro. Que en esta universidad se estudiara por primera vez (ya en 1979, no sin una oposición irracional en los inicios) en España la dimensión sexual humana, desde una perspectiva liberadora, nos llena de orgullo.

Las asociaciones de apoyo a las víctimas de la violencia, acoso y abuso sexual, más recientes entre nosotros, son un ejemplo más de la lucha por la dignidad y, por tanto, de reconocimiento de la necesidad de ética y justicia.

No es objetivo de este libro recorrer la historia de estas luchas, sólo animar al lector a que las conozca y, en concreto, hacerle entender que los seres humanos somos también maravillosos y tenemos aspiraciones por conseguir una vida personal y social basada en principios y valores éticos universales.

Por eso añadimos un capítulo final a este libro sobre las diferentes versiones en relación a cuáles podrían y deberían ser los derechos sexuales y amorosos básicos, una propuesta por la que el movimiento sexológico viene luchando desde hace años. Estos derechos son más discutibles que los grandes principios éticos, porque intentan aplicarlos a la realidad, pero deben considerarse un intento necesario para concienciar a la población, legislar de forma más justa e introducir prácticas familiares, profesionales y sociales más acordes con la libertad y la dignidad de todos, justo para facilitar la buena vida sexual y amorosa.

Los derechos sexuales como derechos humanos 6

Dedicamos este capítulo a los derechos sexuales, no porque creamos que sea la mejor manera de fundamentar la ética sexual y amorosa, puesto que estas declaraciones son el resultado de consensos entre Naciones, sino porque las declaración sobre los Derechos Humanos es el «consenso más universal» que hemos conseguido y, por tanto, tienen una gran importancia para la humanidad, a pesar de sus limitaciones y de la manipulación que hacen los gobiernos de estas declaraciones.

Lo que pretendemos en este capítulo es la aplicación de estos derechos al campo de la sexualidad.

Empezando por la declaración básica fundamental, «Todos los seres humanos nacen libres e iguales», con tres derechos fundamentales: el derecho a la vida, la libertad y la seguridad, las implicaciones en el campo de la actividad sexual y amorosa son muchas, ya que, como hemos explicado en el capítulo primero, la sexualidad humana está en el reino de la libertad. La ética supone la libertad y la igualdad, sobre las que se asientan dos de los principios universales que hemos propuesto, el de la ética del consentimiento y la ética de la igualdad entre los miembros de la pareja sexual o amorosa. El derecho a la vida y la seguridad sustentan específicamente la ética de la salud y los cuidados a las crías.

Nuestra razón, nuestro buen corazón, la experiencia amorosa con nuestros padres, el ejemplo de los luchadores por los derechos civiles, los movimientos de liberación y lo razonablemente consensuado por los gobiernos fundamentan nuestra declaración de la humanidad como una especie valiosa, digna de ser apreciada, defendida y amada, mientras una y otra vez nos preguntamos cómo mejorar la formulación de los derechos y, sobre todo, cómo hacerlos realidad, aplicándolos a todos los campos, en este caso al de la sexualidad.

Precisamente uno de los campos en los que los derechos humanos pueden ser mejorados, tanto en su formulación como en su cumplimiento, es en el de la sexualidad y las relaciones amorosas.

¿Por qué tan mal y tan pocos?

Que los derechos sexuales estén poco presentes en las diferentes declaraciones es fácil de explicar. Por un lado, la tradición ilustrada y revolucionaria, sobre la que se asienta el origen de las primeras declaraciones de derechos del hombre, es sexofóbica y sexista, como lo era en general la cultura, por lo que era esperable que se olvidaran de los derechos sexuales.

Por otra parte, las distintas religiones estaban y están muy lejos de haberse reconciliado con el hecho sexual humano. La sexualidad, de forma más o menos explícita, está, en la doctrina de las religiones monoteístas, bajo sospecha, es considerada una pasión peligrosa y sucia, ubicada en las «partes bajas», muy alejada de lo que de digno atribuyen al ser humano. Religiones que, por otra parte, tienen muchos aspectos positivos desde el punto de vista de la ética general.

En la actualidad, las cosas han cambiado. La mayoría de los cristianos, judíos e incluso no pocos musulmanes son moderados, no son fundamentalistas en sus actitudes y conductas sexuales y amorosas, son tolerantes con las minorías sexuales y defienden los derechos de la mujer, pero en las tres religiones hay grupos radicalizados muy fundamentalistas, especialmente en el campo sexual y amoroso. Y no sólo son los grupos radicalizados los que defienden posiciones fundamentalistas en materia de sexualidad, sino que con frecuencia lo hacen también los dirigentes, como ocurre en el caso de buena parte de la jerarquía católica. El problema no es su doctrina, sino la tendencia a servirse de los poderes políticos para imponer valores y normas, como conocemos bien los españoles que tenemos cierta edad. Un recuerdo dice más que mil palabras: cuando era niño, en mi pueblo de la sierra de Béjar, en Salamanca, la guardia civil ponía multas a quien no iba a misa.

Lo que ha ocurrido en las diferentes reuniones internacionales patrocinadas por la ONU sobre los derechos de la mujer, los derechos de las minorías y los derechos reproductivos es bien indicativo de la actitud beligerante y fundamentalista de las religiones. Cuando se trata de derechos humanos referidos a la sexualidad, sigue siendo verdad aquella sabia afirmación: «con la iglesia hemos topado». Los planteamientos del Vaticano y numerosos obispos sobre el uso del preservativo son una de las muestras más lamentables de ese fundamentalismo aún presente en nuestro tiempo.

La ciencia y los profesionales también tienen responsabilidad, porque durante siglos, en realidad hasta muy entrado el siglo XX, se limitaban a legitimar lo que decían las iglesias. Por ejemplo, si la masturbación era considerada pecado, los representantes de la ciencia aseguraban que producía daños cerebrales y un sin fin de males; si la orientación del deseo homosexual no era aceptada por la iglesia, los pseudocientíficos aseguraban que se trataba de una desviación, y así sucesivamente.

Los derechos sexuales en la declaración de derechos humanos

Todos los derechos sexuales se asientan sobre la igualdad en dignidad y derechos; de esta forma queda rechazada, por principio, cualquier forma de discriminación por razón del sexo o de cualquier característica que tenga que ver con la condición sexual humana.

El derecho a la integridad corporal, a la vida privada y a la honra tienen también numerosas implicaciones sexuales. Las declaraciones específicas sobre los derechos de la mujer y los derechos de la infancia que se han formulado en uno u otro momento dan pie también a numerosos derechos sexuales. El lector puede leer todas estas declaraciones desde la perspectiva sexual y verá que hay numerosas aplicaciones.

Además de la declaración general de la ONU y de las declaraciones específicas referidas a la mujer y a los menores, también pueden encontrarse bases teóricas y contenidos concretos sobre los derechos humanos sexuales en las declaraciones del Consejo de Europa, que tienen la ventaja de que suelen ser más específicas y comprometidas con la defensa de las minorías. Nos parece un buen camino, aunque no hemos de olvidar que las asambleas políticas, fundamentales para que se acabe cambiando la legislación, suelen funcionar por presiones ciudadanas o de grupos concretos, lo que genera pronunciamientos necesariamente parciales y muy dependientes de la opinión pública, de la orientación ideológica de los gobiernos y del peso de las grandes religiones. Por eso se acaban olvidando de las minorías con menos peso social, como las personas con discapacidad, los enfermos mentales, los encarcelados, los transexuales, etc.

6.1. UNA DECLARACIÓN DE DERECHOS SEXUALES ESPECÍFICOS: CONGRESOS MUNDIALES DE SEXOLOGÍA

El primer intento lo hicimos en el Congreso Mundial de Sexología del año 1997, celebrado en Valencia. Esta formulación ha sido entregada al Secretario General de la ONU, por el momento sin éxito, para que se abra la posibilidad de que la Asamblea la apruebe.

En esta declaración, reformada en el Congreso Mundial de 2000, en Hong Kong, se declaran los siguientes derechos:

1. El derecho a la libertad sexual: la libertad sexual abarca la posibilidad de los individuos de expresar su potencial sexual. Sin embargo, esto excluye todas las formas de coerción sexual, explotación y abuso en cualquier tiempo y situaciones de la vida.
2. El derecho a la autonomía sexual, integridad sexual y seguridad del cuerpo sexual: este derecho involucra la habilidad de tomar decisiones autónomas sobre la vida sexual de cada uno, dentro de un contexto de la propia ética personal y social. También incluye el control y el placer de nuestros cuerpos libres de tortura, mutilación y violencia de cualquier tipo.
3. El derecho a la privacidad sexual, que involucra el derecho a tomar decisiones individuales y conductas sobre la intimidad siempre que ellas no interfieran en los derechos sexuales de otros.
4. El derecho a la equidad sexual: este derecho se refiere a la oposición a todas las formas de discriminación, independientemente del sexo, género, orientación sexual, edad, raza, clase social, religión o invalidez física o emocional.
5. El derecho al placer sexual: el placer sexual, incluyendo el autoerotismo, es una fuente de bienestar físico, psicológico, intelectual y espiritual.
6. El derecho a la expresión sexual emocional: la expresión sexual es más que el placer erótico en los actos sexuales. Cada individuo tiene derecho a expresar su sexualidad a través de la comunicación, el contacto, la expresión emocional y el amor.
7. El derecho a la libre asociación sexual: significa la posibilidad de casarse o no, de divorciarse y de establecer otros tipos de asociaciones sexuales.
8. El derecho a hacer opciones reproductivas, libres y responsables: esto abarca el derecho para decidir sobre tener niños o no, el número y el tiempo entre cada uno, y el derecho al acceso a los métodos de regulación de la fertilidad.
9. El derecho a información basada en el conocimiento científico: la información sexual debe ser generada a través de un proceso científico y ético, difundido en formas apropiadas en todos los niveles sociales.
10. El derecho a la educación sexual comprensiva: este es un proceso que dura toda la vida, desde el nacimiento, y debería involucrar a todas las instituciones sociales.
11. El derecho al cuidado de la salud sexual: el cuidado de la salud sexual debe estar disponible para la prevención y el tratamiento de todos los problemas, preocupaciones y desórdenes sexuales.

(Declaración del 13.º Congreso Mundial de Sexología, Valencia, España, revisada y aprobada por la Asamblea General de la Asociación Mundial de Sexología [WAS] el 26 de agosto de 1999, en el 14.º Congreso Mundial de Sexología, Hong Kong, República Popular China).

6.2. LA FEDERACION DE PLANIFICACIÓN FAMILIAR (IPPF)

Esta Federación ha realizado otra formulación de derechos sexuales y reproductivos que tiene también interés, por su historia (se trata de una de las asociaciones internacionales que más y mejor ha trabajado a favor de los derechos sexuales y amorosos desde hace décadas).

1. Derecho a la vida.

Ninguna mujer debe sufrir riesgos por razón de su embarazo.

Ninguna persona debe tener su vida en riesgo por falta de acceso a los servicios de salud sexual y reproductiva.

2. Derecho a la libertad y seguridad de la persona.

Todas las personas tienen el derecho a poder disfrutar y controlar su vida sexual y reproductiva, en el respeto de los derechos de los demás.

Todas las personas tienen el derecho a no estar sujetas a acoso, abuso o violencia sexual.

Todas las personas tienen el derecho a estar libres de miedo, vergüenza, culpa, falsas creencias y mitos u otros factores psicológicos que inhiban o perjudiquen su relación sexual o su respuesta sexual.

3. Derecho a la igualdad y derecho a estar libre de todas las formas de discriminación.

Ninguna persona debe ser discriminada en el ámbito de su vida sexual y reproductiva, ni en el acceso a los cuidados y servicios relativos a la salud.

Ninguna persona debe ser discriminada en el acceso a la información, cuidados de salud a lo largo de la vida por razones de sexo, edad, orientación sexual y deficiencia física o mental.

4. Derecho a la privacidad.

Todos los servicios de orientación sexual y reproductiva, incluida la información y el consejo, deben ser prestados con privacidad y garantías de que se guardará la confidencialidad.

Todas las mujeres tienen derecho a elegir libremente en materia de reproducción, incluso el aborto seguro.

Todas las personas pueden expresar su orientación del deseo y disfrutar de una vida sexual segura y satisfactoria, respetando el derecho de los demás, sin interferencias de orden social.

Todos los servicios de orientación y salud deben estar disponibles para todas las personas, en particular para los jóvenes.

5. Derecho a la libertad de pensamiento.

Todas las personas tienen derecho a la libertad de pensamiento y a la expresión personal de su vida sexual y reproductiva.

Todas las personas tienen derecho a la protección contra cualquier restricción por motivos de pensamiento, conciencia o religión, en su acceso a la educación e información y asistencia en cuestiones de salud sexual y reproductiva.

Los profesionales de la salud tienen derecho a invocar objeción de conciencia en los servicios de anticoncepción y aborto, y el deber de encaminar a los clientes a otros profesionales de la salud dispuestos a prestar estos servicios de inmediato. Este derecho no debe ser contemplado en situaciones de emergencia, cuando esté en riesgo la vida de la persona.

Todas las personas tienen derecho a estar libres de interpretaciones rígidas de los textos religiosos, creencias, filosofías y costumbres, que limitan la libertad de pensamiento en materia de sexualidad y salud reproductiva.

6. Derecho a información y educación.

Todas las personas tienen derecho a recibir educación e información suficientes para tomar decisiones relacionadas con su vida sexual y reproductiva, para que sean tomadas con conocimiento pleno, libre e informado.

Todas las personas tienen derecho a recibir informaciones completas en cuanto a ventajas, eficacia y riesgos asociados a todos los métodos de regulación de la fertilidad y de prevención del embarazo no deseado, así como respecto a otros riesgos asociados a la actividad sexual sin protección.

7. Derecho a escoger entre permanecer soltero, casarse, formar pareja y planificar la familia.

Todas las persona tiene el derecho de acceso a los cuidados de salud reproductiva, incluidos los casos de infertilidad o cuando la fertilidad está comprometida por enfermedades de transmisión sexual.

8. Derecho a tener o no tener hijos, así como a decidir su número.

Todas personas tienen el derecho de tener acceso a la gama de métodos más seguros eficaces y accesibles de anticoncepción.

Todas las personas tienen el derecho a la libertad de escoger y utilizar métodos de protección contra el embarazo, de forma segura y accesible.

9. Derechos a los cuidados de la salud y a la protección de la salud.

Todas las personas tienen el derecho a disfrutar de los cuidados de la salud sexual y reproductiva, incluido el derecho a:

— Información sobre beneficios y riesgos de los métodos anticonceptivos.
— Acceso a la mayor parte de los servicios.
— Decidir utilizar o no estos servicios y para escoger método anticonceptivo.
— Seguridad de los métodos y servicios ofrecidos.
— Privacidad en las informaciones y consejos en los servicios prestados.
— Confidencialidad de los datos.
— Tratamiento digno en el acceso y uso de los servicios.
— Confianza y comodidad como cualidades de los servicios prestados.
— Continuidad en el acceso y uso de los servicios.
— Opinar sobre los servicios ofrecidos.

10. Derecho a los beneficios del progreso científico.

Todas las personas que utilizan los servicios de salud sexual y reproductiva tienen el derecho a disponer de las nuevas ayudas e instrumentos técnicos en materia de salud sexual y reproductiva.

11. Derecho a libertad de reunión y participación política.

Todas las personas tienen derecho a influir en los gobiernos para que la salud sexual y reproductiva se convierta en una prioridad de los mismos.

12. Derecho a no sufrir abuso, tortura, tratamiento inhumano o degradante.

Todas las personas, y muy especialmente los menores, tienen el derecho a ser protegidas de toda forma de explotación, y especialmente de la explotación sexual, la prostitución infantil y todas las formas de abuso, acoso y violación.

6.3. NUESTRA PROPUESTA DE DISCUSIÓN

Por nuestra parte, **hemos hecho en varios escritos una propuesta** en la que intentamos organizar los derechos, de una forma lógica y didáctica, por aspectos centrales de la vida sexual y amorosa. La hacemos a través de formulaciones positivas y negativas, estas últimas presentadas como complementarias, pues creemos que sirven para una mejor comprensión, concreción y fundamentación.

1. Derechos referidos a la identidad sexual

Derecho a que sea reconocida la propia identidad sexual, de niño o niña, de hombre o mujer, o de otro sexo, con igual dignidad y derechos.

La identidad sexual es entendida como el juicio convencido de tener una identidad de hombre o mujer o una tercera diversidad.

Normalmente las personas hacen ese juicio de autoclasificación conforme a su biología externa, clasificación que suele coincidir con la hecha por los sanitarios y familiares en el momento del nacimiento.

Pero una minoría de personas tiene una identidad que contradice en uno u otro grado su biología o el género asignado.

Este derecho tiene otros complementarios:

- Derecho a que durante el embarazo y después de nacer no haya discriminación en la aceptación, en la educación, en el trato, en el trabajo, etc., por razón del sexo.
- Derecho a recibir ayudas gratuitas para evaluar y, en su caso, reconstruir la propia identidad, como puede suceder en el caso del transexualismo. En estos casos, debe admitirse el derecho a cambiar la identidad biológica por la identidad personal o identidad que se está seguro de tener.
- Derecho a que no se vincule a la identidad sexual una determinada orientación del deseo, ni un rol sexual (o género, entendido como construcción social asignada a los hombres y a las mujeres), ni al sexo de la persona con la que formen pareja.

  La asociación entre identidad y un determinado deseo, un rol de género o el sexo de la pareja, no es una condición para la salud.
- Derecho a diversidades distintas, más allá de la identidad de hombre o mujer.

Valoración del grado de cumplimiento:

Este derecho está lejos de estar asegurado en el mundo. En algunos países los embarazos de las chicas son interrumpidos por razón del sexo, y no es infrecuente el infanticidio en el caso de las niñas nacidas. En muchos países hay aspectos de este derecho no cumplidos; entre ellos:

a) No reconocer el derecho al cambio de sexo de los transexuales o no recibir una ayuda gratuita con este fin.

b) La no aceptación jurídica de parejas entre personas con una misma identidad sexual, con igualdad de derechos.

c) La inadecuada aceptación social de la homosexualidad es un reflejo de la vinculación entre identidad, orientación del deseo y rol de género. La homosexualidad sigue perseguida en numerosos países y la homofobia aún está presente en grupos sociales de todo el mundo, incluido el occidental.

d) Aunque en algunos países se admite ya una autoclasificación distinta a la de hombre o mujer (caso de Alemania, por ejemplo), estamos lejos de reconocer estas diversidades en casi todo el mundo.

La sede de la identidad sexual está en el YO, y todo lo que podemos y debemos hacer es ayudar a las personas a reconciliarse con la identidad.

2. Derechos referidos a la integridad, intimidad y propiedad del cuerpo

El cuerpo es propiedad de la persona, por lo que no debe ser mutilado, tampoco ninguno de sus órganos de claro significado sexual.

Derecho a la intimidad sexual y a la propiedad del cuerpo, de forma que nadie tenga acceso al cuerpo o la intimidad sin el consentimiento de la persona.

Derechos complementarios:

- No sufrir mutilaciones corporales, especialmente las referidas a órganos sexuales o las mamas, porque entrañan riesgos y acaban limitando la fisiología del placer.
- No sufrir explotación sexual de las personas, obligándolas de una u otra forma a tener relaciones sexuales que no desean.
- No ser víctimas de violencia sexual: violación, acoso y abuso sexual, entre otras formas de coerción sexual.

— No ser víctimas de la manipulación, en el caso de los menores, enfermos mentales o personas con discapacidad que no tienen capacidad de consentimiento informado.

Valoración

En este caso la legislación europea y occidental es, en general, adecuada; pero, como es sabido:

— En numerosos países se practica la mutilación del clítoris u otros órganos sexuales.
— Los casos de violación y acoso sexual afectan a un número importante de mujeres.
— El abuso sexual a menores afecta aproximadamente al 20-25 por 100 de las chicas y al 10-15 por 100 de los chicos, según estudios internacionales, con muestras representativas (López, 1994).
— Los datos sobre prostitución son imprecisos, pero importantes. Es especialmente grave la situación de numerosas mujeres inmigrantes, entre ellas menores de edad, que se ven obligadas a prostituirse. Se trata de una nueva esclavitud que afecta a numerosas mujeres y niñas, y también a algunos niños.
— La producción de pornografía infantil, su comercialización y su uso es otra forma frecuente de violación del derecho de los menores.
— Sigue habiendo resistencia a contemplar nuevas formas de maltrato sexual olvidadas por el código penal de la mayoría de los países, incluida España: mutilación sexual, matrimonios concertados por razones económicas y sociales, etc. (López, 2014).

3. Derechos referidos a la educación sexual

Los menores y las personas en general tienen derecho a recibir una educación sexual básica que les permita salir de la ignorancia y no sufrir la consecuencias de falsas creencias en materia de sexualidad.

Los menores deben ser informados y educados sexualmente en la familia y en la escuela.

Los menores tienen derecho a formular preguntas y a que éstas les sean contestadas de forma veraz.

Derechos complementarios:

— No debe negársele a la población, desde la infancia, informaciones que puedan serles útiles para evitar errores y riesgos en materia sexual. Un ejemplo específico es el derecho de los adolescentes, jóvenes y adultos a recibir información sobre anticoncepción.
— No proponer en la escuela pública un modelo de educación sexual basado en creencias religiosas, sino un modelo que las respete en cuanto creencias individuales, pero a la vez ofrezca conocimientos profesionales y valores humanos compartidos por todos.
— Los padres pueden y deben colaborar con la escuela en la educación sexual, pero no tienen el derecho a impedir que los alumnos reciban educación sexual, porque es un derecho de los menores.
— Los menores tienen hoy mucha información sexual a través de Internet, revistas y amigos, pero no está legitimada por la familia, la escuela y los profesionales de la salud. Además de conllevar posibles errores, únicamente la pueden usar furtivamente.

Valoración

— Numerosas familias siguen manteniendo silencio sobre la sexualidad y transmiten actitudes sexofóbicas, no responden a las preguntas de los hijos e hijas ni previenen riesgos asociados a la actividad sexual de los menores.

— La escuela no ofrece educación sexual dentro del currículo, en numerosos países, o lo hace de manera anecdótica.
— Los profesionales de la salud no participan en la educación sexual de la población en numerosos países.
— Las propuestas de educación sexual transversales, como ocurre en España, son sólo retóricas, sin que de hecho haya educación sexual generalizada en las escuelas.
— Entre las escuelas que ofrecen educación sexual, no pocos centros privados y públicos hacen una educación sexual desde modelos inadecuados, como son el modelo de la abstinencia y el modelo de riesgos (López, 2005).

4. Derechos referidos a la anticoncepción, a las prácticas sexuales saludables y a la reproducción

Las personas tienen el derecho a disponer de la ayuda asistencial sanitaria y todos los medios técnicos que la ciencia vaya logrando, tanto para evitar los embarazos no deseados y otros riesgos asociados a prácticas sexuales de riesgo, como para poder tener hijos.

Derechos complementarios:

— Los profesionales no pueden negarse a prestar estas ayudas en función de sus creencias, puesto que quien toma la decisión de recurrir o no a estas ayudas es la persona que puede necesitarlas. El profesional debe comportarse como un mero mediador, de forma que, en ningún caso, debe negar ayudas que de hecho están disponibles en el sistema sanitario, como ocurre, por ejemplo, con la llamada «píldora del día después».

Si en un país determinado se admitiese la llamada objeción de conciencia de los profesionales, el servicio nacional de salud debe garantizar estos servicios de manera inmediata y universal a través de otros profesionales.
— El acceso a los recursos anticonceptivos o reproductivos debe ser universal, con independencia del lugar donde se vive o los ingresos de que se dispone.
— Las personas en las que se ha consumado algún riesgo asociado a las prácticas sexuales (por ejemplo, el embarazo no deseado, el sida, etc.) tienen derecho a una asistencia sanitaria adecuada.

Valoración

En numerosos países se vulneran con frecuencia estos derechos:

— No se permite la comercialización de ciertos medios técnicos y no se ponen a disposición de toda la población.
— Se permite la objeción de conciencia a profesionales dentro del servicio nacional de salud, sin garantizar el ofrecimiento de estos servicios.
— Las ayudas a la reproducción asistida y al aborto están en buena medida en manos privadas, y muchas parejas no pueden solicitarla por sus altos costes.

5. Derechos referidos al placer, las relaciones sexuales, los afectos y la vinculación afectivo-sexual, la convivencia y el estado civil

Todas las personas, conforme a las características de su edad y su diversidad personal, tienen el derecho a explorar su cuerpo y disfrutar el placer sexual, derecho a establecer relaciones interpersonales y vínculos de pareja, así como a desvincularse, bajo la fórmula jurídica que consideren más conveniente, sin discriminación en razón del sexo, la orientación del deseo o la pertenencia a una u otra minoría.

Derechos complementarios:

— No persecución legal, educativa o profesional de la masturbación, los juegos sexuales o las prácticas sexuales entre personas que, teniendo capacidad de consentir, consienten.
— No poner impedimentos a las diferentes formas de vinculación de las parejas y a su decisión de desvinculación, preservando, claro está, los derechos de los dos miembros y de terceros, muy especialmente los hijos.
— No impedir a los homosexuales y lesbianas la formación de pareja, incluyendo al acceso al matrimonio y los derechos asociados a esta institución social, incluyendo la adopción.
— No impedir la separación y el divorcio, asegurando el comportamiento responsable con la pareja y los hijos.
— No impedir a determinadas minorías, como los discapacitados, los encarcelados y los enfermos mentales, la posibilidad de tener relaciones sexuales y vinculaciones, salvo limitaciones propias.
— No impedir o perseguir con normas, costumbres o actitudes que los ancianos y ancianas puedan disfrutar también de estos derechos, con independencia de su estado civil, sexo o cualquier otra característica no incapacitante para su ejercicio.

Valoración

— Las manifestaciones sexuales infantiles son aún perseguidas en numerosos países, con frecuencia incluso dentro de programas centrados únicamente en la prevención de riesgos sexuales, como los abusos o los embarazos no deseados.
— Algunos modelos de educación sexual se centran en los riesgos o en la transmisión de valores morales contrarios a los derechos sexuales, negando o persiguiendo de hecho este derecho que acabamos de formular.

6. Derecho a la intimidad y privacidad

Todas las personas tienen el derecho a que sea preservada su intimidad y privacidad en relación con su orientación del deseo, su vida sexual o de pareja y las consultas o ayudas de los profesionales.

Derechos complementarios:

— No desvelar la orientación sexual de las personas por parte de los servicios de salud, ni demandar esta información en el mundo del trabajo.
— No desvelar el contenido de las consultas, ni el hecho mismo de las consultas sobre sexualidad.
— Respetar la privación referida a la vida sexual de las personas en los medios de comunicación.
— No desvelar la identidad de las víctimas de violación, acoso o abuso sexual.
— No discriminar a las personas en el mundo laboral o social en general por razón de su orientación del deseo o vida sexual.

Valoración

Los medios de comunicación frecuentemente vulneran el derecho de las personas a la intimidad sexual.

La intimidad de las víctimas de abusos, violaciones y acoso sexual se vulnera con frecuencia, incluso en el caso de los menores.

Se ha generalizado también la compraventa de intimidad sexual en los medios de comunicación y el uso inadecuado de ésta, tanto por los medios como por las personas que voluntariamente se prestan a ello con fines económicos.

7. Derecho a la diversidad de valores y códigos morales, compartiendo una ética básica

Derecho a vivir en una sociedad moralmente pluralista.

Derecho a tener y regirse por un código moral propio, salvando el respeto a los demás.

Derecho a compartir únicamente una ética básica, compartida por todos y asentada en el respeto a los derechos humanos.

Derecho a la diversidad de creencias, opiniones y valores, salvando el respeto debido a los demás.

Derechos complementarios:

- — Derecho a no ser presionado con creencias fundamentalistas, bajo amenazas de uno u otro tipo.
- — Derecho a no sufrir formas de disciplina o una doctrina moral que se asienten en valores y creencias que no se comparten y que no hay obligación de compartir en un Estado aconfesional.
- — Derecho a que no le sea negada la asistencia en materia de educación sexual, salud sexual y reproductiva por razones morales por parte de las personas que trabajan en servicios públicos.

Valoración

Este derecho está lejos de cumplirse, especialmente en los países donde las iglesias han estado durante décadas sirviéndose de un Estado confesional. No es infrecuente que los poderes públicos y numerosos profesionales ofrezcan un modelo moral de intervención en el cual confunden sus creencias personales con su actuación profesional, negando asistencia y ayudas técnicas a personas que no comparten esa moral.

Para evitar el conflicto entre creencias y profesionalidad venimos proponiendo un modelo de intervención en este campo que llamamos biográfico-profesional. En él el cliente toma las decisiones y el profesional ofrece informaciones, consejos y ayudas profesionales. El profesional es un mediador entre la biografía de cada persona y las ayudas que se le pueden ofrecer para mejorar su salud sexual y reproductiva, no haciendo de su biografía o sus creencias el eje de la intervención profesional (López, 2005).

Naturalmente, como toda propuesta de derechos, consideramos éstas como discutibles y mejorables, incluyéndolas en este texto por varias razones. En primer lugar, para que se discutan e intentemos llegar al mejor de los consensos, el máximo común denominador y la mejor formulación compartida. La segunda porque, aunque no se pueden confundir los derechos consensuados con los principios éticos de valor universal, las declaraciones de derechos sirven para concienciar a la población y servir de referencia a los parlamentos cuando legislan. En tercer lugar, porque un diálogo entre principios éticos y derechos es muy fructífero, mejorando la argumentación de unos y otros. En cuarto lugar porque las declaraciones de derechos sirven como referencia de contenidos concretos no sólo para los legisladores, sino también para la educación sexual en la escuela. En quinto lugar, a nivel internacional, las declaraciones de derechos permiten influir en países en los que éstos son violados, favoreciendo la denuncia y la presión social y, lo más importante, la generalización de los argumentos que sustentan dichos derechos. Por último, para el tema que nos ocupa, las declaraciones de derechos son una de las mejores oportunidades de ayudar a cambiar las realidad, especialmente si se formulan a la luz de los principios éticos de valor universal.

Aun así, somos conscientes de las dificultades para consensuar derechos, porque no son pocos los gobiernos dictatoriales y fundamentalistas que ponen objeciones y vetos en las reuniones internacionales.

Implicaciones y contenidos de la ética sexual y amorosa. Importancia para la educación sexual 7

A lo largo del texto hemos ido deduciendo implicaciones para fundamentar la ética sexual y amorosa, y proponiendo los principios y contenidos que deberían formar parte de la educación sexual en la familia y la escuela, también en los servicios de salud. Como es sabido, la familia y la escuela tienen funciones distintas, aunque deben cooperar en la educación sexual. También los profesionales de la salud tienen una función importante en la prevención de riesgos y educación sexual, especialmente en atención primaria, ofreciendo, además, ayudas a quienes tengan problemas sexuales o amorosos.

7.1. EL ROL DE LA FAMILIA, LA ESCUELA Y LOS PROFESIONALES DE LA SALUD

Vivimos en una sociedad de libre mercado, muy liberal, en la que los contenidos sexuales se han convertido también en un producto que se vende y se consume. Basta asomarse a la pantalla de televisión, analizar la publicidad, introducirse en Internet, echar una ojeada a un kiosco, ir al cine o simplemente pasear por la calle. Los contenidos de naturaleza sexual, antes ocultos, ahora impregnan nuestra sociedad, usándolos como reclamo publicitario u ofreciéndolos abiertamente como actividades o productos a comprar y consumir. Por otra parte, la manera de vestir, las formas de ocio y la vida en general han cambiado de manera espectacular, transpirando nuevas libertades y un sentido de la vida más gozoso.

Nuestros hijos e hijas viven inmersos en estos cambios, reciben numerosos estímulos e informaciones, a la vez que observan la conducta y los modelos de vida que se presentan a través de los medios de comunicación, Internet, productos culturales como el cine, etc. Estos modelos sexuales y amorosos, con frecuencia, se caracterizan por ser bastante negativos, transmitir valores propios de la sociedad de consumo, vender la intimidad, hacer gala de comportamientos no convencionales o abiertamente provocativos y dar una visión de las relaciones sexuales y amorosas poco realista y muy superficial.

Todo habla de sexualidad, mientras la familia, los educadores y los profesionales de la salud guardan silencio. El resultado es que los menores tienen acceso a muchas informaciones a través de los medios señalados y los amigos y amigas. Puede decirse que están «muy informados»; pero los conocimientos así adquiridos son con frecuencia imprecisos, banales y, sobre todo, no están legitimados por la familia, la escuela y los profesionales de la salud. Por ello, no pueden usarlos abiertamente, sino de manera furtiva, porque contradicen la visión que de la sexualidad suelen transmitir padres y educadores. «Mis padres no quieren que yo sepa estas cosas y mucho menos que las ponga en práctica, la escuela no me habla de ellas y a mi médico de familia no le puedo preguntar», nos decía un adolescente.

Los efectos negativos de esta información, con frecuencia pornográfica, se agravan porque, a la vez, en esta sociedad, los adolescentes y jóvenes que tienen actividad sexual lo tienen que hacer de forma «furtiva»; no sólo ocultan la información que tienen, sino, más aún, su conducta.

Pues bien, creemos que mientras la información no esté legitimada por la familia, la escuela y los profesionales de la salud, y la conducta sexual, que de hecho tienen, pueda dejar de ser furtiva, no habrá prevención de riesgos exitosa, ni una verdadera ayuda positiva a la vida sexual y amorosa.

Es necesario que la familia, la escuela y los profesionales de la salud informen abiertamente de estos temas para que los menores tengan unos conocimientos adecuados y legitimados, que puedan usar abiertamente. Y es necesario plantearse, si se es permisivo con las conductas sexuales, si no ha llegado el momento de aceptar que hay muchos adolescentes y jóvenes sexualmente activos y, por tanto, ayudarles a evitar errores y riesgos y a tener una vida sexual y amorosa más satisfactoria.

¿Qué corresponde hacer a cada agente educativo? Lo resumimos en la figura 7.1. Se trata, en definitiva, de romper el silencio en la familia, la escuela y los servicios de salud, justo con la finalidad de conseguir tener menores mejor informados y más responsables. Evitar la contradicción que tantas veces hemos puesto de manifiesto (López, 2005a y 2005b): haber creado una sociedad que fomenta la actividad sexual de los menores, por un lado, y guardar silencio y cerrar los ojos, por otro.

FAMILIA	ESCUELA
— Experiencia amorosa INCONDICIONAL. — MODELOS de igualdad, cuidados, etc. — Información primigenia EN SITUACIONES CONCRETAS. VALORES particulares y universales.	CURRÍCULO oculto coherente con valores universales y aceptación de diversidad. MODELOS de igualdad y diversidad. Informaciones profesionales sistemáticas y ordenadas. Entrenamiento en habilidades interpersonales. VALORES UNIVERSALES y respeto a diversidad de valores familiares, culturales, etc.

Figura 7.1.—Roles de la familia y la escuela.

¿Qué nos jugamos?:

- Tener un buen o mal vínculo de apego con los padres o cuidadores, experiencia que influirá decisivamente en: *a*) que los hijos y las hijas acaben siendo personas seguras y confiadas, o ansiosas y desconfiadas, en las relaciones amorosas y sociales, y *b*) tengan habilidades interpersonales en las relaciones amorosas o dificultades de comunicación.
- Ser más o menos empáticos y tener una mejor o peor autoestima propia y de los demás.

— Tener factores protectores o de riesgo frente a los problemas que pueden estar asociados la actividad sexual y a las relaciones amorosas.
— Valorar de forma positiva o negativa la vida, los afectos y las personas, con concepciones optimistas o pesimistas, abiertas o fundamentalistas sobre las relaciones sexuales y amorosas.
— Tener conocimientos sexuales fundados o tener prejuicios o conocimientos imprecisos y no legitimados.
— Tener habilidades interpersonales o sociales o tener dificultades relacionales.

Estos y otros muchos efectos dependen del estilo de crianza y la educación sexual, por lo que creemos necesario que los tres agentes educativos citados deben establecer una alianza de colaboración, respetando la diversidad de roles o funciones, que analizamos brevemente a continuación.

7.1.1. El buen trato y la educación sexual en la familia

Los padres tienen la función más esencial en la educación sexual. Entre las tareas que deben hacer están: responder de manera abierta y sencilla a las preguntas que les haga su hijo, transmitirle con palabras y hechos los valores que la familia considere fundamentales (éstos pueden ser diversos de unas familias a otras, siempre que respeten los valores universales de los que hablaremos más adelante), darle la posibilidad de vivir en un núcleo familiar (sea cual sea el tipo de familia) en el que experimenten que hay personas (los progenitores) que se aman, se respetan, se tratan con equidad, se valoran, hablan bien de la vida y la sexualidad, etc. Ofrecerle con palabras y hechos («obras son amores y no buenas razones», dice el refrán) una visión positiva de la vida, de los seres humanos y de las relaciones amorosas es lo más importante que tienen que ofrecer los padres a los hijos en relación con la educación sexual. Eso sólo lo puede ofrecer la familia, siendo lo más esencial para la vida sexual y amorosa de sus hijos a lo largo de la vida.

Y esto es así porque en la familia aprenden a confiar o desconfiar de los demás, a saber que hay personas fiables e incondicionales o personas que no son de fiar, que condicionan lo que dan a lo que reciben, personas que se respetan o maltratan, que son empáticas o cerradas de corazón, tiernas o duras, cálidas o frías; en definitiva, que las personas valen la pena o no, porque las relaciones amorosas son maravillosas o un infierno. Que los hijos tengan la fortuna de vivir la primera de estas alternativas es la función esencial de la familia. En definitiva, que aprendan que vale la pena involucrarse en relaciones amorosas y que éstas pueden salir bien.

En la familia, en los primeros años de vida, también se adquiere, o no, el «código de la intimidad» (López, 2009): aprender a mirar y ser mirado, tocar y ser tocado, acariciar y ser acariciado, estar junto al otro, piel a piel, sin aguas territoriales que defender, yacer desnudo y confiado junto al otro, comprender y expresar emociones, compartir emociones empáticamente (base del núcleo de la intimidad), regular las emociones sin que nos desborden con impulsividad conflictiva, etc. Este es el lenguaje que requiere la sexualidad y las relaciones amorosas, código de la intimidad de los que se quieren de verdad. Si uno no tiene capacidad de confiar en uno mismo y en el otro y, además, carece de código de la intimidad, sus relaciones sexuales y amorosas no podrán resolver la soledad ni serán verdaderamente satisfactorias. El estilo de apego de las personas que no tienen una adecuada experiencia familiar sufrirá en uno u otro grado de ansiedad o de miedo a la intimidad, dificultando la vida amorosa cuando sean jóvenes, adultos y viejos.

También en la familia, si llegara el caso, es donde se aprende a afrontar los conflictos de forma civilizada y constructiva o, en otro extremo, se aprende a negarlos o multiplicarlos de forma destructiva. Por ello, si los padres llegaran a separarse es fundamental que esta experiencia se convierta, a pesar del posible dolor, en un aprendizaje fundamental para la vida, basado en el derecho a la desvinculación de la pareja, pero también en la obligación de seguir compartiendo el proyecto de los hijos. Para ello conviene que los padres afronten la separación de mutuo acuerdo (aunque inicialmente no lo sea), evitando, en lo posible, el dolor al otro y el daño a los hijos (López, 2010).

En relación con los valores y principios éticos para la vida sexual y amorosa, las familias pueden tomar como guía la formulación que ofrecemos a continuación, así como los derechos que hemos planteado en el capítulo seis; pero es importante reconocer a las familias su libertad para transmitir valores propios de la familia, su sistema de creencias y la lengua y cultura vernáculas. La propuesta que hacemos puede ser aceptada por creyentes y no creyentes, personas conservadoras y liberales, de izquierdas o de derechas, de una u otra cultura, siempre que no sean fundamentalistas (personas que hacen lo posible por imponer su sistema de creencias o valores personales a los demás, que son considerados infieles, pecadores, etc.).

En la familia, obviamente también en la escuela y la sociedad, deben evitarse todas las formas de maltrato, también las formas de maltrato sexual que, como hemos expuesto y justificado en otras publicaciones (López, 2014) deben incluir, al menos: los abusos sexuales a menores, las mutilaciones de órganos sexuales, los matrimonios concertados por los padres sin libertad de los hijos, la no aceptación de la transexualidad, la homosexualidad y la bisexualidad, la prostitución infantil, la pornografía infantil (producción, comercialización y uso) y las nuevas formas de abuso o acoso por Internet.

La familia (nos referimos a todo tipo de familias, sea cual sea su estructura), por último, debe colaborar con los educadores en la escuela, porque sus hijos tienen el derecho a recibir también educación sexual por parte de profesionales. Por ello, siempre hemos convocado y favorecido la participación de los padres, pero jamás les hemos pedido permiso para que los hijos acudan a las clases de educación sexual.

7.1.2. La educación sexual en la escuela

Como hemos señalado, lo más específico de la familia es ofrecer a los hijos e hijas la experiencia de vivir en un grupo de personas que se cuidan, protegen, consuelan y aman de forma incondicional, a la vez que transmiten actitudes positivas hacia la sexualidad y valores específicos de su familia, su cultura o su religión, en el marco de los valores universales. Lo más específico de la escuela es que debe dar una información profesionalizada, bien fundamentada, de forma sistemática y ordenada, a la vez que instruye en valores universales, compartidos y aceptados por todos. Fundamentar y concretar estos valores es el objetivo básico de este libro. En la escuela no deberían hacerse intervenciones desde modelos de educación sexual inadecuados, como el modelo de riesgos (se limitan a prevenir los riesgos) o la moral de la abstinencia (adoctrinan en la abstinencia fuera del matrimonio heterosexual basándose en creencias religiosas: creencias que puede ofrecer la familia, pero no una escuela laica no confesional) o el modelo prescriptivo (extendido entre algunos profesionales de la educación sexual, que trabajan como si todos los adolescentes tuvieran o debieran tener actividad sexual). Nosotros defendemos un modelo biográfico (considerando que corresponde a las personas organizar su vida sexual y amorosa) y profesional (porque se ofrecen informaciones contrastadas y se transmiten valores universales), de forma que la educación sexual no sea un campo de disputas ideológicas, sino de educación para que la persona realmente construya su autonomía y se responsabilice de su vida sexual y amorosa, conforme a sus propias ideas y creencias, no sometida a las ideas y creencias de sus educadores. La sexualidad es una dimensión que lo que tiene de más específicamente humano es la libertad para tomar decisiones; no es un instinto preprogramado y determinado, sino que las personas podemos y debemos tomar decisiones, respetando las de los demás. No es tiempo de uniformidad, sino de que cada persona construya su vida con libertad y responsabilidad. Para ello familia y escuela deben cooperar, respetando la especificidad de sus funciones.

La escuela debe ofrecer una información sistemática sobre todos los temas fundamentales de sexualidad (anatomía, fisiología sexual y de la reproducción, afectos sexuales y sociales: deseo, atracción, enamoramiento, apego, amistad, sistema de cuidados y altruismo; prevención de riesgos y anticoncepción), entrenar en habilidades sociales e interpersonales y educar en valores universales. Los valores universales y los valores familiares, más concretos, específicos y diversos, no deben estar en contradicción, justo porque los primeros son universales y los familiares, aunque particulares, no deben ser fundamentalistas sino que deben respetar los universales. El marco de los derechos humanos puede ser también una referencia práctica, aunque en el caso de la sexualidad están poco desarrollados, como hemos visto en el capítulo anterior.

7.1.3. El rol de los profesionales de la salud

Los profesionales de la salud, en lugar de hacer objeción de conciencia casi generalizada cuando se trata de temas sexuales, deberían incluir en sus entrevistas y en su trabajo esta temática, tan importante para la salud. En el caso de los menores adolescentes, estas entrevistas e intervenciones deben hacerse sin la presencia de los padres, de forma que los menores puedan hablar con libertad y pedir informaciones concretas y ayudas. Nuestra experiencia indica que los padres aceptan bien que los hijos tengan la oportunidad de hablar confidencialmente con los profesionales de la salud, los cuales también deben intervenir desde un modelo biográfico y profesional, en el sentido explicado más arriba y de forma más amplia en otros textos (López, 2005).

Los profesionales de la salud, especialmente los médicos de familia y todo el personal de los centros de salud, así como los pediatras, ginecólogos, etc., salvo un grupo muy minoritario, no se han involucrado nunca en la prevención y asistencia de los riesgos asociados a las prácticas sexuales, y menos aún en la ayuda para que vivan mejor la sexualidad desde un enfoque positivo. De hecho, como es sabido, los riesgos consumados los ha derivado el gobierno a clínicas privadas (caso del aborto) y la anticoncepción de emergencia (píldora del día después) a las farmacias, llegando a legislar que los menores puedan comprar sin receta anticonceptivos de emergencia e incluso abortar sin conocimiento de la familia, si la menor aduce problemas familiares. Tal manera de proceder expresa muy bien cómo los gobernantes tiran por la calle del medio y se lavan las manos, sin afrontar los problemas, promoviendo que los sanitarios se desentiendan de los temas relacionados con la sexualidad. ¿No sería mejor que la sanidad pública asumiera los casos de aborto, con protocolo de ayuda integral específico, así como aprovechar una consulta sobre anticoncepción y, más aún, sobre anticoncepción de emergencia, para, ofreciéndole la ayuda demandada, sin críticas morales, dar informaciones precisas para evitar nuevos errores?

Los sanitarios deberían colaborar con la familia y la escuela en la prevención de riesgos y en la transmisión de conocimientos sexuales profesionales, abrir consultas específicas para adolescentes y jóvenes y tener entrevistas confidenciales (sin la presencia de los padres) en las que, dentro de los temas de salud, se ofrecieran informaciones y ayudas en este campo. No se trata de alejar a los hijos de la familia, sino de crear un clima profesional de confianza, que los propios padres aceptan muy bien cuando se les explica el sentido de estas intervenciones, donde los adolescentes y jóvenes tienen la oportunidad de hablar y ser ayudados por un profesional de la salud. Consultas que también servirían para detectar formas de maltrato sexual, como los abusos sexuales, la homofobia sufrida, etc., abriendo la puerta para que los menores puedan hablar de los sufrimientos causados por los demás, también en el campo sexual.

7.2. IMPLICACIONES: FUNDAMENTACIÓN, PRINCIPIOS Y CONTENIDOS ÉTICOS DE LA EDUCACIÓN SEXUAL

Resumimos y enlazamos de forma sucesiva en este apartado cuantas implicaciones hemos ido sacando a lo largo del texto, así como la formulación de los principios éticos básicos, ya fundamentados, y algunos contenidos más concretos de la ética de las relaciones sexuales y amorosas. Esperamos que esta propuesta genere, cuando menos, una reflexión sobre la ética de las relaciones sexuales y amorosas, considerándola por nuestra parte abierta a discusión.

7.2.1. Fundamentación de la ética sexual

Los humanos compartimos con otras formas de vida la apuesta por la conservación de la vida y la tendencia a vivir de la forma mejor posible, entendiendo por tal aquella que respeta el ser o naturaleza de cada especie, haciendo lo posible por desarrollar sus mejores posibilidades. En otras especies esta tendencia está asegurada por instintos y programas de conducta estables, aprendidos a lo largo de la filogénesis. Pero la especie humana no está determinada por los instintos y programas aprendidos por su especie, aunque éstos están muy presentes, sino que, aun compartiendo la inclinación a conservar la vida y vivir bien, como el resto de animales, tenemos un margen de libertad que nos obliga a tomar decisiones sobre cuál sea «la buena vida», qué mejora nuestro bienestar personal y social. Razonar, argumentar estas decisiones, es el núcleo de la ética. Los principios propuestos, también sujetos a la argumentación, pretenden, si logramos que sean aceptados, ser una referencia compartida de valores éticos universales, aplicando a la vida sexual y amorosa la ética deontológica y algunas aportaciones de otras corrientes.

Desde el punto de vista biológico nuestras capacidades cerebrales, nuestras hormonas y los patrones de conducta heredados nos impulsan a sentir, pensar y actuar de determinadas formas, a favor de la preservación de la vida propia, de los hijos, parientes y del grupo tribal, pero estas tendencias programadas no eliminan un margen de libertad que nos obliga a tomar decisiones. De hecho, con relativa frecuencia estas tendencias preprogramadas no se cumplen, entre otras cosas porque tomamos decisiones equivocadas. Poder tomar decisiones sobre lo que se debe hacer, argumentándolas (de forma individual o compartida), es el núcleo procedimental de la ética. Este proceso, aunque puede estar influenciado por numerosos factores, se basa fundamentalmente en la capacidad de la razón humana.

Por otra parte, únicamente la razón humana puede universalizar motivaciones y patrones de conducta que, siendo éticamente maravillosos (como los asociados al «sistema de cuidados» y a las emociones), sólo están asegurados emocionalmente con la familia, la pareja y la tribu. La razón lúcida individual o la razón compartida son la única forma de fundamentar una ética procedimental universal. Esa es la postura teórica y práctica que hemos considerado más satisfactoria, a pesar de que también hemos reconocido limitaciones de esta postura, difíciles de superar. ¿Cómo es más inteligente proceder en la toma de decisiones en aquellos asuntos que, por ser libres, tenemos varias alternativas?

Las investigaciones psicológicas sobre las emociones, como la empatía, la culpa, la ira, la indignación, etc., demuestran también, como hemos visto, que somos emocionalmente éticos, aunque es evidente que para universalizar de manera adecuada la energía ética de las emociones debemos recurrir a la razón, porque aquéllas son respuestas rápidas que nos preparan para la acción, pero no aseguran una acción ética, sino más bien una acción «interesada» en uno mismo, un familiar, un amigo, un miembro de la misma tribu, etnia, religión, etc. En efecto, las emociones son muy sensibles a los prejuicios raciales, religiosos, tribales, etc., estando lejos de asegurar por sí mismas la universalidad de la ética. Una persona puede tener, por ejemplo, mucha empatía disposicional, pero si tiene prejuicios sobre el otro es muy probable que en una situación concreta no lo ayude. Los prejuicios ante las minorías, también las sexuales, las personas de otra etnia o religión y tantas otras cosas dificultan o imposibilitan las conductas solidarias, de cooperación e incluso de justicia. La homofobia, por ejemplo, hace que tantas personas sean insensibles al sufrimiento causado a la minoría homosexual y bisexual. Lamentablemente los ejemplos son demasiados, como puede reconocer el lector.

El poder ético de la razón es precisamente muy evidente cuando se estudia el desarrollo de la inteligencia, a medida que los niños y adolescentes van siendo capaces de analizar cómo está organizada la sociedad, las instituciones, la economía y el reparto de la riqueza. Los menores, desde muy pequeños, valoran éticamente la conducta (aunque lo hagan basándose en un dualismo y una radicalidad extrema —«el bueno y el malo»—, es la expresión más infantil), diferenciando entre convenciones y conductas que están bien (ayudar a otro niño) o mal (pegar y causar daño al otro). Llegada la adolescencia, cuando son capaces de diferenciar cómo es la realidad social y cómo podría y debería ser, son muy críticos con las injusticias, defendiendo un ideal de justicia y de relaciones sexuales y amorosas muy exigente desde el punto de vista ético.

Otro factor que nos ayuda a fundamentar que somos éticos es la conducta de los cuidadores en la relación de apego, especialmente la incondicionalidad con las crías —por cierto muy presente en numerosas especies—. La casi totalidad de los cuidadores de las crías lo hacen de manera incondicional, incluso cuando la cría le da problemas o tiene deficiencias, considerando que esa es su responsabilidad, con independencia de otros factores afectivos o sociales.

También recordábamos el ejemplo de los luchadores civiles y los movimientos de lucha por la libertad y la justicia, con costos personales que pueden llegar a ser dramáticos, porque ponen de manifiesto que la especie humana tiene un potencial personal, familiar y social que alimenta los valores éticos, favorece la lucha por los ideales más altos de la humanidad y nos llena de esperanza sobre las posibilidades humanas. La historia de Mandela, luchando por la dignidad de su pueblo y su raza maltratada, a la vez que reconocía igual dignidad a los blancos, sus enemigos, es ejemplar y sólo entendible desde su capacidad para anteponer la razón y la ética universal ante cualquier tentación de venganza. La reconciliación entre blancos y negros propiciada por Mandela y los que le acompañaron en esta lucha es un ejemplo de la capacidad humana para razonar y obrar en base a principios de valor universal.

También cuanto sabemos sobre la sexualidad y las relaciones amorosas puede servir para fundamentar la necesidad de la ética y demostrar que el presupuesto esencial de la ética, la libertad, es una realidad. En efecto, desde el punto de vista biológico, la sexualidad está en el «reino de la libertad (como analizábamos detalladamente en el primer capítulo) porque ha habido un salto cualitativo en la evolución y el placer sexual no está limitado de forma preprogramada a la actividad procreadora. Los seres humanos pueden decidir reproducirse o no, son libres de procrear o no, convirtiendo la decisión humana seguramente más importante (tener o no hijos) en una decisión libre. Justo por eso podemos hablar de la responsabilidad en las relaciones y en la planificación familiar. No «somos como conejos», decía por fin un Papa atrevido estos días, somos personas que podemos y debemos decidir nuestro número de hijos de manera responsable, como tantos otros aspectos de la sexualidad y las relaciones amorosas. A la misma conclusión podemos llegar si tenemos en cuenta la dinámica de los afectos sexuales (el deseo, la atracción y el enamoramiento), porque, a pesar de su indudable poder motivador, los seres humanos podemos y debemos tomar decisiones sobre nuestro deseo, atracción y enamoramiento. El deseo, por ejemplo, tiende a movilizar nuestra conducta para tener relaciones sexuales con otras personas, pero no nos obliga a hacerlo, porque podemos y debemos ser dueños del deseo, tomando decisiones por respeto a los demás o por razones personales o sociales de diferente tipo. Justo por ello, por ejemplo, no podemos imponer nuestro deseo a los demás abusando, acosando, violando, etc. Lo mismo ocurre con los otros afectos sexuales.

Es decir, nuestra vida sexual y amorosa, influida por nuestra biología, psicología y aprendizajes sociales, no nos deja sin libertad. Tenemos y debemos usar un amplio margen de decisión, y por eso precisamente hablamos de un modelo biográfico responsable de vida sexual y amorosa. Decidir la ética de estas relaciones sólo puede hacerse desde la razón individual y compartida.

Podemos violar o respetar a la otra persona, abusar de los menores o protegerlos, acosar o seducir, etc., y por ello es necesaria la ética.

Además, y es una razón bien poderosa, la vulnerabilidad humana, también en relación a la vida sexual y amorosa, hace especialmente necesaria la ética con los menores, personas con discapacidad, enfermos mentales y minorías que puedan ser rechazadas o perseguidas. Problemas tan frecuentes como los abusos sexuales a menores y el resto de formas de maltrato sexual, el acoso en el mundo laboral y profesional, las violaciones, el maltrato a las mujeres, etc., son inaceptables, porque toda conciencia humana que no esté gravemente pervertida los considera violaciones de valores éticos universales, atentados a la dignidad, libertad e igualdad de todo ser humano.

7.2.2. Ética del deber y ética del placer y la felicidad

La ética hace referencia al deber, pero únicamente si éste acaba siendo compatible con un discurso positivo del placer, la buena vida y la felicidad es soportable este destino humano. Como escribiera Camus, sólo si podemos imaginarnos a Sísifo feliz (aunque se sepa vitalmente condenado a esforzarse una y otra vez a subir la piedra a la cima de la montaña y ésta se vuelva a caer) serán soportables los esfuerzos que pueda exigirnos la ética; más aún, sólo si los esfuerzos éticos nos ayudan a vivir mejor el placer, llevar una vida mejor y acercarnos más a la felicidad, el deber tiene sentido. Únicamente reconciliando la ética deontológica con la utilitarista, llegando a la conclusión de que la vida conforme a la ética nos traerá mejores consecuencias, podremos aceptar la llamada ética del «deber».

Para los creyentes puede resultar más fácil la inversión en esfuerzos éticos si hay otra vida, en la que la justicia y las recompensas serán eternas. Pero para los no creyentes y para todo profesional que trabaja en una sociedad no confesional esta argumentación no puede usarse. Sísifo tiene que ser feliz o al menos intentarlo aquí y ahora, no en la otra vida. Desde el punto de vista de las creencias, en todo caso, invito a los creyentes a que sean más evangélicos y menos temerosos de la justicia de Dios en la otra vida, recordando y profundizando en la idea evangélica de que si se ayuda, si se ama, «recibirás el ciento por uno». Un razonamiento y una experiencia que encontramos en numerosas personas solidarias.

Para eso hemos de revisar nuestro concepto de placer y felicidad, conceptos mejor fundamentados en los griegos que en los filósofos utilitaristas.

En todo caso, creemos que la vía de encuentro entre la corriente deontológica y utilitarista es que esta última pone como condición básica a la fundamentación de la ética el placer y la felicidad, que el placer y la felicidad lleguen a todos. No nos parece tan ética otra de sus versiones, en la que este fin de la ética es formulado con la expresión: «para llegar a la mayor gente posible», porque abre la puerta a la justificación de formas de pensamiento liberales extremas, que dan por hecho que la marginación siempre ha existido y existirá.

Dicho esto, en el caso de la vida sexual y amorosa es indudable que los contenidos del placer y la satisfacción en las relaciones son nucleares: buscados por la propia naturaleza de la relación (la función natural de la actividad), puesto que la actividad sexual, altamente deseada, está premiada con un intenso placer, y las relaciones amorosas conllevan expectativas subjetivas de satisfacción, bienestar y felicidad. Las investigaciones sobre el deseo, la atracción y el enamoramiento, así como el canto de tantos poetas, dejan bien claro este contenido de las relaciones sexuales y amorosas.

Lo que pretende la ética es garantizar un procedimiento que asegure la libertad, igualdad y dignidad de los que participan en la actividad sexual y en las relaciones amorosas, cuyo fin, evidentemente, es el placer, el bienestar de la pareja o, comos se dice en términos populares, la felicidad. La actividad sexual y las relaciones amorosas no son un deber, pero si se decide tenerlas tiene que ser (este es el procedimiento ético) con el consentimiento de la otra persona, que también es libre, libertad que también queremos para cada uno de nosotros, entre otros principios éticos que desgranamos a continuación.

En las relaciones ocasionales o de amantes sin compromisos convencionales también rigen estos principios éticos para que el placer y posibles satisfacciones no se vean frustrados y traicionados con engaños, falsas palabras y compromisos que no se piensan cumplir.

El lector puede releer la tragedia de Madame Bovary, mujer que se entrega una y otra vez en los brazos de hombres que la instrumentalizan, engañan y dejan desamparada. La literatura y la vida están llena de deslealtades trágicas llenas de sufrimiento, que convierten las relaciones sexuales y amorosas en un campo de minas, con efectos desoladores para quien engaña y es engañado.

Desde el punto de vista de la ética de la salud también es fácil ver claro que, desde ella, se favorece el placer y el bienestar, evitando los riesgos y sus consecuencias. En definitiva, la ética sexual y amorosa no es un impedimento del placer y la satisfacción, sino una ayuda para no cometer errores de consecuencias dolorosas y para disfrutar más y mejor de los gozos que nos ofrece la vida.

En realidad, placer y felicidad como objetivos son compatibles con el deber si, como bien propuso Aristóteles, la ética es el deber de cumplir con la función del ser. Esta es precisamente la propuesta que nos parece más equilibrada, propuesta que pone toda su esperanza en la guía de la razón y las virtudes consecuentes con ella, precisamente para asegurar mejor la conducta. Principios, virtudes y hábitos, según Aristóteles, son el resultado de decisiones prudentes, bien argumentadas, y un aprendizaje disciplinado que puede hacernos más coherentes con nuestro «ser», a la vez que se viven los placeres de la vida y se intenta alcanzar la inalcanzable felicidad.

7.2.3. Principios universales con contenido sexual y amoroso

1. ÉTICA DEL CONSENTIMIENTO. En las relaciones sexuales y amorosas debemos tratarnos reconociendo siempre la dignidad y libertad propia y de la pareja, nunca instrumentalizando al otro/a buscando únicamente el propio provecho, de forma que tanto nosotros como la otra persona nos sintamos libres de aceptar o no esas relaciones.

Este principio se refiere a juicios y acciones de claro significado y contenido moral: la obligación de respetar la libertad del otro para aceptar o no la actividad sexual que le proponemos y los compromisos que adoptamos, si se trata de algún tipo de alianza entre los miembros de la pareja. Se trata de un principio universalizable: ninguna costumbre cultural, lazo matrimonial o situación legitima la vulneración de la libertad de la persona en relación a su vida sexual y a los posibles compromisos. La violencia y cualquier forma de coerción o engaño que amenace la libertad del otro no es aceptable.

Una forma práctica de fomentar esta ética del consentimiento se puede conseguir a través de la educación, si las personas que quieren involucrarse en relaciones sexuales y amorosas aprenden a cumplir las condiciones propuestas por Habermas en su ética del discurso. Estas condiciones son la mejor garantía de una ética del consentimiento en las relaciones sexuales y amorosas, porque nos dignifican y nos hacen verdaderamente libres y humanos. Las exigencias concretas del consentimiento y los límites que definen el abuso, el acoso, la violencia, la coerción y el engaño están sujetos a discusión (por ejemplo, la edad de consentimiento de los menores para tener actividad sexual, el grado de discapacidad que elimina la capacidad de consentimiento, etc.). Pero estas dificultades para poner criterios y límites no invalida el principio, sino que lo hacen necesario, justo para tenerlo como referencia al formular leyes y en el ejercicio de las prácticas profesionales. También, y sobre todo, como guía argumental de la ética personal en la vida sexual y amorosa.

Este principio tiene múltiples aplicaciones, entre las que destacamos:

a) Ninguna circunstancia (como, por ejemplo, estar casados) ni situación (como, por ejemplo, haber tenido previamente conductas consentidas que impliquen ciertos grados de excitación) libera de la obligación ética de conceder a la otra persona, siempre y en todo momento, la capacidad de decidir libremente aceptar o no una conducta sexual.

    El hecho de que numerosas violaciones se den en el matrimonio o las cometan amigos y conocidos, después de alcanzar ciertos niveles de intimidad o excitación, demuestra la necesidad de universalizar este principio.

b) La prevalencia de los abusos sexuales a menores y a personas con discapacidad refuerza la necesidad de este principio, justo porque en estos casos la otra persona tiene limitada su capacidad de decidir.

c) El abuso del poder laboral, docente o análogos, como ocurre en el caso del acoso sexual, limita la capacidad de la persona afectada para decidir con libertad, dados los costos que tendría que estar dispuesta a pagar (no acceder a un trabajo, no ser promocionada, ser suspendida o mal evaluada, etc.).

d) Otra aplicación, que nos es especialmente querida, es señalar que este principio nos obliga a respetar la libertad del otro y, aún más, a promocionarla, facilitándole a la otra persona el ejercicio de su libertad, en lugar de presionar de una u otra forma. El salto de la seducción a la presión, el engaño o el uso de estrategias directamente orientadas a doblegar la voluntad del otro son estrategias que no respetan este principio. Nuevamente los límites serán siempre discutibles y con frecuencia imprecisos, pero el principio limita los errores más gruesos y fomenta el que nos tomemos realmente en serio la libertad y la dignidad del otro.

e) La aplicación de este principio también puede mejorar las relaciones de la pareja, ayudando a los dos miembros a comunicarse de forma abierta, en relación a asuntos concretos. Preguntarse, por ejemplo: ¿nos sentimos los dos libres para demandar, aceptar o rechazar diferentes actividades sexuales?, ¿qué podemos hacer si hay discrepancias en el deseo sexual?, ¿tiene sentido que siempre sea uno de los dos el que regule, marque la pauta o imponga de forma más o menos explícita una manera de relacionarse?, ¿tiene sentido que uno de los dos tenga relaciones sólo por condescendencia o amor por el otro, siempre o casi siempre? Un diálogo sincero y abierto, que facilite la comunicación y ayude a tener en cuenta el punto de vista del otro, a conocer y entender sus deseos, su forma de vivir la vida sexual, sus posibles quejas y demandas, etc., supone aplicaciones que nos alejan del principio, pero están relacionadas con él y, aunque permiten una gran diversidad en la forma de vivir la sexualidad en las parejas, pueden ayudar a la buena vida sexual.

f) Otra aplicación muy importante es la referida a las diferentes formas de maltrato sexual a menores (López, 2014): abusos sexuales a menores, matrimonios concertados por la familia, mutilaciones sexuales, prostitución y pornografía infantil, no aceptar la orientación homosexual o bisexual, no aceptar a las personas transexuales, etc. Todas estas formas de maltrato sexual son un grave atentado a este principio, porque vulneran la libertad de los menores y condicionan gravemente su vida sexual y amorosa, con frecuencia de por vida.

g) También es aplicable a la defensa del derecho a la intimidad sexual y amorosa, hoy tan vulnerada por los medios de comunicación y por el abuso de las fotografías y vídeos que se envían por Internet sin el consentimiento de la persona afectada. Ya es discutible y normalmente poco inteligente permitir hacer este tipo de fotos y grabaciones, pero hacerlas sin permiso de la persona afectada o enviarlas por Internet es una grave vulneración de este principio.

h) En relación a los contenidos de las alianzas de pareja, cada miembro tiene en origen libertad para aceptar o no determinados compromisos, así como a desvincularse de ellos (derecho a formas de vinculación diversas y derecho a la desvinculación), pero estos derechos que asisten a la libertad de cada miembro conllevan la obligación procedimental de ser leales (más abajo explicitamos lo que esto significa en otro principio ético) en la forma de establecer los compromisos y de desvincularse de ellos. La libertad y la lealtad no son siempre fáciles de compaginar, pero los dos principios son necesarios, especialmente en las relaciones de pareja que establecen una alianza estable y, a la vez, sujeta al derecho de desvinculación.

En relación con este principio, **en educación sexual** se puede dialogar sobre numerosos dilemas y casos que ayudan a racionalizar y argumentar de forma más ética, a la vez que se analizan las posibles incoherencias de conducta que vulneran dicho principio. Entre los muchos **dilemas** con que trabajamos proponemos, a modo de ejemplo, al lector el siguiente:

«Marcos desea tener relaciones sexuales con una mujer, Margarita, que no es su pareja habitual. La desea y le atrae mucho. Ha conseguido su amistad y salir con ella varias veces. Han bailado de forma muy íntima y él ha conseguido que acepte subir a su coche. Se han besado y excitado intensamente, pero de pronto ella le dice que no quiere seguir, que deje de besarla, que ya han llegado demasiado lejos».

La discusión de los dilemas se puede hacer de forma abierta, como hacían en la Escuela de Ginebra, o iniciándola proponiendo alternativas de conducta. Pero no puede olvidarse que para la formación educativa lo esencial es aprender a defender los argumentos que justifican mejor una u otra alternativa, a la vez que se escuchan los propuestos por los demás. Por ejemplo:

a) **¿Qué suelen (lo que crees que es más frecuente) hacer los hombres** como Marcos?

— Respetar el «no» y no insistir más.
— Insistir una y mil veces para convencerla y seguir hasta el coito.
— Presionar con palabras y gestos de diferentes formas para conseguir tener relaciones más íntimas.
— Forzar la situación con intentos físicos de aproximación.
— Violarla, si se resiste.
— Otra cosa (indicar)...........................

b) **¿Qué suelen hacer las mujeres** como Margarita si la situación fuera la inversa, que ella quiere seguir y él no?

— Respetar el «no» de él y no insistir más.
— Insistirle una y mil veces para convencerle.
— Presionar con palabras y gestos de diferentes formas para conseguir tener relaciones más íntimas.
— Forzar la situación con intentos físicos de aproximación.
— Violarle, si se resiste.
— Otra cosa ....

c) **Piensa** (en este caso puede ser inadecuado pedirle que lo digan ante los demás y ser suficiente que responsan ante sí mismos, preservando su intimidad) **qué crees que harías tú en esta situación:**

— Respetar el «no» y no insistir más.
— Insistir una y mil veces para convencer al otro (otra).
— Presionar con palabras y gestos de diferentes formas para conseguir tener relaciones más íntimas.
— Forzar la situación con intentos físicos de aproximación.
— Violar, si se resiste.
— Otra cosa ....

d) **¿Qué crees que deberían hacer** en una situación así Marcos o Margarita? Indica y justifica la conducta que te parezca más ética.

(Discusión abierta con contraste de argumentos. Para este diálogo pueden usarse o no las alternativas señaladas).

— Respetar el «no» y no insistir más.
— Insistir una y mil veces para convencer al otro (otra).
— Presionar con palabras y gestos de diferentes formas para conseguir tener relaciones más íntimas.
— Forzar la situación con intentos físicos de aproximación.
— Violar, si se resiste.
— Otra cosa (indicar cuál) ....

Justifica tu respuesta: ....

En la discusión argumental de estos dilemas se consideran éticamente inadecuadas aquellas opciones que cercenan o limitan la libertad del otro, imponiendo el deseo de uno e instrumentalizando al otro para la propia satisfacción en contra de su voluntad.

Por el contrario, respetar la voluntad del otro es un principio de valor universal que debe obligar recíprocamente a todos, pudiendo suponer la línea argumental más valiosa.

Este dilema, como otros muchos posibles, nos sirve para argumentar que la dignidad y la libertad son características inherentes a la persona que no se pierden en ninguna situación. En una situación semejante podemos dejar la ropa o los adornos en cualquier sitio, incluso tirados en el suelo; pero nuestra libertad no podemos dejarla fuera de la casa, el coche o cualquier situación; tampoco podemos colgarla en la silla o tirarla por los suelos. Nuestra libertad y dignidad pertenecen a lo que somos, en todo momento están presentes, y por eso podemos cambiar el curso de la acción con una decisión.

La tendencia a quitar responsabilidad a quien doblega la voluntad del otro, atribuyendo imprudencia o errores a la víctima, no es aceptable, aunque estos errores o imprudencias existan. Cuando los agresores afirman «me provocó» o «después de esto ya no me puedes decir que no», creyendo legitimar su conducta, no tienen en cuenta este principio de la ética del consentimiento, con independencia de que sea deseable e inteligente que las personas seamos prudentes y hábiles para evitar estas conductas del agresor.

Otro aspecto interesante que puede tratarse en este dilema son las frecuentes diferencias de género: la mayor tendencia de los varones a vulnerar este principio de una u otra forma (de hecho cometen más agresiones sexuales) y la posibilidad mayor de que las mujeres sean condescendientes y víctimas de violencia.

Otros dilemas se pueden construir a través de casos reales, como, por ejemplo:

1. Un hombre desea y disfruta mucho del sexo oral practicado por su mujer, pero ella siente asco y lo rechaza:

Diálogo moral: ¿Qué deben hacer?

Discusión profesional, si fuera el caso: ¿Qué podrían hacer para superar ese conflicto?

2. El marido presiona y acaba abusando de su mujer, obligándola incluso por la fuerza a tener conductas sexuales que ella rechaza.

Diálogo moral: ¿Qué deben hacer?

Diálogo profesional, si fuera el caso: ¿Qué pueden hacer para superar el conflicto?

3. Una chica adolescente le dice a un chico que si no quiere acostarse con ella es porque no es realmente un hombre o porque no la quiere, presionándole a que ceda, etc.

Diálogo moral: ¿Qué debería hacer la chica?

Dialogo profesional, si fuera el caso: ¿Cuáles son los límites entre la seducción y la coerción?

4. Discusión sobre casos de abusos, acoso sexual laboral, violaciones, coerciones, etc.

En los casos de supuesto abuso sexual a menores, a los que a partir de cierta edad se les atribuye capacidad para consentir tener relaciones sexuales, no siempre es fácil saber si se trata de un consentimiento libre. También puede ser difícil en los casos de enfermedad mental, discapacidad intelectual, etc.

En algunos casos de supuesto acoso sexual o violación no siempre es fácil juzgar si la conducta fue consentida o no. Desde el punto de vista moral está claro que debe haber consentimiento libre e informado por parte las personas que se involucran en una relación, pero la aplicación penal que se ha hecho de este principio plantea problemas prácticos con los menores y en aquellas situaciones entre adultos que han bebido demasiado alcohol o tomado otras drogas, etc., o simplemente discrepan sobre si aceptó o no la conducta sexual. Tal es así (invitamos a hacer una discusión educativa sobre el tema) que en el estado de California, como respuesta a los numerosos casos de acoso sexual en la universidad, acaban de aprobar una norma para facilitar la decisión de los jueces. En ella se da como criterio básico que para hablar de consentimiento deben los dos haber dicho «Sí», de forma que, si la supuesta víctima no expresó abiertamente su consentimiento, calló, estaba borracha o drogada o simplemente se dejó hacer, los jueces deben juzgar el caso como conducta no consentida. Por eso, a partir de ahora la instrucción a los jueces es que no pregunten a la víctima si dijo «No», sino si dijo «Sí».

Es una aplicación práctica del principio de la ética del consentimiento muy exigente, pero tal vez respete mejor que otras dicho principio. Nosotros, de hecho, deseamos promocionar educativamente la idea de que quien hace una petición de actividad sexual a otra persona que puede consentir, tiene la obligación moral de facilitarle que su decisión sea libre (frente a presiones, insistencias y engaños, y por supuesto frente agresiones) y estar seguro de que expresa su consentimiento de forma clara (verbal o con iniciativas sexuales explícitas).

5. También puede hacerse una discusión sobre ciertas estadísticas preocupantes. Por ejemplo,

un número importante de las chicas aseguran que ellas, en realidad, no querían tener la primera relación sexual cuando de hecho sucedió. Pero la insistencia de su pareja, ocasional o estable, hizo que acabara cediendo. Aseguran que no fue una violación, porque finalmente cedieron y aceptaron la relación, pero lo hicieron por diferentes razones: «se puso muy pesado», «tenía miedo de perderle», «para él era muy importante», «no quería parecer una estrecha», «casi todas las de mi edad ya lo habían hecho», etc.

Discusión moral: ¿Qué valoración te merecen estos datos? ¿Podríamos educar mejor para que las relaciones fueran lo más libres y dignas posibles?

Discusión educativa: ¿Qué habilidades sociales deberíamos promocionar para evitar estos datos?

2. ÉTICA DEL PLACER Y BIENESTAR COMPARTIDOS. Cuando dos personas tienen relaciones sexuales-amorosas no sólo es bueno que uno/a busque su propio placer, sino que también debe ocuparse e intentar que el otro/a disfrute y quede satisfecho/a en la relación.

Si hemos de tomar al otro como un fin y no como un medio, si hemos de reconocer la dignidad y el valor del otro, si hemos de respetar al otro tomando en serio su bienestar, si en definitiva debemos tratar al otro como desearíamos que en esta situación nos trataran a nosotros mismos, creemos que este principio es universalizable.

Instrumentalizar al otro como un objeto, sin sentirnos concernidos por su derecho a disfrutar de las relaciones sexuales, manipularle para alcanzar nuestro propio placer, permanecer indiferente ante su malestar y dolor, etc., es una vulneración de este principio.

Siendo la vulnerabilidad humana una de las justificaciones que hacen necesaria la ética, como muy bien señala Habermas y hemos insistido a lo largo de este libro, hay que tener en cuenta que también en la vida sexual y amorosa somos muy vulnerables: la frustración, la insatisfacción, el dolor, etc., en las relaciones sexuales y amorosas deben provocar conductas que: *a*) prevengan estos sufrimientos, y *b*) consuelen a quienes de una u otra forma acaban viviendo las relaciones sexuales y amorosas con dolor, insatisfacción o disfunciones contrarias a la fisiología y la psicología de estas relaciones. Uno no puede ser éticamente responsable de estos sufrimientos, si pueden ser evitados. Las quejas, tan frecuentes, de tantas mujeres sobre el comportamiento de los hombres (también pueden darse a la inversa) son una razón más para argumentar la necesidad de este principio. Oímos con demasiada frecuencia cosas como: «no me tiene en cuenta», «sólo piensa en él» (o en ella), «siempre es lo mismo: aquí te cojo y aquí te mato» (vocabulario y contenido bien desolador), «no me da tiempo a excitarme», «cuando me penetras aún estoy seca», «sólo piensa en eso, no en mí», «no me acaricia nada», «me pide muchas cosas pero no me da ninguna», «me obliga a hacer cosas que me dan asco», «me hace daño y no puedo quejarme», etc.

Desde el lado positivo, siendo evidente que cada persona, por la naturaleza de esta relación, busca placer, satisfacción y bienestar en la actividad sexual y en las relaciones amorosas, lo lógico es que, poniéndose en el lugar del otro, en la reciprocidad sobre la que se asienta toda moral, nos sintamos obligados a tratar bien al otro, a ayudarle a gozar y sentir bien, como de hecho queremos que hagan con nosotros. La ética no sólo nos indica lo que hemos de evitar, como el código penal, sino lo que es mejor hacer, tomando al otro como un fin, no como un medio.

Este principio tiene también múltiples implicaciones y usos, aunque no siempre directas, en la educación sexual y en las relaciones de pareja:

a) Si se acepta este principio, puede ser la referencia o brújula para discusiones o conflictos entre los miembros de la pareja que pongan de manifiesto un desajuste sexual y amoroso, debido a conductas del otro generadoras de insatisfacción, dolor o daño psicológico.

La comunicación abierta entre los miembros de la pareja, aceptando este principio, les obligará a tener en cuenta el punto de vista del otro, a escucharse y a consensuar formas de relación más satisfactorias y justas entre personas. Las relaciones sexuales y amorosas requieren no sólo de la reciprocidad de la justicia, sino de la reciprocidad de la benevolencia, del buen trato por solidaridad.

Los afectos sexuales (deseo, atracción y enamoramiento) y los afectos sociales (apego, amistad, sistema de cuidados y amor o generosidad), que están presentes en uno u otro grado en la pareja, no se puedan exigir al otro; pero, en la medida que se vivan, son una fuente positiva que alimenta las razones de este principio moral que comentamos. No es obligatorio desear, estar enamorado, apegado, etc., a otra persona, pero sí el evitar daños innecesarios. Y el dolor del otro nunca nos puede ser indiferente, desde el punto de vista moral, más aún si somos la causa y es evitable.

b) Este principio rige también en las relaciones ocasionales, en las que hay consentimiento por ambas partes, aunque no compromisos de estabilidad en la relación. Esta circunstancia no legitima la mera instrumentalización del otro, como si nos fuera ajeno, porque el otro es una persona con libertad y dignidad. Consensuar una relación sin compromiso no significa que las personas se conviertan en objetos. La reciprocidad es la fuente de toda moral, máxime en relaciones tan íntimas como las sexuales. Aunque no se tengan objetivos totalmente comunes, ni forma de vivirlo equivalente, lo cierto es que siempre estamos obligados al buen trato del otro, a ponernos en su lugar, como desearíamos que lo hicieran con nosotros.

c) Este principio, además, coincide con los fundamentos de lo que tienen en común casi todas las terapias: sesiones para mejorar la comunicación y la interacción amorosa, recuperando o enriqueciendo la capacidad de dar y recibir placer. Estas prácticas deseables y bases para la satisfacción sexual de las personas demuestran, por vía de la clínica, cuán importante es este principio.

Hasta dónde llega la obligación moral en este campo es discutible, pero tenemos la obligación de ponernos en el punto de vista del otro, como persona, tratarla como un fin y tomarnos en serio su bienestar. En negativo, evitar el dolor, la insatisfacción y la frustración provocadas por nuestra forma de interacción es parte esencial de este principio.

La justicia y la benevolencia se dan la mano en este campo, aunque tal vez sea imposible poner una línea divisoria entre ellas.

En las relaciones de pareja la aplicación de este principio puede ir más allá de las prácticas sexuales, abarcando las relaciones amorosas en su conjunto, porque también en ellas es éticamente obligatorio que cada miembro procure el bienestar del otro y evite el dolor, especialmente el causado por conductas evitables. Extender este principio a la vida cotidiana y a la resolución de conflictos es fundamental para la vida de las parejas.

d) Una discusión particularmente interesante, en relación con este principio y el anterior sobre la ética del consentimiento, teniendo en cuenta argumentos contrapuestos, es el caso de las diferentes formas de prostitución. ¿Es la prostitución una práctica en la que quien vende sus servicios es realmente libre para consentir esta actividad? ¿Puede un cliente que paga olvidarse de la persona que vende sus servicios y tratarla como un medio para sus propios fines, puesto que en las condiciones de la venta quien se prostituye puede prescindir e incluso no desear la satisfacción considerada natural en estos actos? El mismo movimiento feminista está dividido en la respuesta a estas preguntas, pues a veces se adopta el punto de vista de la dignidad y libertad, y otras el de la realidad de estas mujeres y la necesidad de procurar que tengan mejores condiciones de trabajo. Los países que afrontan este tema con seriedad, caso de Suecia y Holanda, por ejemplo, siguen políticas opuestas, de prohibición de la venta y de la compra de actividad sexual (Suecia) o de regulación social y sanitaria de esta forma de trabajo e intercambio comercial (Holanda).

En pocos casos es tan difícil armonizar los principios morales (en este caso el primero y el segundo de los señalados) con la realidad. De hecho, hasta el día de hoy ningún país parece haber afrontado con éxito este problema.

Pero sea cual sea la mejor alternativa en la práctica política, es evidente que estos dos principios (y el resto que veremos) deberían aplicarse al caso de la prostitución, bien para defender su abolición, bien, por ejemplo, para rechazar la práctica frecuente de que no puedan rechazar a los clientes, tengan que soportar prácticas vejatorias, etc.

El siguiente **dilema** puede ayudar a discutir y argumentar sobre este principio.

«Olano y Juana tiene relaciones sexuales, siendo pareja desde hace cinco años. Las relaciones se pueden plantear de muchas formas».

Discusión abierta facilitada por las siguientes alternativas:

a) **Los hombres** como Olano **suelen comportarse:**

— Buscando su propio placer y olvidándose del de su pareja.
— Además de buscar su placer, tienen en cuenta a su pareja y hacen lo posible para que disfrute de la relación y se sienta bien.
— Se ocupan prioritariamente del placer del otro, teniendo relaciones por condescendencia.
— Otra forma de comportarse frecuente es (indicar) ....

b) **Las mujeres** como Juana **suelen comportarse:**

— Buscando su propio placer y olvidándose del de su pareja.
— Además de buscar su placer, tienen en cuenta a su pareja y hacen lo posible para que disfrute de la relación y se sienta bien.
— Se ocupan prioritariamente del placer del otro, aceptando las relaciones por condescendencia.
— Otra forma de comportarse frecuente es (indicar) ....

c) **Yo** creo que **me comportaría:**

— Buscando mi propio placer y olvidándome del de la pareja.
— Además de buscar mi placer, tendría en cuenta a mi pareja y haría lo posible para que disfrutara de la relación y se sintiera bien.
— Me ocuparía prioritariamente del placer del otro, aunque tuviera que tener relaciones por condescendencia.
— Otra forma de comportarme sería (indicar) ....

d) La **forma más ética** de comportarse en pareja es (justifica la respuesta)................

— Buscar el propio placer, olvidándose del de la pareja.
— Además de buscar el propio placer, tener en cuenta a mi pareja y hacer lo posible para que disfrute de la relación y se sienta bien.

— Ocuparse prioritariamente del placer del otro, aunque sea por mera condescendencia.
— Otra forma de comportarme sería (indicar) ....

Justifica tu respuesta ....

Se trata de aprender a argumentar teniendo en cuenta que son dos personas las que consienten tener relaciones y las que deben tratarse con reciprocidad ayudándose a tomarse en serio, tratarse como personas con dignidad y satisfacerse mutuamente, haciendo lo posible por sentirse los dos bien. Ni el egoísmo, que niega, en realidad, la presencia del otro como persona con valor, dignidad e intereses legítimos, ni la renuncia a los propios intereses y al propio bienestar, son alternativas propias de esta relación. Las relaciones por condescendencia o generosidad son legítimas y pueden estar llenas de sentido en situaciones o momentos concretos, pero no parece que como forma habitual de la relación estén fundamentadas, porque pueden favorecer la dependencia, la sumisión e incluso la esclavitud.

En todo caso, comunicarse en la pareja y discutir este tipo de dilemas con buena voluntad moral es constructivo para mejorar la educación sexual y las relaciones de las parejas.

Numerosos **casos y dilemas** pueden ayudar a favorecer las mejores argumentaciones sobre las relaciones sexuales y amorosas:

1. «Una chica de 17 años, pareja de un chico de 18, residentes en un centro de personas con discapacidad, me pregunta: ¿por qué duele tanto? En la entrevista me cuenta que tienen relaciones sexuales de pie, debajo de una escalera para que nos les vean. Ella vigila mientras él coita. La secuencia de la relación dura unos minutos: entre cinco y siete, me dicen».

Es evidente que se trata de una relación desequilibrada en la que, aunque la chica consiente, es instrumentalizada por el chico, puesto que su vagina difícilmente puede reaccionar fisiológicamente bien en esta situación, siendo más bien «usada» para descargar la tensión sexual por parte del compañero. Compañero que pudiera no ser consciente de la desigualdad con que viven estas relaciones, bien por una falta de educación sexual, bien por sus limitaciones intelectuales.

2. «Una mujer de 60 años, en una charla en un barrio, comenta en el grupo, con gran espontaneidad, que en las relaciones sexuales su marido le lleva pidiendo una cosa que le cuesta hacer mucho; así llevan 30 años. Pero ella nunca se ha atrevido a negársela, ni siquiera a confesarle que le molesta mucho».

Puede que no se trate de un fallo ético del marido, sino de un grave fallo de comunicación, pero es evidente que tener en cuenta este principio habría ayudado a la mujer a reclamar su derecho a no ser molestada y a él a preguntarle a su mujer si en las relaciones todo iba bien.

También tiene sentido una discusión abierta sobre las quejas que algunas mujeres y hombres pueden tener sobre las relaciones sexuales: discrepancias, quejas, molestias, conductas que se viven como faltas de consideración o respeto, etc.

Comunicarse, escuchar, hablar, argumentar en los conflictos e intentar resolverlos teniendo en cuenta los dos puntos de vista es una forma práctica de favorecer el cumplimiento de este principio en las relaciones de pareja. Incluso el estar dispuesto a pedir ayuda profesional, si fuera necesario, para superar determinados problemas.

3. ÉTICA DE LA IGUALDAD. En las relaciones sexuales-amorosas las dos personas tienen los mismos derechos y obligaciones; las normas, la ética o la moral sexual deben ser igualitarias, tratándose con justicia y equidad.

Este principio está hoy muy presente en nuestra sociedad gracias a la lucha del feminismo contra la discriminación de las mujeres. Incluso hay publicaciones concretas sobre la ética de género.

Pero, en realidad, puede aplicarse también a las relaciones homosexuales, a las relaciones que involucren a dos personas, reconociendo, claro está, que uno de los campos en que se han cometido más atropellos es en el de las relaciones entre hombres y mujeres, discriminando a éstas en muchos sentidos, también en la sexualidad. En otras publicaciones hemos tratado este tema y analizado el doble patrón sexual y de moralidad entre hombres y mujeres (López, 2009).

En este caso se propone un principio universal de igualdad en derechos y deberes entre los miembros de la pareja, contra la doble moral que disminuye los derechos de un miembro y aumenta los del otro. En efecto, es evidente que durante siglos, en nuestra cultura y en otras (en la islámica aún hoy, por ejemplo), no se condenaban ni castigaban igual las relaciones extramatrimoniales de los hombres y las mujeres, por señalar uno de los aspectos más dramáticos.

El propio patrón sexual era (y lo es aún en no pocos casos) sexista, de forma que la iniciativa correspondía al varón y el asentimiento a la mujer, los desmanes del hombre se toleraban e incluso se justificaban, mientras la mujer era castigada severamente ante cualquier desliz; las libertades del varón eran muchas y las de la mujer tantas veces inexistentes; el varón podía ser activo y la mujer debía ser pasiva, salvo que se le indicara lo contrario; el hombre tenía autoridad que la mujer debía respetar, etc.

La propuesta de Habermas sobre las condiciones que debe cumplir la ética del diálogo son especialmente útiles para este principio, porque aseguran un procedimiento de igualdad:

- Asentimiento libre de los afectados (los dos miembros involucrados en relaciones sexuales y amorosas), sin ninguna coacción, para participar en el diálogo.
- Los dos deben estar dispuestos a razonar en términos éticos, de forma que tengan la actitud de resolver las diferencias o conflictos, si los hubiere, de forma justa, basándose en argumentaciones.
- Con actitud de imparcialidad. Una asunción ideal de rol que exige que el sujeto que juzga moralmente se ponga en el lugar del otro.
- En condiciones de igualdad. Los involucrados en la actividad sexual tienen que participar como iguales y libres, por lo que no puede admitirse, si hubiera conflictos, otra coerción que la resultante de los mejores argumentos.
- Voluntad común de universalidad en el procedimiento en defensa de la igualdad, aunque con la libertad de vivir diversidades sexuales mutuamente consensuadas.

Este procedimiento podría aplicarse a casi todas las cuestiones que amenacen la igualdad. Por lo que hace relación a la vida sexual y amorosa, es un principio especialmente necesario, tanto en los procedimientos para resolver los conflictos o dilemas entre iguales, como para discutir sobre los contenidos de la relación.

El siguiente **dilema** podría servir para argumentar desde el punto de vista de la ética discursiva:

«Santiago (o María) viven en pareja desde hace diez años. Santiago (o María) se llevan bien con su pareja y tienen relaciones satisfactorias. Pero también desean y le atraen sexualmente otras personas».

a) **¿Qué crees que suelen hacer los hombres** como Santiago en estos casos?

- Tener relaciones únicamente con su pareja.
- Tener relaciones con otras personas y no decirle nada a su pareja.
- Discutir el tema abiertamente con su pareja y llegar a acuerdos sobre sus posibles conductas sexuales con otras personas.
- Otra cosa (indicar cuál): ....

b) **¿Qué crees que suelen hacer las mujeres** como María en estos casos?

— Tener relaciones únicamente con su pareja.
— Tener relaciones con otras personas y no decirle nada a su pareja.
— Discutir el tema abiertamente con su pareja y llegar a acuerdos sobre sus posibles conductas sexuales con otras personas.
— Otra cosa (indicar cuál): ....

c) **¿Qué crees que harías tú** en esta situación?

— Tener relaciones únicamente con mi pareja.
— Tener relaciones con otras personas y no decirle nada a mi pareja.
— Discutir el tema abiertamente con mi pareja y llegar a acuerdos sobre sus posibles conductas sexuales con otras personas.
— Otra cosa: ....

d) **¿Cuál consideras que sería la conducta más ética?** Razona la respuesta.

— Tener relaciones únicamente con tu pareja.
— Tener relaciones con otras personas y no decirle nada a tu pareja.
— Discutir el tema abiertamente con tu pareja y llegar a acuerdos sobre sus posibles conductas sexuales con otras personas.
— Otra cosa: ....

Justifica tu respuesta ....

Este principio es aplicable en muchas situaciones referidas a las relaciones sexuales y amorosas: las niñas o mujeres (tampoco sería aceptable en hombres) a las que se les obliga a un matrimonio concertado por los padres, las que son obligadas a prostituirse, las mujeres que no se pueden negar a las demandas sexuales de su pareja, las que no pueden tomar la iniciativa, no se les concede el derecho a desear o disfrutar de las relaciones, son sometidas a los deseos del varón, no son respetadas, son maltratadas, etc.

La «igualdad» es un valor universal; por eso debe formar parte de los procedimientos de la ética. No puede haber discriminación por sexo.

En el campo de la intimidad sexual y amorosa esta igualdad es fundamental, porque nadie es más valioso que cualquier otra persona, por lo que para vivir esta intimidad es esencial la referencia y respeto de este principio.

Algunas situaciones a discutir en la educación sexual podrían ser:

— Legislaciones que castigan más a la mujer que al hombre en el caso de adulterio.
— Doble moral sexual para hombres y mujeres, chicos y chicas.
— No reconocimiento del deseo sexual de la mujer, por ejemplo al haber dicho durante siglos al hombre «no desearás a la mujer del prójimo» (Noveno mandamiento de la Ley de Dios, así traducido durante siglos), porque se suponía que la mujer no desea.
— Autoridad especial del hombre en la pareja, durante siglos.
— Mayor frecuencia de mujeres como víctimas de abusos sexuales, violaciones, acosos sexuales, etc.

La discriminación de la igualdad también afecta a determinadas minorías sexuales que deberían ser aceptadas con los mismos principios y obligaciones. Nos referimos, como ejemplos más sobresalientes, a las minorías homosexual, bisexual y transexual. Estas minorías deben ser tratadas con igualdad, no convirtiendo su diversidad sexual en fuente de discriminación, como aún ocurre en no pocos casos.

Las personas con discapacidad también deben tener los mismos derechos, de forma que sólo sus discapacidades puedan ser la causa de las limitaciones, si éstas son insalvables, en el caso de la vida sexual y amorosa. En nuestra publicación sobre el tema, abalada por profesionales, familias, personas con discapacidad e incluso nuestro gobierno de Castilla y León, discutimos este tema, especialmente en el caso de las personas con discapacidad intelectual (López, 2011).

Los enfermos mentales son otro colectivo importante a la hora de aplicar este criterio.

También las personas encarceladas, en las que la privación de libertad no debería conllevar la represión de la sexualidad, como consecuencia añadida.

4. ÉTICA DE LA HONESTIDAD. En las relaciones sexuales y amorosas hay que ser leales, tener la honestidad de decir al otro/a lo que realmente queremos de él/ella, los sentimientos reales que tenemos hacia él/ella y los compromisos reales que asumimos o no.

Uno de los problemas más frecuentes que tenemos es la falta de comunicación sincera y el engaño en las relaciones de pareja. Por ejemplo, se dice «te amo», «estoy enamorado», «te quiero», etc., cuando sólo se desea tener actividad sexual con otra persona; se hacen promesas que no se piensan cumplir; se formulan compromisos que no se cumplen, etc. Las personas coinciden en la misma estación de tren (el tren del deseo y la atracción: un tren maravilloso, no estamos criticando esto), se dicen que van en la misma dirección, que van al mismo lugar, etc., y después de la relación sexual descubren que, en realidad, van en direcciones diferentes. De esta forma se hace obligatorio decir ciertas cosas, hacer ciertas promesas, vivir el encuentro de forma muy romántica, etc., cuando se trata de una relación asentada sobre el deseo y la atracción, sin otros propósitos. Y lo malo es que puede ocurrir que una de las partes sea sincera y la otra no. Estas situaciones son muy frecuentes. El lector puede leer literatura del pasado para entender lo que decimos. Puede releer obras como *La Celestina* (donde se llega al extremo de que Melibea diga «No» a las relaciones sexuales, queriendo que Calixto las fuerce) o las novelas amorosas de María Zayas, por poner sólo dos ejemplos de la literatura clásica española. Madame Bovary es otro ejemplo de comunicación desleal no sólo de ella con su pareja, sino de sus amantes con ella.

Y tantos casos de personas casadas que prometen a sus amantes separarse de su pareja, sin tener intención de hacerlo, hombres o mujeres que mienten al decir lo que sienten para que el otro u otra ceda a sus pretensiones, personas en pareja que sorprenden al otro desapareciendo sin explicación o sorprendiéndoles con frases como: «hace tiempo que no te quiero» o con decisiones súbitas que contradicen todo el pasado.

La deshonestidad para conseguir cosas de otras personas o para simular una vida de pareja que no tiene sentido, etc., es un grave problema ético, porque genera frustraciones, dolor y sufrimientos que no desearíamos nos los causaran a nosotros.

Tenemos la obligación y el derecho en las relaciones de pareja, también en las ocasionales, a decir y que nos digan lo que queremos, sentimos y estamos dispuestos a hacer. La deshonestidad es una forma de instrumentalización del otro, que toma decisiones basándose en engaños, limitando entonces la verdadera libertad de decisión del otro, que está tomando decisiones basándose en presupuestos falsos.

No es fácil aplicar este principio a situaciones como la llamada moralmente infidelidad (relaciones sexuales fuera de la pareja estable), porque las parejas son muy diferentes unas de otras y no nos corresponde proponer una moral concreta; o, por poner otro caso, saber hasta dónde llega el derecho a la intimidad de cada cual. Sabemos que las parejas son muy diversas y las fronteras y límites distintos, e incluso conocemos que éstos pueden cambiar a lo largo del ciclo vital de una pareja; pero una cosa es cierta: no es ético tener engañada a una pareja diciéndole que se la quiere si no es verdad, estar juntos sin decir nada cuando se planifica, «sin soltar prenda», la separación, decirle lo contrario de lo que se siente, hacer compromisos que no se piensan cumplir, etc.

Algunos **dilemas y ejemplos** nos podrían ayudar en la educación:

«Julio (poner la edad que tienen los del grupo de trabajo) lleva saliendo con una mujer, Eugenia (de su misma edad), seis meses. Ella está muy enamorada de él y decidida a comprometerse en serio como pareja. Pero Julio no lo vive así: desea tener relaciones y ella le atrae mucho, pero no está enamorado y tiene claro que no quiere comprometerse. Julio tiene muchas ganas de tener relaciones sexuales, incluido el coito, y se lo pide muy insistentemente de mil maneras».

Ella le dice: «mira, si tú estuvieras tan enamorado y tan decidido a comprometerte en serio conmigo como lo estoy yo, entonces sí estaría dispuesta a tener relaciones sexuales contigo. Pero no tengo claro cómo lo vives tú. ¿Cómo vives nuestra relación?».

a) **¿Cómo suelen reaccionar los hombres** en esta situación?:

- Son sinceros y le dicen la verdad, sabiendo que, en ese caso, ella no aceptará tener relaciones.
- Le mienten y le dicen que no dude que están enamorados y se comprometerán.
- Hacen otras cosas (indica cuál): ....

b) **¿Cómo suelen reaccionar las mujeres** si la situación fuera a la inversa?:

- Son sinceras y le dicen la verdad, sabiendo que él, en ese caso, no aceptará tener relaciones.
- Le mienten y le dicen que no lo dude, que están enamoradas y se comprometerán.
- Hacen otras cosas (indicar):.............

c) **Yo creo que me comportaría:**

- Sería sincero/a y le diría la verdad, sabiendo que, en ese caso, no tendríamos relaciones.
- Mentiría y le diría que no lo dude, que estoy enamorado/a y me comprometeré.
- Haría otras cosas (indicar):..............

d) **¿Qué sería lo más ético** en esa en esta situación?

- Sería sincero/a y le diría la verdad, sabiendo que, en ese caso, no tendríamos relaciones.
- Mentiría y le diría que no lo dude, que estoy enamorado/a y me comprometeré.
- Haría otras cosas (indicar):..............

Justifica tu respuesta: ....

Es evidente que si él o ella no dice la verdad es una deslealtad que coloca a la otra persona en una situación en la puede tomar decisiones sobre supuestos falsos.

Otras situaciones para aclarar y dialogar sobre la aplicación de este principio son las siguientes:

1. «Mauricio es hombre de 50 años, casado desde los 25 años, pero tiene una amante, Petra, de 35 años, mujer soltera y muy enamorada de él, con la que tiene relaciones sexuales hace tiempo. Ella le dice que las cosas no pueden seguir así y que él debe tomar una decisión, la de separarse de su mujer o dejar de tener relaciones con ella. Mauricio le viene prometiendo desde hace tres años que se va a separar de forma inminente, pero no tiene el propósito de hacerlo y de hecho no lo hace».
2. «Melibea se resiste a tener relaciones sexuales con Calixto, le dice con palabras y gestos que "No", pero en sus sentimientos y pensamientos está deseando que él la fuerce de alguna forma».
3. «A un joven y una joven que han sido «novios» durante un año se les pregunta con el tiempo cómo recuerdan e interpretan

aquella relación: él dice que fue maravillosa, porque sexualmente disfrutaron un montón, pero que no estaban enamorados, ni cosas por el estilo. Ella recuerda la relación como un período de gran enamoramiento y afecto que después se frustró».

4. «Almudena, una mujer de 45 años, se va a pasar unos días con una pareja amiga. Les cuenta que por fin la tercera pareja que tiene es el "hombre de su vida". Lleva ya cuatro años viendo en pareja con él y asegura que su relación es maravillosa. Pero cuando vuelve casa, tres días después, su pareja ha desaparecido sin dejar una nota ni dar ninguna explicación. Cuando le encuentra en la misma ciudad donde vivían le dice: "ni estoy en casa, ni voy a volver contigo"».
5. Numerosos terapeutas aconsejan que en el caso de relaciones fuera de la pareja lo mejor es silenciarlas y negarlas siempre. ¿Qué opinión le merece este consejo profesional? ¿Qué razones podrían justificarlo y cuáles no?

5. ÉTICA DE LA SALUD. En las relaciones sexual-amorosas hay que cuidar la salud propia y la salud del otro, no asumiendo prácticas de riesgo que puedan provocar infecciones, otros problemas de salud o dar lugar a hijos no deseados.

La salud es un bien universal, relacionado con el derecho a la vida y la tendencia universal a preservarla y alcanzar el bienestar. Es algo que deseamos para nosotros y estamos obligados a procurar para los demás, sin que nuestra conducta les ponga en riesgo.

Seguramente está justificado formular como un deber ético el procurar defender nuestra vida y salud; pero, en todo caso, es una obligación ética que no podemos tener conductas que pongan en riesgo la salud de otra persona, tampoco con la actividad sexual. Sí puede resultar difícil concretar al detalle los deberes que con la vida y la salud tenemos con nosotros mismos, porque es un valor que admite formas diversas de vivirlo (¿qué podemos decir de los deportes de alto riesgo?, por ejemplo). Es evidente que no podemos asumir riesgos que amenacen a otro, especialmente si la otra persona no los conoce y no los ha aceptado expresamente.

En el caso del embarazo no deseado hay una vulneración de la ética, porque se engendra una vida que no se desea. Aunque una persona o pareja puede reparar este error cuidando su embarazo y aceptando al hijo o hija, planificar la concepción de los hijos es un deber ético, porque es un tercero el implicado y es un valor universal cuidar las crías adecuadamente. El debate sobre la cuestión del aborto es irresoluble socialmente, con posturas radicales bien conocidas. El debate científico sobre cuándo la vida debe ser respetada (desde siempre o cuando la definimos como humana) tampoco encuentra fácil solución, pero es evidente que es bueno mantener el principio ético del valor de la vida humana, discutiendo a partir de él.

Veamos algunas **situaciones y dilemas** que nos ayuden a pensar y aplicar este principio:

«Iván no creía que esa noche fuera a tener la oportunidad de tener relaciones sexuales. Pero después de beber y bailar con Elisa, una chica que acaba de conocer, de madrugada tienen la oportunidad de tener relaciones sexuales, que es lo que está deseando. Pero no lo habían previsto y no tienen preservativos. Se besan, acarician y cuando van a coitar se dan cuenta de que no tienen preservativo».

a) **¿Cómo suelen reaccionar los hombres** en esta situación?

- — Hacen lo posible por tener relaciones, incluido el coito, aunque sea sin preservativo.
- — Se niegan a tener relaciones con coito.
- — Hacen otra cosa (indicar): ....

b) **¿Como suelen reaccionar las mujeres** en esta situación?

— Hacen lo posible por tener relaciones, incluido el coito, aunque sea sin preservativo.
— Se niegan a tener relaciones con coito.
— Hacen otra cosa...............................

c) **¿Qué harías tú?**

— Hacer lo posible por tener relaciones, incluido el coito, aunque sea sin preservativo.
— Me negaría a tener relaciones con coito.
— Haría otra cosa (indicar): ....

d) **¿Qué sería lo más ético** o responsable en esta situación?

— Hacer lo posible por tener relaciones, incluido el coito, aunque sea sin preservativo.
— Negarse a tener relaciones con coito.
— Hacer otra cosa (indicar): ....

Justifica tu respuesta: ....

Las **situaciones y dilemas** afectados por este principio son muchas. Veamos algunos ejemplos que pueden servir para una discusión argumentada:

1. «Una persona afectada por el virus del sida tiene relaciones sexuales sin protección, ocultando su problema de salud a la pareja».
2. «Una persona tiene relaciones de riesgo fuera de su pareja habitual sin protección y sin comunicarlo a su pareja».
3. «Una mujer tiene conductas de riesgo para el embrión o feto, en un caso de embarazo no deseado. Por ejemplo, sigue fumando, bebiendo alcohol con frecuencia, suponiendo que no está embarazada».
4. «Un cliente exige a una prostituta tener relaciones sin preservativo».
5. «Un dueño de club de alterne en el que se contratan servicios de prostitución se despreocupa de las condiciones de salud de las chicas que tiene contratadas».
6. «Una iglesia impide que en sus colegios privados se explique anticoncepción en la etapa secundaria, aun sabiendo que un número significativo de alumnos tienen relaciones de riesgo».
7. «Un médico o un farmacéutico se niegan a recetar o vender la píldora del día después a una pareja de 16 años que ha tenido relaciones de riesgo el día anterior».

6. LA ÉTICA DE LA DIVERSIDAD. Toda diversidad sexual en las relaciones sexuales y amorosas (diversidades como: identidades, orientación del deseo, personas con discapacidad, tipo de pareja, tipo de familias, relaciones sexuales, etc.) debe ser respetada, siempre que sea compatible con la salud y el bienestar de otros posibles afectados (como el caso de los hijos en las familias).

Este principio es en realidad una aplicación de los anteriores al caso de las minorías transexual, transgénero, homosexual, bisexual y las diferentes formas que pueden revestir las parejas y las familias, así como las propias prácticas sexuales; pero es importante dedicarle al derecho a la diversidad, un principio expreso, porque estas minorías sexuales han sido perseguidas entre nosotros durante siglos y lo son aún en numerosos países.

La educación sexual debe poner el acento en la eliminación de prejuicios en relación con estas minorías y en la protección de sus derechos.

En realidad, las diversidades sexuales son tantas como personas y deben ser respetadas en razón de la libertad, salvo que sean lesivas para los demás o autodestructivas.

Casos

1. «Venancio (con cuerpo de chica) era un chico transexual de 14 años, con graves conflictos familiares porque quería vestir y adornarse como los chicos y no como

las chicas (quitarse los pendientes, cortarse el pelo, ponerse una venda en las mamas, etc.). El conflicto era tan grave que pedimos a los servicios de Protección de Menores que intervinieran porque estaba siendo maltratado por los padres, con amenazas, rechazo, castigos, etc. Pero estos servicios no contemplaban que esto fuera una forma de maltrato. El día que Venancio se cortó el pelo muy corto y se quitó los pendientes su padre la apaleó, provocando heridas importantes. Sólo entonces intervinieron los servicios de protección, "porque había sido un caso de maltrato físico"».

¿Qué falló en este caso? Está claro que el respeto a la diversidad transexual fue vulnerado gravemente.

2. «Tomás, un chico de 17 años, llegó a mi despacho diagnosticado de depresión, con un tratamiento de tres años. Había pasado la infancia en un pueblo pequeño, junto a la frontera portuguesa, y le llevaron al médico porque lloraba mucho y estaba muy triste y raro. En realidad era una persona homosexual que no podía decírselo a nadie de su entorno».
3. «En una discusión sobre la legalización del matrimonio entre homosexuales se levantó un señor de 85 años y contó lo siguiente: "cuando yo cumplía la mili, un soldado homosexual era insultado y maltratado de mil formas por los compañeros, por el cabo, el sargento, el teniente, etc., Un día, cuando salió de paseo por Madrid se tiró al metro. A este soldado le mataron, fue un suicidio provocado por los demás"».
4. «En un colegio los compañeros insultan una y otra vez a un chico llamándole marica, a la vez que le hacen burlas y se mofan continuamente. Los educadores no intervienen y algunos incluso ríen las supuestas bromas».
5. ¿Hay formas de orientación del deseo que planteen problemas éticos? ¿Qué parafilias pueden plantear problemas éticos?

7. ÉTICA DE LOS CUIDADOS

1. Los cuidados de las crías. Es un deber de los progenitores (y de la comunidad de forma subsidiaria) cuidar a las crías de forma que éstas puedan satisfacer sus necesidades fundamentales para desarrollarse adecuadamente, alcanzar su bienestar y formar parte de la comunidad, socializándose de forma adecuada.

Somos seres sociales y nacemos en dependencia de los demás. Éstos, en la figura de la familia y la comunidad, tienen el deber de satisfacer las necesidades de todo niño o niña que es engendrado.

El lector puede encontrar una descripción de estas necesidades en este mismo libro, en el capítulo 4.º, tomándolas como referencia básica para los deberes con los hijos e hijas expuestos, o de forma más amplia en otras publicaciones (López, 2006).

— **Casos de maltrato infantil,** uno sobre cada una de las necesidades. Pueden servir de discusión en relación con este principio:

  - Diferentes formas de maltrato físico.
  - Diferentes formas de maltrato emocional.
  - Negligencias con la alimentación, vestido, vacunación, etc.
  - Niño educado en un fundamentalismo religioso o político.
  - Formas del maltrato sexual: abusos sexuales, matrimonios concertados, prostitución infantil, pornografía infantil, abusos por Internet,

no aceptación de diversidades sexuales, etc.

También pueden comentar y discutir los **Derechos de la infancia.**

2. **Los cuidados en la pareja. Las parejas estables tienen el deber de cumplir la alianza y los compromisos establecidos y de cuidarse mutuamente, favoreciendo el bienestar de ambos y de la propia pareja.**

Este principio es un desarrollo aplicado a las relaciones de pareja en las que los dos miembros han establecido compromisos y una alianza para vivir juntos. Parece lógico que, sea cual sea el tipo de pareja y familia formada, mientras ésta se mantenga y no se ejerza el derecho a la desvinculación (ésta también debe ser responsable), deben cumplirse las obligaciones y los cuidados propios de este tipo de relaciones. Es verdad que no es fácil universalizar de una forma concreta estos cuidados y compromisos, pero sí creemos que deben mantenerse como principio ético estas obligaciones, ya que son inherentes a la relación de pareja.

En este libro, en el capítulo 4.°, como recodará el lector, y en otras publicaciones (López, 2009), se hace una propuesta de cuidados exigente y hasta idealista. La proponemos como referencia, para que sirva de discusión y ayude a las parejas a vivir mejor y a los profesionales para que las orienten. También podrían ser especialmente útiles en la preparación para la formación de parejas.

Casos y situaciones para discutir:

— «Mujer que cuida a toda la familia, pero nadie la cuida a ella, con una distribución de tareas discriminatoria, etc. El lector puede completar este caso con situaciones que haya conocido».
— «Un miembro de la pareja cae enfermo y pasa a ser dependiente».
— «En nuestra sociedad, las personas que cuidan a otras son casi siempre mujeres. ¿Qué juicio te merece esta situación?»
— «Un miembro de la pareja anula al otro, limitando posibilidades profesionales o sociales».
— «Marcos llega a casa después de haber tenido un problema profesional muy importante, y al entrar y encontrar a su pareja le dice desconsoladamente: "He tenido un día horrible, lo he pasado fatal". Su pareja le contesta: "Pues anda que yo"».
— «Dos miembros de una pareja se ocultan continuamente los problemas, no comunicándose nada entre sí».

8. ALGUNOS CONSEJOS ESTRATÉGICOS QUE FAVORECEN LOS PROCEDIMIENTOS ÉTICOS. Acabamos resumiendo algunos procedimientos que pueden ayudar al lector a tener en cuenta la importancia de la ética y a adquirir el hábito de seguir procedimientos éticos.

1. El primero y fundamental de los procedimientos fue propuesto por Kant: «Obra de tal modo que uses la humanidad, tanto en tu persona como en la persona de cualquier otro, siempre como un fin al mismo tiempo y nunca solamente como un medio» (Kant, *Metafísica de las Costumbres,* p. 84).

   No instrumentalizar, explotar, cercenar la libertad y la dignidad de ti mismo y del otro. Somos valiosos y nunca un mero medio para un fin; en realidad el fin está en los medios. El lector puede reflexionar y poner ejemplos en uno u otro sentido de multitud de aplicaciones de este procedimiento, que resume todos los demás.
2. El segundo lo venimos proponiendo nosotros, desde hace años, como una forma sencilla para tomarse en serio a la persona con la que tenemos algún tipo de relaciones sexuales o amorosas; «Prima siempre la relación con la otra persona, no las conductas concretas sexuales que pudie-

ras desear tener con ella» (López, 2009). Dos personas pueden hacer una sola cosa o muchas muy diferentes (pasear, darse la mano, charlar, acariciarse de una u otra forma, tener relaciones coitales, sexo oral, etc.), pero: *a*) lo que en concreto hagan debe ser consentido (aplicar los principios antes expuestos), y *b*) nunca deben poner en cuestión la prioridad de cuidar la propia relación justo por anteponer como meta una determinada actividad o forma de relación.

En efecto, con frecuencia nos guiamos por un deseo concreto de actividad sexual, convirtiéndolo en meta que deseamos conseguir con la otra persona (por ejemplo, llegar a tener una actividad sexual concreta), pudiendo cometer el error de priorizar este deseo antes que la relación, el buen trato, el mantenimiento de la amistad, el bienestar de la pareja, etc.

También aquí el lector puede encontrar numerosos ejemplos de este error y de esta falta de ética que puede generar frustraciones, conflictos y abandonos. El más dramático de los ejemplos es cuando, por priorizar un deseo que el otro no comparte, se acaba arrasando su voluntad con violencia de uno u otro tipo.

3. El tercero es especialmente aplicable a aquellos casos en los que se plantea algún tipo de conflicto de intereses entre los miembros de la pareja ocasional o estable. En este caso, el procedimiento de comunicación propuesto por Habermas, expuesto en el capítulo 2.º, es especialmente apropiado:

> «Sólo pueden pretender validez aquellas normas que pudiesen contar con el asentimiento de todos los afectados, como participantes en un discurso práctico» (Habermas, 1987, pp. 101-105).

Para cumplir esta condición el diálogo entre afectados **debe cumplir condiciones** bien exigentes:

a) Asentimiento libre de los afectados, sin ninguna coacción, para participar en el diálogo.

b) Deben estar dispuestos a razonar en términos éticos, de forma que tengan la actitud de resolver las diferencias o conflictos de forma justa, basándose en argumentaciones.

c) Tener una actitud de imparcialidad. Una asunción ideal de rol que exige que el sujeto que juzga moralmente se ponga en el lugar de todos aquellos que podrían verse afectados por la posible norma, compromiso o acción que se acuerde. Por ello, esta condición obliga a todos los participantes simultáneamente a una asunción ideal de rol, como si se tratara de un hecho público, en el que se tienen en cuenta los intereses de todos.

d) Los afectados tienen que estar en condiciones de igualdad. Todos los afectados tienen que participar como iguales y libres, por lo que no puede admitirse otra coerción que la resultante de los mejores argumentos.

e) Voluntad común de universalidad. Con argumentos exigentes para conseguir una voluntad común que tiene por fin garantizar, merced únicamente a presupuestos universales de comunicación, la rectitud de cada uno de los acuerdos (Habermas, 1987, pp. 101-105).

Espero, estimado lector, haberle hecho pensar en su vida sexual y amorosa, a la vez que le animo a discutir y hacer propuestas que mejoren sus relaciones sexuales y amorosas, justo porque es lo más inteligente emocional y socialmente o, lo que viene a ser lo mismo, lo más ético.

Bibliografía

Apel, K. O. (1985). *La transformación de la filosofía.* Madrid: Taurus.

Aristóteles (1985). *Ética nicomaquea.* Madrid: Gredos.

Barberá, E. y Martines, I. (2004). *Psicología y género.* Madrid: Pearson.

Beck, U. y Beck, P. (1999). *El normal caos del amor.* Barcelona: Paidós.

Benshoff, M. y Gwiffer (2011). *America on Films.* Nueva York: Wiley-Blackwell.

Bilbeny, N. (2012). *Textos Claves de la Ética.* Madrid: Tecnos.

Bowlby, J. (1969). *Attachment.* Nueva York: Basic Books.

Bruess, C. y Geenberg, J. (2008). *Sexuality Education.* Ontario: Jones and Barlett.

Buss, D. y Kendrick, D. (1998). *Evolutionary Social Psychology.* Nueva York: Oxford University Press.

Camps, V. (1989). *Historia de la ética: I, II y III.* Barcelona: Crítica.

Camps, V. (2013). *Breve historia de la ética.* Barcelona: RBA.

Camps, V. y Giner, S. (2008). *Manual de civismo.* Madrid: Ariel.

Colectivo Harimagüada (1991). *Carpetas didácticas de Educación Afectivo-Sexual, vol. I, Infantil; vol. II, Primaria; vol. III, Secundaria.* Consejería de Educación, Cultura y Deportes: Gobierno de Canarias.

Cortina, A. (1985). *Razón comunicativa y responsabilidad solidaria.* Salamanca: Sígueme.

Cortina, A. (1990, edición de 2004). *Ética sin moral.* Madrid: Tecnos.

Cortina, A. (1992, edición de 1910). *Ética mínima.* Madrid: Tecnos.

Cortina, A. (1993). *Ética aplicada y democracia radical.* Madrid: Tecnos.

Cortina, A. (2010). Neuroética. ¿Las bases cerebrales de una ética universal con relevancia política? *Isegoria, 42,* 29-48.

Cortina, A. (2011). *Ética: Palabras clave.* Estella: Verbo Divino.

Damasio, A. (2005). *Spinoza. La emoción, la razón y el cerebro humano.* Barcelona: Drakontos.

Daraki, M. y Romeyer-Dherbey, G. (2008). *El mundo helenístico: cínicos, estoicos y epicúreos.* Madrid: Akal.

Deci, D. y Rayan, D. (1995). *Intrinsic Motivation and Self-determination in human behaviour.* Nueva York: Plenum Press.

Deci, D. y Ryan, D. (2000). Self-determination theory and the facilitation of intrinsic motivation, social development, and well-being. *American Psychologist, 34* (5), 68-78.

Foucault, M. (1976 a 1984). *Historia de la sexualidad, I, II y III.* Madrid: Siglo XXI.

Gilligan, C. (1982). *A different Voice. Psychological Theory and Women's Development.* Cambridge: Harvard University Press.

Gómez-Zapiain, J. y Pinedo, J. A. (2012). *Programa de integración de la educación sexual en el proyecto curricular. Guía para el profesorado.* Vitoria-Gasteiz: Servicio publicaciones Gobierno Vasco. Recuperado de www.uhinbare.com/index.php/es/dokumentuak.

Gómez-Zapiain, J. (2012). Sexumuxu. Programa interactivo de educación sexual para adolescentes. Vitoria-Gasteiz: Servicio de Publicaciones del Gobierno Vasco. Recuperado de www.uhinbare.com.

Greenberg, J., Brues, C. y Conklin (2010). *Human Sexuality.* Londres: Jones and Bartlett Publishers.

Habermas, J. (2002). *El futuro de la naturaleza.* Barcelona: Paidós.
Habermas, J. (1987; 1991, edición en castellano). *Escritos sobre la moralidad y la eticidad.* Barcelona: Paidós.
Habermas, J. (1983; 1985 versión en castellano). *Conciencia moral y acción comunicativa.* Barcelona: Península.
Hastings, P. D., Zahn-Waxler, L. y McShane, K. E. (2006). We are by nature moral creature: Biological bases of concern for others. En M. Killen y Smatana (eds.), *Handbook of Moral Development.* Nueva York: L. Erlbaum.
Hull, C. (1941). *Principles of Behaviour.* Nueva York: Appleton-Century Crofts.
Iribartren, M. A. (2002). *Una propuesta de educación sexual para una sociedad éticamente plural. Tesina de licenciatura.* Madrid: Universidad Pontificia de Salamanca.
Jiménez, L. (1993). *Immanuel Kant.* Madrid: Orto.
Kant, E. (1785, 1973, 4.ª edición en castellano.). *Fundamentación de la metafísica de las costumbres.* Madrid: Austral.
Keyes, C. L. M. y Waterman, M. B. (2003). Dimensions of Well-being and Mental Health in Adulthood. En M. Bornstein, L. Davidson, C. L. M. Keyes y K. Moore (eds.), *Well-Being: Positive Development Throughout the Life Course.* Hillsdale, NJ: Erlbaum.
Killen, M. y Smetana, J. (2006). *Handboook of Moral Development.* Hillsdale, NJ: Erlbaum.
Kohlberg, L. (1984; 1992, versión en castellano). *Psicología del desarrollo moral.* Bilbao: Desclée de Brouwer.
Kohlberg, L. y Candee, D. (1984). The Relation of Moral Judgment to Moral Action. En W. Kurtines y J. Gerwitz (eds.), *Morality Moral behaviour and Moral Development.* Nueva York: Wiley.
Levy, N. (2007). *Neuroethic.* Cambridge University Press.
Lledó, E. (1984). *Epicureísmo.* Madrid: Taurus.
López, F. (2005). *Educación sexual.* Madrid: Biblioteca Nueva.
López, F. (2006a). Prólogo. En S. Rathus, J. Navid y L. Rathus (eds.), *Human Sexuality.* En cast.: Sexualidad Humana. Madrid: Pearson.
López, F. (2006b). *Homosexualidad y familia.* Barcelona: Grao.
López, F. (2006c). *Necesidades en la infancia y adolescencia. Respuesta familiar, escolar y social.* Madrid: Pirámide.
López, F. (2009). *Amores y desamores: procesos de vinculación y desvinculación sexuales y afectivos.* Madrid: Biblioteca Nueva.
López, F. (2011). *Separarse sin grietas: como sufrir menos y no hacer daño a los hijos.* Barcelona: Grao.
López, F. (2012). *Sexualidad y afectos en la vejez.* Madrid; Pirámide.
López, F. (2014). *Abusos sexuales a menores y otras formas de maltrato sexual.* Madrid. Editorial Síntesis.
López, F., Carcedo, R., Fernández-Rouco, N., Blázquez, M. A. y Kilani, A. (2011). Diferencias de género en la sexualidad adolescente: afectos y conductas. *Anales de Psicología, 27* (3), 791-799.
López, F., Carpintero, E., Del Campo, A. y Soriano, S. (2011). *Menores infractores. Programas educativos y terapéuticos.* Madrid: Pirámide.
López, F., Carpintero, E., Hernández, A., Martín, M. J. y Fuertes, A. (1995). Prevalencia y consecuencias del abuso sexual al menor en España. *Child Abuse and Neglect, 19* (9), 1039-1050.
López, F., Echebarria, I., Fuentes, M. J. y Ortiz, M. J. (1999). *Desarrollo afectivo y social.* Madrid: Pirámide.
López, F., Fernández-Rouco, N., Carcedo, R., Kilani, A. y Blázquez, M. A. (2010). La evolución de la sexualidad prepuberal y adolescente: diferencias en afectos y conductas entre varones y mujeres. *Cuestiones de género: de la igualdad y la diferencia, 5,* 165-184.
Marina, J. A. (2000). *El rompecabezas de la sexualidad.* Madrid: Anagrama.
Martin, J. (2008). *Los filósofos cínicos y la literatura moral serioburlesca,* vols. I y II. Madrid: Akal.
Maslow, A. (1968). *Toward a Psychology of Being.* Nueva York: Van Nostrand Reihold.
Mayorga, F. (2009). *La fórmula del bien. Manual de justicia para ciudadanos del mundo.* Madrid: Eride.
Medrano, C. (1992). *Prólogo a la edición castellana.* En L. Kohlberg (1982).
Mill, J. S. (1990). *Sobre la libertad.* Madrid: Alianza.
Mora, F. (2007). *Neurocultura.* Madrid: Alianza.
Mottier, V. (2008). *Sexuality.* Nueva York: Oxford University Press.
Muguerza, J. (1977). *La razón sin esperanza.* Madrid: Taurus.
Murray, H. A. (1938). *Explorations in Personality.* Nueva York: Oxford University Press.

Ortega y Gasset, J. (1940). *Ideas y creencias*. Austral.
Ortega y Gasset, J. (1941). *Tríptico. Mirabeau, Kant y Goethe.* Madrid: Austral.
Patrick, H., Knee, C. R., Cabavello, A. y Lonsbary (2007). The role of Need Fulfillment in relationship functioning and Well-being: A Self-determination theory perspective. *Journal of Personality and Social Psychology, 92* (3), 434-457.
Piaget, J. (1932). *La jugement moral chez l'enfante.* París: Alean.
Rathus, S., Nevid, J. y Rathus, L. (2006). *Human Sexuality. En cast: Sexualidad Humana.* Madrid: Pearson.
Rawls, J. (1973). *Theory of Justice.* Nueva York: Oxford University Press.
Rose, K. y Tstsou, P. (2012). *The Handbook of Gender*. Online.
Sadaba, J. (2004). *Ética. Contada con sencillez*. Madrid: Maeva.
Seligman, M. (2011). *La auténtica felicidad*. Barcelona: ZetA.
Séneca (1943). *Tratados morales*. Madrid: Austral.
Shibley, J. y DeLamater, D. (2008). *Understanding Human Sexuality.* Boston: McGraw-Hill.
Solomon, R. (2007). *Ética Emocional. Una teoría de los sentimientos.* Barcelona: Paidós.
Steverink, N. y Lindenberg, S. (2006). Which Social Needs are important for Subjective Well-being? *Psychology and Aging, 21* (2), 281-290.
Vázquez, C. y Hervas, G. (2008). *Psicología positiva aplicada.* Bilbao: Desclée de Brouwer.
Wilson, E. (1980). *Sociobiología*. Barcelona: Omega.
Young, L. y Alexander, B. (2012.). *Química entre nosotros. Amor, sexo y ciencia de la atracción*. Madrid: Alianza Editorial.
Zubiri, X. (1986). *Ser hombre*. Madrid: Alianza Editorial.

TÍTULOS RELACIONADOS

Adolescentes en conflicto. 53 casos reales, *J. Urra.*

Aplicando la psicología social, *F. Expósito y M. Moya (coords.).*

Aspectos Psicosociales de la Comunicación, *R. Martinez-Pecino y J. M. Guerra de los Santos (coords.).*

Competencias psicosociales para profesionales de los medios, *T. Núñez Domínguez (coord.).*

Competencias sociales en las relaciones interpersonales y grupales, *A. J. García González.*

Comportamiento no verbal, Más allá de la comunicación y el lenguaje, *R. López Pérez, F. Gordillo León y M. Grau Olivares.*

Crimen y desviación, *A. L. Cuervo García.*

El acogimiento residencial en la protección a la infancia, *J. Fernández del Valle y J. Fuertes Zurita.*

El amor desde la psicología social. Ni tan libres, ni tan racionales, *C. Yela García.*

Estrategias de intervención psicosocial. Casos prácticos, *I. Maya, M. García F. J. Santolaya.*

Ética psicosocial. Enfoque comunitario. Actores, valores, opciones y consecuencias, *A. Sánchez Vidal.*

Ética de las relaciones sexuales y amorosas, *F. López Sánchez.*

Evaluación psicológica de las custodias infantiles, *Marta Ramírez González.*

Evaluación y tratamiento de delincuentes, *S. Redondo Illescas.*

Fundamentos de Psicología Social, *M. Moya y R. Rodríguez-Bailón (coords.)*

Gerontología social, *R. Fernández-Ballesteros (dir.).*

Introducción a la psicología de los grupos, *F. Gil Rodríguez y C. M.ª Alcover de la Hera (coords.).*

Introducción a la Psicología Social, *M. Marín Sánchez y R. Martinez Pecino.*

Manual de evaluación psicosocial en contextos de salud, *M.ª C. Terol Cantero, Y. Quiles Marcos y M.ª V. Pérez Jover.*

Manual de investigación psicológica del delito. El método VERA®, *J. E. Soto Castro.*

Manual de Psicogerontología, *I. Piñeiro, S. Rodríguez e I. Estévez.*

Manual de psicología comunitaria, *A. Sánchez Vidal.*

Manual de psicología jurídica penal e investigación criminal, *M. A. Soria Verde (coord.).*

Manual para la ayuda psicológica. Dar poder para vivir. Más allá del counselling, *M. Costa Cabanillas y E. López Méndez.*

Mediación. Proceso, tácticas y técnicas, *R. de Diego Vallejo y C. Guillén Gestoso.*

Memoria de testigos. Obtención y valoración de la prueba testifical, *A. L. Manzanero.*

Obtención y valoración del testimonio. Protocolo holístico de evaluación de la prueba testifical (HELPT), *A. L. Manzanero y J. L. González Álvarez.*

Perfilación geográfica en la investigación criminal, *R. Tejeiro, M. Á. Soria y C. Gallardo (coords).*

Personas mayores y malos tratos, *J. Muñoz Tortosa.*

Personas mayores en riesgo. Detección del maltrato y la autonegligencia, *C. Touza Gama (coord.).*

Perspectiva social y psicológica de la situación sin hogar, *M.ª J. Rubio-Martín, M. Muñoz López. P. J. Cabrera Cabrera y M.ª R. H. Sánchez Morales.*

Prácticas de psicología de los grupos. Experiencias, *F. Gil Rodríguez, C. M.ª Alcover de la Hera, M. García Saiz, R. Roda Fernández y F. Rodríguez Mazo.*

Prácticas de psicología social, *R. de Diego Vallejo y M. Chico del Río.*

Procesos psicosociales en los contextos educativos, *M. Marín, R. Grau y S. Yubero.*

Profiler. Los secretos del análisis de conducta criminal, *J. E. Soto Castro.*

Protección de menores. Una institución en crisis, *J. Martín Hernández.*

Psicología ambiental, *J. I. Aragonés y M. Amérigo (coords.).*

Psicología de los grupos y de las organizaciones, *V. Zarco Martín (dir.), A. Rodríguez Fernández (dir.), M.ª A. Martín-Quirós (coord.) y F. Díaz Bretones (coord.).*

Psicología jurídica. Una ciencia emergente explicativa del derecho, *M. Clemente Díaz.*

Psicología social. Cómo influimos en el pensamiento y la conducta de los demás, *C. Rodríguez Martín (coord.).*

Psicología social. De la teoría a la práctica cotidiana, *C. Paterna, M. C. Martínez y J. J. Vera.*

Psicología social: procesos interpersonales, *M.ª N. Quiles, M.ª D. Morera y R. Rodríguez.*

Psicología social: procesos intrapersonales, *M.ª N. Quiles, F. Marichal y V. Betancort.*

Psicología social de la comunicación. Aspectos básicos y aplicados, *Y. Pastor Ruiz (coord.).*

Psicología social de los procesos grupales, *M. Marín Sánchez y Y. Troyano Rodríguez.*

Qué funciona en la prevención comunitaria. Casos de intervención psicosocial efectiva, *I. Maya Jariego y D. Holgado Ramos.*

Sociología. Claves para un acercamiento a la realidad, *F. Cruz Beltrán, C. Gómez Jaldón, E. Gual-da Caballero y M. Ruiz García.*

Sostenibilidad, valores y cultura ambiental, *R. García Mira y P. Vega Marcote (coords.).*

Trabajando con grupos. Técnicas de intervención, *M. Marín Sánchez y Y. Troyano Rodríguez (coords.).*

Violencia contra los animales. Relevancia en la investigación criminal y la delincuencia violenta, *M. Á. Soria, N. Querol i Viñas y A. Company Fernández.*

Violencia en parejas jóvenes. Análisis y prevención, *R. González Méndez y J. D. Santana Hernández.*

Vivir sin violencia. Aprender un nuevo estilo de vida, *E. Echeburúa, P. J. Amor y J. Fernández.*